JN097855

Marketing Research

マーケティング・リサーチに従事する人のための調査法・分析法

定量調査・実験調査・定性調査の調査法と基礎的分析法

（一社）日本マーケティング・リサーチ協会

監修

島崎 哲彦

編著

大竹 延幸

小須田 巖

著

学 文 社

はじめに

　本書と続編の『マーケティング・リサーチに従事する人のためのデータ分析・解析方法—多変量解析法と継時調査・時系列データの分析—』は，（一社）日本マーケティング・リサーチ協会が2014～2019年にマーケティング・リサーチ従事者の教育のために遂次開講した下記の講座のテキストを加筆・修正・再編集して刊行したものである。

1．『マーケティング・リサーチに従事する人のための調査法・分析法—定量調査・実験調査・定性調査の調査法と基礎的分析法—』（本書）

　（1）「マーケティング・リサーチ基礎講座（Ⅰ）マーケティング・リサーチの定義と調査設計から実施まで」

　（2）「マーケティング・リサーチ基礎講座（Ⅱ）データ入力，集計から報告書作成まで」

　（3）「テスト・実験調査基礎講座」（2019年未開講）

　（4）「定性調査入門講座」

2．『マーケティング・リサーチに従事する人のためのデータ分析・解析方法—多変量解析法と継時調査・時系列データの分析—』（2020年3月刊行）

　（1）「マーケティング・リサーチ応用講座（Ⅰ）予測要因分析」

　（2）「マーケティング・リサーチ応用講座（Ⅱ）構造分析」

　（3）「マーケティング・リサーチ応用講座（Ⅲ）時系列分析」

　本書の内容は，実務経験2～3年程度のマーケティング・リサーチ従事者を対象に，経験が不足している領域の基礎的知識を補うとともに，経験から得た断片的知識を含めて，マーケティング・リサーチの体系的知識を整理・習得することを目標として編集している。また，読者の理解促進のために，事例を数多く用いている。したがって，これからマーケティング・リサーチを学ぼう，従事しようとする人びとにも，十分理解できる内容となっている。

　さらに，前掲2のマーケティング・リサーチ経験4～5年程度の従事者を対象とした，応用編に相当する『マーケティング・リサーチに従事する人のた

めのデータ分析・解析方法─多変量解析法と継時調査・時系列データの分析
─』と合わせて読むと，マーケティング・リサーチに従事する人びとが必要と
する知識を網羅して，総合的知識を習得することが可能となる。

　まずは，マーケティング・リサーチの経験の浅い人や初心者には，本書を用
いて基礎知識を学習することをお勧めしたい。4～5年のマーケティング・
リサーチ経験を有し，前掲2の『マーケティング・リサーチに従事する人の
ためのデータ分析・解析方法─多変量解析法と継時調査・時系列データの分析
─』を用いて調査データの分析・解析手法を学ぼうとする人も，本書を用いて
分析・解析手法の土台となる自身の基礎知識を再確認することをお勧めする。
この2冊を活用することで，マーケティング・リサーチ従事者が幅広いリサー
チの知識を習得し，リサーチの企画能力，リサーチの実施能力，リサーチ・
データの分析能力を向上し，多くのリサーチ課題を解決していくことを期待し
ている。

　また，本書は（一財）統計質保証推進協会統計検定センターが実施する「統
計調査士」，「専門統計調査士」の資格試験出題の参照基準にも対応しており，
これらの資格取得を目指す人びとにも是非お勧めしたい。

　なお，本書のみでは理解が不足する方には，（一社）日本マーケティング・
リサーチ協会が開講する公開講座の受講をお勧めする。

　最後に，本書出版にあたって各種データをご提供くださった企業・団体の方
がた，データを利用させていただいた官公庁等の方がたと出版をお引き受けい
ただいた（株）学文社の田中千津子社長に篤く御礼申し上げる。

2020年3月

（一社）日本マーケティング・リサーチ協会
ＨＲマネジメント委員会教育分科会
担当理事　渡邊久哲
前担当理事　大竹延幸
顧問・編者　島崎哲彦

目　次

第Ⅲ部　テスト・実験調査の手法

第Ⅰ部
マーケティング・リサーチと調査手法

マーケティング・リサーチの定義

　マーケティング・リサーチ（marketing research）は，マーケティング（marketing）の各プロセスと深い関係にある。そこで，まずマーケティングの定義を掲げておく。

　日本マーケティング協会（JMA：Japan Marketing Association）は，マーケティングを次のように定義している（（公社）日本マーケティング協会，1990の定義）。

　　「マーケティングとは，企業および他の組織がグローバルな視野に立ち，顧客との相互理解を得ながら，公正な競争を通じて行う市場創造のための総合的活動である。なお，『企業および他の組織』には教育・医療・行政などの機関，団体を含み，『グローバルな視野』は国内外の社会，文化，自然環境を重視するとし，『顧客』は一般消費者，取引先，関係する機関・個人，および地域住民を含み，『市場創造のための総合的活動』は組織の内外に向けて統合・調整されたリサーチ・製品・価格・プロモーション・流通，および顧客・環境関係などに係わる諸活動をいう。」

　次に，アメリカ・マーケティング協会（AMA：American Marketing Association）の定義も掲げておく（AMA，2007年の定義，2013年に再承認）。

　　「マーケティングとは，顧客，クライアント，パートナー，社会全体に価値のある提供物を創造・伝達・流通・交換するための活動，制度，過程である。」

　なお，アメリカの経営学者コトラー（Kotler, P.）によるマーケティングの定義は，下記のとおりである（コトラー，P., 1991＝1996）。

　　「充足されていないニーズや欲求（ウォンツ）を突きとめ，その重要性と潜在的な収益性を明確化し，評価し，組織が最も貢献できる標的市場を選択したうえで，当該市場に最適な製品，サービス，プログラムを決定し，組織の全員に顧客志向，顧客奉仕の姿勢を求めるビジネス上の機能」

　このようなマーケティングの定義を追うと，マーケティングの概念は人びとや社会の要求充足を前提とした創造，流通等の諸過程とその活動を指す点に大きな変わりはないが，産業と行政等の他領域との垣根の曖昧化の下で，かつての産業活動に限定的な概念から，社会全体の諸活動に適用される概念に変わってきたことが分かる。

　他方，マーケティング・リサーチの定義は，（一社）日本マーケティング・リサーチ協会によれば，下記のとおりである（（一社）日本マーケティング・リサーチ協会，2017）。

> 「企業や団体，政府等の意思決定を支援することを目的として，統計学および社会科学，行動科学，データサイエンス等の理論または手法を用いて，個人または組織に関する情報を体系的に収集し，分析し，解釈すること。上記にあてはまる限り，すべての形態の市場調査，世論調査，社会調査およびデータ分析を含む。本綱領では，『リサーチ』と『マーケティング・リサーチ』および『調査』を同義として扱う。」

　マーケティング・リサーチの定義も，マーケティングが社会全体の活動に適用される概念に変化したのに伴って，従来，産業界の活動に限定的であった概念から，その範囲をマス・メディアの世論調査や研究者の社会調査等に拡げつつある。

調査一般の定義

　調査の目的は，一般的に実際の社会的場面における人間行動に関するデータを収集し，それを解析することによって，対象とする人間行動について記述し，因果関係について説明することにある。

　飽戸弘の定義は，下記のとおりである（飽戸弘，1987）。

　　①　社会または社会事象について

　　②　現地調査（フィールド・サーベイ）により

③ 統計的推論のための資料を得ることを目的とした調査

島崎らは，人間行動の質的構造を探ることを目的とした定性調査も，調査に含まれるとしている。この定義に従えば，調査の目的は，統計的推論のための資料や質的構造を明らかにするための知見を得ることにあるといえる（島崎哲彦・大竹延幸，2017）。

マーケティング・リサーチの効用と限界

ここでは，マーケティング・リサーチを産業界における適用に限定して考察する。

マーケティング・リサーチは自社または店舗等の事業をいかにマーケット（＝市場）に適合させるかというマーケティング上の課題解決を目的とするものであり，市場や消費者の実態の解明，問題発見，課題解決方法の発見のための手段として有効である。

マーケティング・リサーチにより得られたデータはマーケティングの各ステージに対応する基礎データとして，具体的な製品開発，リニューアル等の企業の意思決定等の資料として活用される。

ところで，調査は事実を捉えることを目的としているが，調査対象者の質問に対する回答は常に合理的な判断のもとになされるとは限らない。さらに，建前ではなく本音を引き出すための工夫や知識，経験が求められる。

また，時間的な制約により，1回の調査の中で取り扱うことができるのは，特定の局面に関する意識，態度，行動といった領域に限られる。調査結果として得られた結果から消費者の価値体系を推論するためには，調査を行う側に一定以上の知見がなければならない。

さらに，消費者の価値意識，態度，行動は変容するものであり，ひとつの調査結果は変化するある時点の，ある一断面を切り取ったものにすぎない。調査から得られた結果は不変なものではなく，日日変わるものであるとの認識が必要である。

　ところで，マーケティング・リサーチの主たるテーマ・領域は，必ずしも一般の消費者が関心を持つ内容とは限らない。しかしながら，マーケティング・リサーチでは調査対象者の関心外にある課題を微細な部分にまでわたり聞くこともある。質問の仕方を工夫することは勿論であるが，消費者にとってまったく未知な分野の新製品の受容性など，調査によって最終的な是非を問うには無理がある場合もあることを認識するべきである。

　マーケティング・リサーチは調査対象者に強制できるものではなく，あくまで調査対象者の善意の協力により成り立つものであることも認識するべきである。調査手法の選択，調査実施時期，調査量などは，調査協力を得られる限界を超えたものであってはならない。　　　　　　　　　　　　　（島崎・大竹，2013）

 ## ④ 調査手法の種類と定量調査，定性調査

　調査手法は，調査対象，調査対象の選定方法，データ収集の形式，調査の回数などさまざまな基準により分類される。調査対象者との接触方法による分類を下記に示す（「表Ⅰ－4－1」を参照）。

表Ⅰ－4－1　調査対象者との接触方法による分類

1．フィールド調査
(1) 指示的調査
　　構造化された質問票を用いる調査。定量調査の多くは，これらの手法を用いる。
　①面接調査法：調査員が対象者と直接面接し，口頭で実施する他記式調査。
　②留置調査法：調査票を対象者の手元に留め置き，対象者自身が回答を調査票に記入する自記式調査。
　③郵送調査法：対象者に対する調査票の送付・回収を郵送やメール便で行う調査。自記式調査の一種。
　④電話調査法：調査員と対象者間の質問・回答を電話を介して行う調査。他記式調査の一種。
　⑤電子調査法：電気通信技術を利用した調査，FAX調査，CATI，インターネット調査など。自記式調査の一種。
(2) 半構造化された調査

　　質問内容を調査項目まで決定し，その範囲で対象者に自由に回答を述べてもらう調査。定性調査の手法として用いられる。

①**詳細面接調査**：調査員と対象者が一対一の直接面接で実施する調査。

②**グループ・インタビュー**：１グループ６～８人の対象者に対して，モデュレーターの進行に従って行う調査。

(3) **自由面接調査**

　　調査課題のみを定めて，自由面接で行う調査。深層面接調査などの手法。

2．実験

　変数を統制して，原因と結果の因果関係を明らかにしようとする手法。

(1) **実験室実験**

　　対象者を実験室に集めて，一定の条件下で変数を統制しながら行う実験。

(2) **フィールド実験**

　　日常生活の中で対象者に行う実験。

3．観察法

(1) **統制的観察法**

　　事前に決定した観察項目，手順に従って行う観察。

(2) **非統制的観察法**

　　でき得る限り事実を掌握するために，自由に行う観察。

①**参与観察法**：対象集団の活動に参加しながら，観察を行う手法。

②**非参与観察法**：対象集団と一定の距離を置いて，観察を行う手法。

（島崎哲彦・坂巻善生編，2007より，加筆修正）

　調査で得られるデータの特性により，定量調査（量的調査）と定性調査（質的調査）に分類することができる。

　定量調査は対象となる集団の量的把握を目的とする調査であり，調査結果を比率（％）や平均値等の数値であらわす。定量調査は量的把握を目的とする故に，同じ尺度で計測することが必要であり，質問と選択肢によって構造化された質問票を用いて調査を行う。

　定量調査には調査の対象となる調査単位すべてを調査する悉皆調査（全数調査）と調査単位の全集合（母集団）から調査対象とする部分集合（標本）を抽出して調査する標本調査とがある。

　定性調査は対象の行動，態度やその背景にある構造の質的把握を目的とする

調査であり，調査結果を「言葉」で表現する。

　定量調査は量的分析により特定の意見や行動の全体のなかでの大きさや位置を明らかにするものであり，定性調査は質的な分析によりその大きさや位置付けがなぜ生じているかの構造を解明するものである。

　したがって，定性調査は定量調査のような構造化された質問票は用いず，事前に定めた項目の範囲で対象者に自由に回答を述べてもらうか，課題に従ってまったく自由にインタビューを行うことが多い。

　定量調査と定性調査は互いに補完的な関係にあり，両者の併用により深い知見を得ることができるといえる。

　定量調査については，調査対象者との接触方法により面接調査，留置調査，郵送調査，電話調査，電子調査（インターネット調査を含む）に分類される。

　調査実施場所における分類として，訪問調査，街頭調査，会場調査（会場テスト）などがあり，調査対象者の回答方法による自記式調査（自計式調査），他記式調査（他計式調査），観察調査といった分類もある。　　（島崎・大竹，2013）

　実験は，データ収集法によって2つに分類される。実験室実験（CLT：Central Location Test）は，実験室に被験者を集めて，実験環境等を一定水準に統制して，実験の対象となる製品等（実験変数）を変動させて，実験変数に対する被験者の反応の差を測定する手法であり，集合会場調査ともいう。フィールド実験（HUT：Home Use Test）は，日常生活の中で，実験室実験のような実験環境の統制を行わずに実験を行う手法である。

　なお，テストとは，狭義には実験のなかで日本工業規格（JIS：Japanese Industrial Standard）の官能検査法に基づいて，実験対象の品質を判定する（評価する）実験を指す（本書「第Ⅲ部　テスト・実験調査の手法」を参照）。

個人情報の保護

(1) 個人情報保護の強化

　調査に限らず，広く日本国内における個人情報を保護しようとする動きは，21世紀に入って進展した。2006年に「個人情報の保護に関する法律」（以下，「個人情報保護法」）が施行された。10年を経て，「マイナンバー制度」の運用を控えて個人情報保護の強化が図られ，「個人情報保護法」は2017年に改定・施行された。この「個人情報保護法」の改定に伴い，日本工業規格（JIS）の『個人情報保護マネジメントシステム－要求事項（JIS Q15001：2017）』も，個人情報保護の強化を目指して改定された（日本工業標準調査会，2017）。

　マーケティング・リサーチは消費者の意識や行動を一般化して説明することを目的としたものであり，調査対象となった個人が特定される必要はない。ただし，標本抽出，調査実施，集計までの過程では，作業工程の進行上個人を特定する必要がある。また，調査対象者から収集したデータには個人のプライバシーに関わる情報も含まれている。調査対象者のプライバシーに関わる情報の保護は，調査実施者（社）に課せられた課題であるといえる。

　（一社）日本マーケティング・リサーチ協会では，かねてから「マーケティング・リサーチ産業個人情報保護ガイドライン」を定め，これに準拠して調査機関等に対する「プライバシー・マーク（Ｐマーク）」の認証を行ってきた。前掲の「個人情報保護法」および「個人情報保護マネジメントシステム－要求事項」の改定に伴い，（一社）日本マーケティング・リサーチ協会はこのガイドラインの改定を行い，個人情報保護を強化した『JIS Q15001：2017準拠マーケティング・リサーチ産業個人情報保護ガイドライン』を2018年に発効させた（（一社）日本マーケティング・リサーチ協会，2018）。

(2) 個人情報とは

　「個人情報保護法」では，「個人情報」とは「個人識別符号」（当該情報に含ま

れる氏名，生年月日その他の記述等により特定個人を識別することができるもの。他の情報と容易に照合することができ，それにより特定の個人を識別することができることとなるものを含む。）または「個人識別符号」が含まれるもの，と定義している。

　また，「個人情報保護法」では，不当な差別や偏見その他の不利益が生じる下記の情報については，「要配慮個人情報」として，これらの情報の取得や第三者提供は原則本人の同意が必要であるとしている（個人情報保護法第2条3項，個人情報保護法施行令第2条，個人情報保護委員会規則第5条）。また，本人の事後拒否（オプトアウト）による取得も認めていない。

①人種（人種，世系又は民族的若しくは種族的出身を広く意味する。なお，単純な国籍や「外国人」という情報は法的地位であり，それだけでは人種には含まない。また，肌の色は，人種を推知させる情報に過ぎないため，人種には含まない。）

②信条（個人の基本的なものの見方，考え方を意味し，思想と信仰の双方を含むものである。）

③社会的身分（ある個人にその境遇として固着していて，一生の間，自らの力によって容易にそれから脱し得ないような地位を意味し，単なる職業的地位や学歴は含まない。）

④病歴（病気に罹患した経歴を意味するもので，特定の病歴を示した部分，例えば，特定の個人ががんに罹患している，統合失調症を患っている等が該当する。）

⑤犯罪の経歴（前科，すなわち有罪の判決を受けこれが確定した事実が該当する。なお，これに関連する情報として，下記⑩の情報も要配慮個人情報に該当する。）

⑥犯罪により害を被った事実（身体的障害，精神的障害及び金銭的損害の別を問わず，犯罪の被害を受けた事実を意味する。具体的には，刑罰法令に規定される構成要件に該当する行為のうち，刑事事件に関する手続きに着手されたものが該当する。）

⑦身体障害，知的障害，精神障害（発達障害を含む。）その他の個人情報保護委員会規則で定める心身の機能の障害があること

⑧本人に対して医師その他医療に関する職務に従事する者により行われた疾病の予防及び早期発見のための健康診断その他の検査の結果

⑨健康診断等の結果に基づき，又は疾病，負傷その他の心身の変化を理由として，本人に対して医師等により心身の状態の改善のための指導又は診療若しくは調剤が行われたこと

⑩本人を被疑者又は被告人として，逮捕，捜索，差押え，拘留，公訴の提起その他の刑事事件に関する手続が行われたこと（犯罪の経歴を除く。）

⑪本人を少年法第3条第1項に規定する少年又はその疑いのある者として，調査，観護の措置，審判，保護処分その他の少年の保護事件に関する手続が行われたこと

調査では，調査実施の実務上必要なために，調査対象者リストにID番号と氏名，住所，生年月日等が記載され，回答済み調査票やそれを電磁化したデータにもID番号が記載，あるいは入力されている。また，調査項目には，前掲の「要配慮個人情報」が含まれていることが多い。調査対象者リストと回答済み調査票・電磁化されたデータをID番号を用いて照合すると，「個人識別符号」や「要配慮個人情報」について個人を特定することが可能である。

（一社）日本マーケティング・リサーチ協会の『JIS Q15001：2017準拠マーケティング・リサーチ産業個人情報保護ガイドライン』では，これらを踏まえて，保護対象の個人情報を「氏名，住所，性別，生年月日，顔画面等個人を識別できる情報に限らず，個人の身体，財産，職種，肩書等の属性に関して，事実，判断，評価を表す全ての情報であり，評価情報，公刊物等によって公にされている情報や，映像，音声による情報も含まれ，暗号化等によって秘匿化されているかどうかを問わない」と広く解釈して，取り扱っている（（一社）日本マーケティング・リサーチ協会，2018）。

(3) 個人情報の取得

（一社）日本マーケティング・リサーチ協会の前掲ガイドラインでは，個人情報の取得にあたっては以下の事項を事前に書面によって明示し，調査対象者

本人の同意を得なければならないとしている（（一社）日本マーケティング・リサーチ協会，2018）。

①事業者の名称

②個人情報保護管理者（若しくはその代理人）の氏名又は職名，所属及び連絡先

③利用目的

④個人情報を第三者に提供することが予定される場合の事項

　－第三者に提供する目的

　－提供する個人情報の項目

　－提供の手段又は方法

　－当該情報の提供を受ける者又は提供を受ける者の組織の種類，及び属性

　－個人情報の取扱いに関する契約がある場合はその旨

⑤個人情報の取扱いの委託を行うことが予定される場合には，その旨

⑥A．3．4．4．4～A．3．4．4．7に該当する場合には，その請求等に応じる旨及び問合せ窓口

⑦本人が個人情報を与えることの任意性及び当該情報を与えなかった場合に本人に生じる結果

⑧本人が容易に知覚できない方法によって個人情報を取得する場合には，その旨

　なお，上記⑥のA．3．4．4．4～A．3．4．4．7の場合とは，下記のとおりである。

- （A．3．4．4．4）調査対象者本人が識別されるデータについて，利用目的の通知を求められた場合
- （A．3．4．4．5）調査対象者本人が識別されるデータについて，本人から開示を求められた場合
- （A．3．4．4．6）調査対象者本人が識別されるデータについて，データ内容が事実でないという理由で，本人から訂正，追加又は削除の請求を

受けた場合

- （A.3.4.4.7）調査対象者本人が識別されるデータについて，データ
  の利用の停止，消去又は第三者への提供の停止の請求を受けた場合

　これらは，調査対象者が調査機関に請求する権利があり，調査機関は速やか
に対応しなければならないし，また調査対象者からの苦情，相談にも速やかに
対応することが求められている（（一社）日本マーケティング・リサーチ協会，
2018）。

　調査実施にあたっては，これらの事項を別紙で用意し，調査協力の依頼時に
調査対象者に配布した上で説明し，対象者本人の調査協力の了解を得る方法が
妥当であろう。

(4) 個人情報の匿名加工

　「個人情報保護法」では，個人情報について個人を特定されないための「匿
名加工」を要求している。「匿名加工」の方法にいては，適正な加工方法とし
て次のような手法をあげている（個人情報保護法施行規則第19条）。

　　①特定の個人を識別できる記述等の全部又は一部を削除する。

　　②個人識別符号の全部を削除する。

　　③個人情報との間で相互に連結する符号を削除する。

　　④特異な記述等を削除する。

　　⑤個人情報に含まれる記述等と当該個人情報データベース等を構成する他
　　　の個人情報に含まれる記述等との差異その他の当該個人情報データベー
　　　ス等の性質を勘案し，その結果を踏まえて適切な措置を講じる。

　匿名化を施した「匿名加工情報」とは，個人情報保護法で定められた措置を
講じて特定の個人を再識別できないように加工して得られた個人に関する情報
であり，個人情報を復元して特定の個人を再識別できないようにしたものを指
す（（一社）日本マーケティング・リサーチ協会，2018）。

　調査実施段階では，実務上の必要性から調査対象者リストに氏名，性別，住
所，生年月日等のほか，ID番号が記載され，調査票にもID番号が振られて

おり，さらに電磁化したデータにも ID 番号が入力されていることが多い。この ID 番号を用いて照合すれば，特定個人の回答を識別することが可能である。定量調査の場合，この調査対象者リストと連結する ID 番号を消去することによって，情報は匿名化されることとなろう。そこで，データのクリーニングが終了した時点，あるいは集計・解析作業が終了した時点で，即ち実務上 ID 番号が必要なくなった時点で，ID 番号を消去して匿名化することとなろう。

　定性調査の場合，上記匿名化の実施方法の②，③に対応して ID 番号を消去するほか，①，④，⑤に対応して，調査対象者の発言内容の記述についても検討して，該当箇所の消去を行う必要が発生する。

　作成された「匿名加工情報」を利用するにあたって，元の個人情報の本人を識別する目的で他の情報と照合することは禁じられている（個人情報保護法第36条第 5 項）。また，第三者に提供するときには，「匿名加工情報」であることを明示して提供しなければならない。提供を受けた第三者が，元の個人情報の本人を識別する目的で，加工方法等の情報を取得したり，他の情報と照合することは禁じられている（個人情報保護法第38条）。

　以上の規定を勘案すると，定量調査においては，調査機関から発注主に調査票を納品する場合で，調査票に氏名，住所，電話番号等の記載があれば，それを削除して納品する必要があると考えられる。また，発注主に電磁化された生データを納品する場合は，生データの ID 番号を削除しなくてもよいが，氏名，住所等が記載されている調査対象者リストを納品してはならない。このため，納品した生データに瑕疵があり，記入済み調査票との照合や再調査が必要となった場合は，発注主からの連絡を受けて，調査機関がこれらを実施することとなろう。

　定性調査においては，発注主に調査対象者の発言内容の生データを納品する場合，氏名，住所等の記載がある調査対象者リストを納品してはならない。調査対象者が撮影されているビデオの納品も避けねばならない。また，発言内容に対象者個人の特定が可能な内容がある場合は，録音記録の納品は避け，発言記録を文書化し，個人特定が可能な内容を削除して納品した方が安全である。

なお，さらに詳細な規定や例外規定等については，（一社）日本マーケティング・リサーチ協会『JIS Q15001：2017準拠マーケティング・リサーチ産業個人情報保護ガイドライン』（2018年）を参照されたい。

(5) プライバシーマーク制度

　個人情報保護を目指す制度であるプライバシーマーク（Pマーク）は，日本のさまざまな業界で多くの認証が行われているが，調査に関しては，（一社）日本マーケティング・リサーチ協会が「JIS Q15001：2017準拠マーケティング・リサーチ産業個人情報保護ガイドライン」に基づいた規定によって認証を行っている。

　この制度では，調査実施段階における個人情報保護のみならず，記入済み調査票や電磁化されたデータの保管方法，調査従事者のこれらへのアクセス制限，ネットワーク上を含む受け渡し方法等について，さまざまな要求事項を掲げている。

　また，最低1年に1回，認証された調査機関内における内部規定と運用がPマーク制度の要求に適合しているかの内部監査の実施を要求している。（一社）日本マーケティング・リサーチ協会による外部監査は，2年に1回実施される。

 調査プロセスの国際標準化（ISO）

　国際間の取引が急速に進展した現代では，国内で完結する企業等の活動は少なくなり，例えば，1つの製品を完成するにあたり，各部品はさまざまな国で製造される状況となっている。これらの部品製造を含めた製品製造にかかわる過程を標準化しなければ，製品は完成しないであろう。

　スイス・ジュネーヴに本部を置く「国際標準化機構（ISO：International Organization for Standerdization)」は，さまざまな領域における標準を規定・発行し，各領域のISO加盟各国でのそれら国際標準の普及を目指して活

動している。調査データを含む情報も，国際間の交渉・取引等で利用される。そこで，ISO では調査におけるプロセスを規格化した ISO20252を制定・発行しており，日本にも導入されている（（一財）日本規格協会，2019）。

　調査の国際標準の内容は，ISO/TC225国際委員会（225番目の ISO 国際委員会）で，この委員会の加盟各国により検討・審議され，賛否の投票が行われる。国際委員会の下には，委員会加盟各国に ISO/TC225国内委員会が設置され，国際委員会における意見・議案や投票行動が審議・決定される。日本における ISO/TC225国内委員会は，経済産業省の委託事業として（一社）日本マーケティング・リサーチ協会によって運営されている。

　調査一般に適用される ISO20252は，規格書のタイトルをみると，適用対象がマーケティング・リサーチ，世論調査，社会調査となっている。（一社）日本マーケティング・リサーチ協会が，マーケティング・リサーチの定義を限定的な範囲にとどめず，社会全体の調査一般に拡げて捉えているのと同様に，ISO20252も社会のさまざまな領域における調査を対象としている。

　調査一般の国際標準 ISO20252のほかに，パネル調査におけるパネル構築・管理・使用（提供）に関する国際標準 ISO26362（ISO，2009）が制定・発行されていたが，2017年に ISO20252に組み込まれた（（一財）日本規格協会，2019）。パネル調査の大半は，インターネットを利用した調査である。

　さらに，2017年に発行した SNS 等のビッグ・データの分析・解析にかかわる国際標準 ISO19731（（一財）日本規格協会，2017b）についても，同等の規格が調査一般の国際標準 ISO20252に取り入れられた（（一財）日本規格協会，2019）。

　調査一般の ISO20252は，組織認証ではなく製品単位で，即ち各調査単位で適用する製品認証である。したがって，認証された調査機関が，各調査単位で ISO20252を適用するかどうかを選択できる。

　日本における ISO20252は下記のとおり区分され，区分毎に認証を取得できる。

　Ａ．調査員訪問型定量調査：１）訪問面接調査，２）訪問留置調査，３）

　　小売店監査調査（ストア・オーディット調査），4）ミステリー・ショッパー。1）と2）には調査員訪問型の継続パネル調査も含まれる。

B．調査員介在型定量調査：1）CLT，2）来場者調査，3）電話調査，4）観察調査。1）にはCAPIによるものが含まれる。2）には同様の手法で行われる来街者（街頭）調査，来店者（店頭）調査，出口調査などが含まれ，これらを代表する。3）にはCATIが含まれる。4）には，来店客動線調査などが含まれる。

C．調査員非介在型定量調査：1）インターネット調査（インターネット上の観察によるデータ収集を含む），2）郵送調査，3）装置設置型調査。1）にはモバイル（携帯電話）調査も含まれる。3）には装置設置型の継続パネル調査も含まれ，視聴率調査，スキャニング方式の小売店・消費者調査などが該当する。他にオートコール電話調査，ＦＡＸ調査，アイカメラ購買行動調査などが含まれる。

D．定性調査：1）グループ・インタビュー，2）デプスインタビュー，3）オンライン定性調査，4）エスノグラフィー調査。

E．デジタルデータ分析（ISO19731と同等の内容）：1）オーディエンス・メジャメント，2）オンライン計測パネル，3）タグ埋込型ソリュージョン，4）ソーシャルメディア分析

P．定量調査データ収集：A～Cの定量調査に伴うデータ収集

Q．定性調査データ収集：Dの定性調査に伴うデータ収集

R．アクセスパネル管理（ISO26362を移管）：アクセスパネルの構築・管理・使用（提供）

　　　　　　　　　　　　　　　　　　（（一社）日本マーケティング・リサーチ協会マーケティング・
　　　　　　　　　　　　　　　　　　リサーチ規格認証協議会，2019a：同2019b）

　認証の有効期間は3年で，1年ごとにサーベイランスが課せられ，3年を経過すると更新のために認証を受けることとなる。なお，認証は日本適合性認定協会の認定を受けたISO20252の認証機関から受けることとなる。

　また，2019年に日本工業標準化法が改正され，サービス産業もJISの対象

に取り込まれたことにより，調査においても ISO20252が同等の内容で JIS 化
されようとしている。

第Ⅱ部

定量調査の手法と

結果の分析・とりまとめ

事実探索と仮説検証

調査設計者の設計に取り組む態度には，事実探索的アプローチと仮説検証的アプローチの2つの態度がある。どちらの態度で調査設計にのぞむかによって，設計内容，なかんづく調査票の設計と分析の方法は異なったものとなる。また，どちらの態度にも，問題点も指摘されている。

(1) 事実探索的アプローチと問題点

事実探索的アプローチとは，事実の測定を主眼に調査を設計するアプローチ方法をいう。事実探索的アプローチでは，事実が判明していない事項について測定するための質問・選択肢を設計する。したがって，作成される調査票はもともと中立的であり，調査者の恣意が入り込む余地は少ない。仮説の成立しようがない未知の領域では有効である。

しかし，仮説が存在しないので調査結果から断片的な知見しか得られず，仮説検証的アプローチのように全体像とその構造についての知見を得ることができないという批判もある。　　　　　　　　　　　　　　　　　　（島崎・大竹，2013）

(2) 仮説検証的アプローチと問題点

調査課題に関する仮説を構築し，調査によってその仮説が採択されるか棄却されるかを検証することを主眼に調査を設計するアプローチ方法をいう。調査設計にあたって仮説を立てることは，設計者の恣意が入り込むという批判がある。

仮説検証的アプローチでは，仮説検証が可能な調査票の設計を行う。ただし，仮説に対して中立的な質問・選択肢の設計を行わないと，仮説が正しいことを説明する調査になってしまう。

仮説検証的アプローチの調査の集計計画は，仮説検証が基本である。例えば，ある態度が性別で異なるという仮説に対しては，下記の集計を行う。

　　　　ある態度に対する質問の回答×性別

　この集計結果で仮説を検証し，仮説を採択するか，棄却するかを選択する。

（島崎・大竹，2013）

(3) 仮説から作業仮説，調査項目へ

　提起された課題解決に役立ちそうな手がかりを事前に見つけることが仮説の設定である。仮説があることで調査の的を絞ることができ，質問量を非効率的に拡大せずに済む一方，仮説が不適切だと的外れの調査となる恐れもある。

　的確な仮説を設定するには，課題に対する知識と洞察が求められる。調査設計の第一歩は既存資料の収集である。仮説は，既存資料の分析を含む経験的知見に基づいて構築する。

　通常，構築された仮説を暫定的に認め，これを測定可能な変数に置き換え，調査によって検証する。この測定可能な変数に置き換えられた仮説を作業仮説とよぶ。次に，この作業仮説を測定するための調査項目を検討する。

＜仮説＞
- 最近の若者には活字離れの傾向がある。

＜作業仮説＞
- 最近の若者は新聞を読まない。
- 最近の若者は本を読まない。
- 最近の若者は雑誌を読まない。
- 最近の若者は活字媒体以外で各種情報の収集を行っている。

＜調査項目＞
- 新聞閲読率，新聞閲読時間
- 漫画以外の単行本の閲読冊数，閲読時間
- 漫画・カタログ雑誌以外の雑誌の閲読冊数，閲読時間
- 各種情報の収集方法とその媒体

（島崎・大竹，2013）

定量調査の種類

(1) 悉皆調査と記述統計

　調査対象となる集団を構成する個個の単位を調査単位と呼ぶ。

　まず，さまざまな条件によって母集団を規定する。規定された調査対象集団を構成するすべての調査単位を調査の対象とするのが，悉皆調査（全数調査）である。

　悉皆調査は全調査単位を調査対象とするので，得られた結果には標本調査の場合の標本誤差のような誤差はない。

　悉皆調査によって得られたデータを集計などの統計処理した結果は，調査対象集団の特性を簡潔に記述するものである。この統計手法は，記述統計と呼ばれる。

（島崎・大竹，2017）

(2) 標本調査と推測統計

　標本調査では，調査対象と規定された集団を構成する調査単位の中から，実際に調査の対象となる調査単位（標本）を抽出する。標本抽出にあたっては，調査関係者の恣意が関与しない無作為抽出法を用いねばならない。無作為に抽出された標本を無作為標本と呼ぶ。無作為標本の集団の姿は，母集団の姿に近似する。このようにして抽出された無作為標本を対象に調査を実施する。

　標本調査によって得られた結果から，母集団の傾向を推計する。この時，悉皆調査のように母集団を構成する調査単位をすべて調査対象とせず，一部の調査単位を標本として調査する，即ちたまたま抽出された標本を調査するので，再度抽出し直した標本を調査すると，異なった調査結果が生じることが多い。この標本調査故に生じる誤差を標本誤差という（「Ⅱ－8　母集団推計と標本誤差」を参照）。

　このような標本誤差を含んで母集団の傾向を推計する手法を，推測統計と呼ぶ。

　標本調査では，無作為標本故に母集団推計が可能となる。調査関係者の恣意が関与する有意抽出では，母集団と有意抽出された調査対象集団の姿が近似しないため，母集団推計は不可能である。

　通常，標本調査における母集団推計は自明のこととして，調査報告書には標本調査の結果のみを記載することが多い。　　　　　　　　　　（島崎・大竹，2017）

　公的統計調査では，調査結果から実際に母集団の値を推計するものが多数ある。

 # 定量調査手法の種類

(1) 面接調査法

　調査員と調査対象者が一対一で面接し，調査員が調査票の質問をそのままの順，そのままの文で読み上げ，対象者の口頭での回答を調査票に記入する他記式調査である。

　調査員は，調査票を調査対象者に見せてはならない。質問ごとに対象者が選択肢などを一覧できる選択肢カードを見せながら回答を得る場合もあるが，決められた質問で決められたカードのみを対象者に見せるようにしなければならない。

　調査員と調査対象者の一対一の面接で行われるので，対象者の家族などの意見や情報を排除でき，意見，態度，知識の測定に適している。

　一方，調査員の態度が回答内容に影響を与え，歪みを生じやすい。

　一対一の面接では聞きづらい内容や答えづらい内容の質問は，留置調査で実施するのが妥当である。

　調査員は調査票を調査対象者に見せないので，後の質問が前の質問に影響を与える（繰り越し効果：carry-over effet）ことを排除できる。対象者が質問全体を一覧できる留置調査法では，純粋想起と助成想起の組み合わせによる質問形式は採用できない。

　口頭で質問する調査なので，調査票は会話に近い文体で作成し，同音異義語

や耳で聞いただけではすぐに理解できないような表現に注意しなければならない。

　調査員が対象者本人に直接調査を行うので，対象者間違いや代理回答を排除することができるが，調査対象者と直接接触が必要なため調査員への負荷が大きく，他の手法に比べ経費がかかる。

　他の手法に比べ比較的多くの質問が可能であるが，30〜40分程度で終わるものが妥当である。　　　　　　　　　　　　　　　　　　　　　（島崎・大竹，2013）

(2) 留置調査法

　調査員が対象者に調査協力を依頼後調査票を預け，対象者が自らが記入した調査票を後日回収する自記式調査である。

　調査票が一定期間対象者の手元にあるので，実際に使用銘柄を確認したり，家族に確認したりすることが可能であり，実態を調べる調査には向いている。一方で，周囲の人に聞いたり自ら調べたりする可能性があることから，知識を測定する調査や意識や態度を測定する調査には向かない。

　対象者は手元の調査票により質問の全体の構成を知ることができるので，前の質問の影響が後の質問の回答に影響を与えたり（繰り越し効果），回答の時間を短縮させるために最短のルートをたどる回答がなされたりする可能性もある。

　質問文を読みながら回答を記入する調査方法なので，調査票は文章体で作成する。また，高齢者が対象に含まれる場合には文字の大きさを大きくし，子どもが含まれる場合は漢字を多用しない，漢字にルビを振る，また質問の分岐を分かりやすくするなどの工夫が必要である。調査票を対象者にあずけ都合の良い時間に回答してもらえるので，調査協力が得やすく，比較的質問量の多い調査も可能となる。それでも，1時間程度の調査にとどめるべきである。

　調査員と対象者の接触が少ないことから，対象者の誤記入，代人記入が発生する可能性があり，調査員による依頼時の説明や回収時の内容の点検と，調査本部における回収時の点検，および不備がある場合の再調査が肝要である。

（島崎・大竹，2013）

(3) 郵送調査法

　調査票を対象者に郵送し，対象者が回答を記入後，返送してもらう自記式調査である。郵送調査は留置調査の調査員を郵便に代替させるもので，調査内容に関しての特質は留置調査の場合と同様である。

　調査協力に対する謝礼品は，調査票発送時に同封する場合と，回答者に後日郵送する場合とがある。調査票発送時に同封することにより回収率を高めることが期待できるが，経費がかさむというデメリットもある。

　郵便を利用することで調査員を必要としないので，経費を削減することができる。調査員を必要としないので，全国（場合によっては海外も）をカバーすることが可能であり，調査対象者が広範囲に散在していても調査が可能である。

　また，面接調査や留置調査，電話調査に比べ，人的要素による影響を排除することができるというメリットもある。

　回収率は一般的に低く，回答者がテーマに関心のある人に偏る傾向がある。

（島崎・大竹，2013）

　公的統計調査では，近年高い回収率を確保するために各種の工夫がなされている。

(4) 電話調査法

　調査員（オペレータ）が調査員宅に電話をかけ，質問を読み上げ，対象者の口頭による回答を調査員が調査票に記入する方法であり，他記式調査である。

　現在は対象者からの回答を調査員が直接コンピュータに入力する方法や，自動的に対象者宅に電話をかけ，あらかじめ録音された音声で質問を行い，対象者がプッシュホンで回答した内容をそのまま記録する方法（CATI：Computer-Assisted Telephone Interviewing）も採用されている。

　電話を通じて行われる調査なので，調査対象者に提示物を見せることはできず，必要な場合は事前に送付するなどの準備が必要となる。面接調査のように選択肢のカードを調査対象者に見せることができず，留置調査や郵送調査のように選択肢を目で確認することが調査対象者はできない。したがって，調査員

が質問文とともに選択肢も読み上げることになる。特に選択肢が多い場合は，1つひとつの選択肢を読み上げ，該当するか否かを問うことになり，同じ質問でも面接調査や留置調査，郵送調査と結果が異なることとなる。

　調査員と電話の台数を数多く確保すれば，短期間で調査を完了することができる。また，郵送調査と同様に調査対象者が広範囲に散在していたり，遠隔地に居住している場合でも調査が可能であるし，電話を通じて行うので回答が調査対象者本人のものであることを確認しやすい。

　電話調査は調査員と対象者が直接対面しない調査であるため拒否率が高く，人的要素が調査結果に影響を与える恐れもある。また，面接調査，留置調査，郵送調査と異なり，質問量の多い調査には不向きである。

　さらに，電話調査の問題点として，電話帳掲載率の低下があげられる。このため，電話帳から標本抽出を行うと非掲載世帯は母集団から除外されることになる。

　この問題解決の手法として，RDD 法による標本抽出が用いられている（「Ⅱ－7－(9)　RDD 法」を参照）。

　もうひとつの問題点は，固定電話を持たない世帯（特に若年層世帯）の増加である。携帯電話しか持たない世帯は，電話帳非掲載世帯と同様に母集団から除外されることになる。　　　　　　　　　　　　　　　　　　　　（島崎・大竹，2013）

(5) 電子調査法（インターネット調査を含む）

　データ収集の段階にコンピュータやネットワーク技術を導入し，調査員や郵便，電話などを利用せずにデータ収集を行う手法や，電話に新しい電気通信技術を組み合わせた手法などが開発され，活用されている。これらを総称して電子調査と呼ぶ。その多くは，自記式調査である。そのなかには，FAX 調査，電話のデジタル機能と双方向性や自動音声システムを利用した CATI，パソコンやスマートフォンを利用したインターネット調査，ハンドスキャナを用いてバーコードを読み取る POS 調査などさまざまな手法がある。

　これら以外にも，調査実施にあたって部分的に電気通信技術を利用する調査

もある。選挙の投票日当日の出口調査で調査員が調査結果データを携帯電話の
インターネット機能を利用してサーバに直接送信・入力する手法や，パソコン
やスマートフォンを利用したインターネット調査の機能を用いて行われる会場
調査などがこれにあたる。

　これらの手法は，旧来の手法に比べ調査の迅速化，調査費用の低減化が可能と
なり，調査員を介さないことで調査結果に対する人的要素の影響も排除できる。

　電子調査のなかで数多く利用されているインターネット調査の多くはパネル
制を採用しており，回収率も高く特定層に限定した調査に対する適合性に優れ
ていることに加え，追跡調査などの複雑な手順の調査にも適合する。

　現在のインターネット調査のほとんどは，インターネット上の各種公募サイ
トからパネル登録をした集団を対象として行われている。インターネット調査
の特徴のひとつは大規模パネルを構築し，パネルにスクリーニングを行うこと
で，速く，安くレア・サンプル（出現率の低い標本）を集めることが可能となっ
たことである。

　一方で，このような大規模パネルを使ったインターネット調査は，そのパネ
ルの構築方法故に母集団が不明であり，さらに無作為抽出でないために調査結
果に一般的傾向と大きな隔たりが生じ，母集団傾向の推計が不能という問題が
ある。
　　　　　　　　　　　　　　　　　　　　　　　　　　（島崎・大竹，2013）

マーケティングとマーケティング・リサーチの関係

(1) マーケティングのプロセスとマーケティング・リサーチ

　前掲の「Ⅰ－4　調査手法の種類と定量調査，定性調査」等で用いた「実
験」，「実験室実験」，「フィールド実験」，「テスト」等の用語は，これらの手法
の内容を規定する学術用語である。他方，マーケティング・リサーチでは，一
般的に実施の手法に重きを置いた「CLT（Central Location Test)，「HUT
(Home Use Test)」といった用語が使われている。「Ⅱ－4　マーケティング
とマーケティング・リサーチの関係」以降のⅡ部では，マーケティング・リ

サーチの用語を用いて記述する。

ステージⅠ　市場分析／競合分析
① マーケティング戦略
　　開発の方法・方向／開発作業計画立案
② マーケティング課題，リサーチ課題・手法
　　• 新規市場に参入する機会を探る
　　　　→市場機会分析／Ｐ＆Ｏ分析／２次データ・オープンデータ分析
　　　　→グループ・インタビュー，詳細面接調査
　　• 既存市場での新たな方向性を探る
　　　　→ユーザーの実態把握
　　　　→面接調査／留置調査／インターネット調査／郵送調査／グループ・インタビュー／詳細面接調査／２次データ・オープンデータ分析

ステージⅡ　市場の問題点と仮説の抽出
① マーケティング戦略
　　市場の研究・分析／市場機会と戦略仮説／開発基本戦略策定
② マーケティング課題，リサーチ課題・手法
　　• コンセプト立案のためのアイデアを探る
　　　　→アイデア・スクリーニング
　　　　→面接調査／留置調査／インターネット調査／郵送調査／集合会場調査（CLT）／グループ・インタビュー／２次データ・オープンデータ分析
　　• 消費者ニーズを探る
　　　　→ベーシック実態把握
　　　　→面接調査／留置調査／インターネット調査／郵送調査／グループ・インタビュー／詳細面接調査／２次データ・オープンデータ分析
　　• 消費者ニーズ等から市場を類型化する
　　　　→消費者ベネフィット分析
　　　　→面接調査／留置調査／インターネット調査／郵送調査／グループ・インタビュー／詳細面接調査
　　• ターゲットを設定する，競合を含めたブランドのポジショニングを解明する

→コンセプト・スクリーニング
→面接調査／留置調査／インターネット調査／CLT／グループ・
インタビュー

| ステージⅢ | 　製品コンセプトの具体化

① マーケティング戦略
　商品コンセプト立案／商品政策立案（商品仕様／ネーミング／パッ
ケージ／価格）
② マーケティング課題，リサーチ課題・手法
　• コンセプトの受容性を明らかにする
　　　→コンセプト検証
　　　→面接調査／インターネット調査／CLT／グループ・インタ
　　　ビュー
　• 試作品の使用評価を明らかにする
　　　→プロダクト検証
　　　→（使用テスト等）
　　　→面接調査／留置調査／CLT／HUT／グループ・インタビュー
　• デザインの受容性を明らかにする
　　　→（パッケージテスト）
　　　→面接調査／CLT／グループ・インタビュー
　• 製品名の適合性を明らかにする
　　　→（ネーミングテスト）
　　　→面接調査／CLT／HUT／グループ・インタビュー
　• ネーミングの受容性を明らかにする
　　　→ネーミング評価
　　　→面接調査／インターネット調査／CLT／グループ・インタ
　　　ビュー
　• 価格の受容性を明らかにする（価格弾性値）
　　　→価格評価
　　　→面接調査／留置調査／インターネット調査／CLT／グループ・
　　　インタビュー

| ステージⅣ | 　消費者の受容性評価

① マーケティング戦略
　• プロダクト・チェック
② マーケティング課題，リサーチ課題・手法
　• コンセプトが試作品に反映されているか検証する
　　　→コンセプト＆プロダクト検証

　　　　　　　　→（C／Pテスト）
　　　　　　　　→留置調査／ CLT ／グループ・インタビュー
・表示が理解されるかどうか検証する
　　　　　　　　→（表示理解テスト）
　　　　　　　　→留置調査／ CLT ／グループ・インタビュー
・製品のブランド資産（ブランド・エクィティ）も含めた評価を得る
　　　　　　　　→（オープンブランドテスト）
　　　　　　　　→留置調査／ CLT ／グループ・インタビュー

ステージⅤ　市場導入計画の立案
① マーケティング戦略
　・広告戦略開発／流通戦略開発
② マーケティング課題，リサーチ課題・手法
　・TVCF の印象や伝達内容をチェックする
　　　　　　　　→ TVCF 評価
　　　　　　　　→面接調査／ CLT ／グループ・インタビュー
　・広告コピーの内容をチェックする
　　　　　　　　→広告コピー評価
　　　　　　　　→（広告コピーテスト）
　　　　　　　　→面接調査／インターネット調査／ CLT ／グループ・インタビュー
　・流通過程の受容性を明らかにする
　　　　　　　　→卸・小売調査（卸はリベートを含む）
　　　　　　　　→留置調査／詳細面接調査

ステージⅥ　市場導入
① マーケティング戦略
　フォローアップ研究／ブランド価値分析／広告効果／消費実態・意識の把握
② マーケティング課題，リサーチ課題・手法
　・初期購入者の想定ターゲットとの整合性を確認する
　　　　　　　　→トラッキング・スタディ（追跡調査）
　　　　　　　　→面接調査／留置調査／インターネット調査／郵送調査／グループ・インタビュー／詳細面接調査
　・ブランドの浸透度合いをチェックする
　　　　　　　　→広告効果測定
　　　　　　　　→面接調査／インターネット調査
　・ブランドに対するロイヤリティを確認する
　　　　　　　　→顧客満足度評価

　　　　　→（CS 調査）
　　　　　→面接調査／留置調査／インターネット調査／郵送調査／CLT
　　　　　　／グループ・インタビュー
・ブランドが差別性を維持しているか確認する
　　　　　→ブランド評価，ブランドのポジション
　　　　　→面接調査／留置調査／インターネット調査／郵送調査／グルー
　　　　　　プ・インタビュー
・商品の満足度や問題点を明らかにする
　　　　　→事前／事後調査（時系列の継時調査）
　　　　　→面接調査／留置調査／インターネット調査／郵送調査／グルー
　　　　　　プ・インタビュー／詳細面接調査
・流通における状況を確認する
　　　　　→（小売店におけるオブザベーション）
　　　　　→統制的非参与観察調査

（近藤光雄・島崎哲彦作成，2004に加筆・修正）

(2) マーケティング・リサーチで用いられる調査等の内容

① P＆O分析（Place and Occasion Analysis）

　place（場所）と occasion（状況）に応じた消費行動の分析
　time（時）を加えて，TPO 分析（Time, Place and Occasion Analysis）
とする場合もある。

② ホームユーステスト（HUT：Home Use Test）

　対象者に新商品を手渡し，一定期間（10日〜2週間）使用してもらい，評
価を得る方法。
　試用前に新製品に関する購買・消費行動や対象者の特性をおさえ，実際の
使用状況や商品に対する態度，購入意欲などが調べられる。
　場合によっては競合商品を同時に手渡したり，ブランド名をマスクして手
渡すこともある。それをブラインドテスト（blind test）という（林英夫・
上笹恒，種子田實，加藤五郎，1993）。
（「I−4　調査手法の種類と定量調査，定性調査」を参照）

③ 集合会場調査 （CLT : Central Location Test）

　　消費財では同一条件の下に商品を使用してもらいたい時に実施。大型耐久
　　財では一般的手法。食品などは，専用の会場を用意する（林・上笹・種子
　　田・加藤，1993）。

　　（「Ⅰ－4　調査手法の種類と定量調査，定性調査」を参照）

④ パッケージテスト （Package Test）

　　製品の ① 容器，外装のデザイン，色彩，② 容器の使いやすさ，③ 容器の
　　材質などに関するテスト。

　　消費者にパッケージ自体を評価させる。パッケージを見せて商品を買いた
　　いかをきく，店頭陳列で目立ちやすさを調べる，などがある。

　　異なるパッケージで同一製品のテストを行い，製品全体の評価差から間接
　　的にパッケージの効果の違いを知る方法もある（（社）日本マーケティン
　　グ・リサーチ協会，1995）。

⑤ ネーミングテスト （Naming Test）

　　製品の銘柄名をきめるために行うテスト。

　　いくつかの候補名を消費者に示して，どの銘柄名がその製品によく合うか
　　など，候補名に対する意見，印象を回答してもらう。

　　単に名前だけでなく，書体やパッケージ上でのデザインまで含めてテスト
　　することもある（（社）日本マーケティング・リサーチ協会，1995）。

⑥ C/Pテスト （Concept and Product Test）

　　製品を売るのではなく，そのコンセプト（概念）を売るのだという言葉ど
　　おり，消費者が製品に抱いているコンセプトの評価を知ることは大切であ
　　る。

　　製品が試作されていれば，コンセプト付き製品テスト（C/Pテスト）とし
　　て，それぞれの評価およびコンセプトの適合度を明らかにすることができ

る（（社）日本マーケティング・リサーチ協会，1995）。

⑦ 表示理解テスト

表示内容を消費者に示して実施する。

製品の成分，効能，使用方法などについての表示が消費者に正しく理解されるか，どの程度理解されるかを見極めるために行うテスト。

⑧ 価格イメージ調査（Price Image Study）

単に価格そのもののイメージだけでなく，製品の効用からどう価格をイメージするかという問題や，効用÷価格とも定義される価値の問題にも発展させなければならない。

心理的価値（効用÷価格）については，効用に対して価格が安いほど価値があがる。

価格イメージ調査はまた，価格感応性調査（Price Sensitivity Research）として，消費者が容認できる価格の上限と下限を把握する目的で行われることも多い（林・上笹・種子田・加藤，1993）。

この価格と販売量との関係は，価格弾性値（価格弾力値：Price Elasticity）として捉えられる。

⑨ ブラインドテスト（Blind Test）

純粋に製品間の評価差を知るために，メーカー名やブランド名を隠して行うテスト。

⑩ オープンブランドテスト（Opne Bland Test）

ブランド名を隠して行うテスト（ブラインドテスト）とは異なり，製品のメーカー名やブランド名を明示して行うテスト。

製品の内容とブランド名等が併さった時の消費者の評価を把握するために行う。

既存品であれば，評価には既に構築されたブランドエクィティ（ブランド価値，ブランド資産）が含まれることとなる。

競合品についてもブランド名等を明示して，比較させる場合もある。

⑪ 広告コピーテスト（Advertising Copy Test）

作成された種々の広告文案や図案のうちで，どれがもっとも注目を引き，どれが訴えようとしていることがよくわかるなどについてテストすること。このテストは広告制作過程で行い，ある程度の人数の対象者を選んで広告コピーを見せて意見をきく。

テレビ CM については，テレビ CF テスト（Commercial Film Test）と呼んで，対象者を少人数ごとにまとめて制作過程のCMを映写して意見を求める。　　　　　　　　　　　　　　　　（(社) 日本マーケティング・リサーチ協会，1995）

⑫ 事前／事後調査（Pre/Post Survey）

消費者の行動や態度等の変容を明らかにするために行う調査。

事前の調査は基準値（bench mark）を得るために実施されるのでベンチマーク調査（Bench Mark Survey）といい，事後の調査を追跡の意味でフォローアップ調査（Follow-up Survey）と呼ぶこともある。

事前調査と事後調査の調査対象者には，同じ母集団から抽出された独自の標本が用いられる。　　　　　　　　　　　　　（林・上笹・種子田・加藤，1993）

⑬ 顧客満足度調査（CS 調査：Consumer Satisfaction Survey）

商品購入・使用後のアフターサービス等も含む顧客の満足度を測る調査。

⑭ 観察法（Observation Method）

ここでは，マーケティング・リサーチでよく用いられる観察法を説明する。

調査対象に質問しないで，調査員の観察により必要な情報を記録する方法。例えば，販売店の在庫量，フェージング，販売価格，POP の状況，来店

者数，あるいは道路の交通量，催事会場の入場者数などはこの方法で知ることができる。

テレビ視聴率調査もこの一種である。

（（社）日本マーケティング・リサーチ協会，1995）

マーケティング・リサーチの設計

（1）一般的な調査の手順（調査員介在型調査の場合）

（1）マーケティング・リサーチが必要とされる問題の発生
- マーケティング・リサーチは，問題解決の方法である。したがって，調査の課題の大半はマーケティング・リサーチの領域以外の領域，即ち，マーケティングのさまざまな領域から発生する。

（2）仮説の構築
- 調査課題に関する資料収集を行う。
- 収集した資料などを検討し，仮説を構築する。
- 仮説から，計測可能な作業仮説を導き出す。

（3）調査の設計
- 調査課題と仮説に基づき，調査目的を明確にする。
- 調査の目的に基づき，次のような諸項目について検討し，設計する。調査項目，調査対象となる母集団の規定，調査地域，母集団からの調査対象者の抽出方法，調査対象者数，調査実施の手法，調査スケジュールなど。

（4）調査票の設計
- 仮説と調査項目に基づき，調査票の内容を設計・作成する。

（5）調査対象者の抽出
- 調査対象者の抽出方法の設計に基づき，母集団の傾向を推計するのに妥当な方法で，対象者を抽出する。

（6）調査実施に向けての準備作業
① 調査票の印刷
② 調査員の手配・確保
③ その他の調査資材の準備
- 調査員に調査実施方法を説明するインストラクション・ガイド
- 調査対象者名簿
- 調査対象者に対する調査依頼状

- （面接調査法の場合）調査対象者に提示する選択肢カード
- 調査対象者訪問記録表
- 調査対象者に対する謝礼品など

(7) 調査の実施

① 調査員に対する説明会の実施
- 調査員の調査票の内容に対する理解のため。
- 調査員の調査方法の基準に対する理解のため。
- スケジュール，調査対象者・調査員の問い合わせ・連絡先などの周知のため。

② （面接調査法の場合）初票点検
- 調査が正しく行われているかを点検し，間違いがあれば正しい方法に訂正するため。

③ 調査員からの調査票回収
- 回収時に調査票を点検し，記入漏れや誤記入があれば再調査を指示する。
- 調査未完了対象者（調査不能標本）について，事情を聴取する。

(8) 回収票の点検

① 集計作業に入る前に，回収した調査票を再点検し，入力ミスが起きないように回答を修正する（エディティング：editing）。

② 不正票の点検（インスペクション：inspection）
- 回収した調査票を点検し，調査員による不正な記入票（メイキング）や留置調査における調査対象者以外の記入票（代人記入）等については，再調査をする。

(9) 集計・解析の実施

① 集計計画の立案
- 仮説を検証し，調査目的に対する解答を導き出すために，集計計画を立案する。
- 単純集計や質問間のクロス集計では必要な結果が得られない場合は，多次元解析や多変量解析などの手法を用いた解析計画を立案する。

② 調査結果のコンピュータ入力の実施

③ 集計・解析計画に基づく，コンピュータ集計・解析の実施

(10) 集計・解析結果の分析
- 集計・解析結果を分析し，得られた知見を整理する。

(11) 報告書の作成
- 調査結果から得られた知見をとりまとめ，調査目的に即して報告書を作成する。

(島崎・大竹，2017より，加筆修正)

(2) 調査計画書の作成

下記表Ⅱ－5－1に示す内容の計画書を作成する。

表Ⅱ－5－1　調査計画書の内容

> 1．調査目的
> 2．調査仮説（仮説・作業仮説）
> 3．調査項目
> 4．調査対象（母集団の規定，調査対象（標本）数，調査対象標本の抽出方法）
> 5．調査地域
> 6．調査方法
> 7．調査スケジュール
> 8．調査企画・実施機関（ないしはレターヘッドなど）

（島崎・大竹，2017）

(3) 調査目的

　調査目的は，マーケティングの各プロセスで発生した，明らかにしなければならない課題を解明することである。以下の調査設計は，この調査目的に規定される。

(4) 調査仮説（仮説，作業仮説）

　「Ⅱ－1－(3)　仮説から作業仮説，調査項目へ」を参照。

(5) 調査項目

　「Ⅱ－1－(3)　仮説から作業仮説，調査項目へ」を参照。

(6) 調査対象（母集団の規定，調査対象（標本）数，調査対象標本の抽出方法）

　「Ⅱ－7　無作為抽出法と有意抽出法」を参照。

(7) 調査地域

　調査地域は，調査対象の範囲を規定（母集団を規定）する重要な要素のひとつである。

　調査目的によって，調査地域は決定される。国の統計調査は全国が多いし，自治体の調査は都道府県や市町村の範囲となる。

　マーケティング・リサーチの多くは行政区画を用いず，首都圏，関西圏，中京圏などの都市圏を用いることが多いし，調査目的によってさまざまである。例えば，寒冷地対策の車の調査は北海道，焼酎の試作品テストは九州といった具合である。

　マーケティング・リサーチでよく用いられる首都圏を例に，都市圏の想定方法を述べる。都市圏は，その範囲に住む人びとの生活と意識の同質性から範囲を想定する。首都圏の場合，東京駅を中心に50km圏が想定される。その外側は，田園地帯である。では，首都圏調査の場合，50kmの範囲内であれば，30km圏や40km圏でもよいのか。50km圏の形成過程や現状を考えると，最近の新興住宅地は外縁部にあるなど，50km圏の住民全体が等質とはいえない。そこで，30km圏や40km圏で調査を行うと，首都圏50km圏に対して歪みが生じることとなる。したがって，首都圏調査は50km圏で実施する必要がある。関西圏や中京圏では，山岳の地形による影響等により，いびつな形状になる。

（島崎・大竹，2017）

(8) 調査スケジュール

　国の統計調査の中には，企画から集計まで１年をかけるものもあるし，マス・メディアの世論調査のように２日程度で調査を実施するものもあるが，一般的なマーケティング・リサーチでは企画から報告書作成まで２〜３ヵ月程度のスケジュールが多い。

　調査スケジュールは，一般的に次のように分けられる。

　　　　　① 企画・準備作業

　　　　　② 調査の実施

　　　③ 集計・分析
　　　④ 報告書の作成

① 企画・準備作業

　準備作業はともかく，企画は十分な時間をかけて行うべきである。企画に誤りがあったり，不十分であったりすると，調査実施以降をいかに正確に行ったとしても，調査結果の品質に対する影響は避けることができない。

② 調査の実施

　調査の実施期間は，調査対象者の状況に依存し，設計者の意図で左右できるものではない。例えば，首都圏における世帯や個人を対象とした留置調査は，最短でも土日を3回含む3週間を要する。この期間を短くすると，回収率が低下する。

③ 集計・分析

　集計・解析はコンピュータの発達で短期間で実施できるが，集計・解析から知見を見出すファインディングは，担当者の頭脳に依存するので，それ相当の時間を要する。短期間で分析を行うと，十分な分析ができない。

④ 報告書の作成

　数表やグラフの作成は，コンピュータの発達で短期間で可能だが，ファインディング及び結果のとりまとめの記述は人間の頭脳に依存するので，これもそれ相当の時間をさく必要がある。

　　　　　　　　　　　　　　　　　　　　　　　　（島崎・大竹，2017）

(9) 調査企画・実施機関（ないしはレターヘッド）

　調査企画・実施機関（ないしはレターヘッド）は，調査票や対象者への調査依頼状に記載する。

　官公庁の調査では，調査主体の官公庁名と調査実施委託先の調査機関名（あるいは調査実施事務局名）を併記するのが一般的であり，マス・メディアの世論調査では，マス・メディア名で実施することが多い。

　マーケティング・リサーチでは，調査機関名のみで実施するのが一般的である。民間企業は公共性がある官公庁やマス・メディアと異なり，調査対象者の企業への好悪が調査結果に影響を与えるためと言われてきたが，企業名を出すことでその企業の活動が競争相手の企業に漏洩することを嫌うためでもある。

（島崎・大竹，2017）

❻ 調査経費見積書の作成

　「Ⅱ－5－(1)　一般的な調査の手順」にそって，対応すべき調査実施の各ステップで，どの部分にどの程度の経費が必要となるかを確認しつつ，調査経費見積書を作成する。

　調査の各ステップで必要となる経費には，以下のようなものがある。

　　＜企画作業＞
- 調査設計者の人件費
- 調査課題に関する資料（他所から入手が可能なデータなど）収集のための費用

　　＜調査票の作成＞
- 調査票作成者の人件費
- プリテストの実施にかかる費用

　　＜準備作業＞
- 調査員の手配，確保，さまざまな資材作成のための人件費，費用
- 調査対象者の抽出作業，対象者名簿作成にかかる費用
- 調査票，依頼状，督促状，調査対象者訪問記録表，調査員へのインストラクション・ガイドなどの印刷物作成や，インターネットの WEB サイト構築の費用

- 調査対象者に製品を提示する場合や，選択肢カードに写真を使う場合
  は，商品の購入費や撮影，印刷費用

<調査の実施>

- 調査員への説明会，初票点検実施や調査員からの調査票回収のための
  人件費，費用
- 調査員手当，交通費
- 依頼状，調査票，督促状の郵送費
- 調査員管理，実査進捗管理にかかる人件費
- インスペクションにかかる人件費，経費
- 調査完了票のチェックにかかる人件費，経費
- 調査対象者への謝礼費，謝礼を後送りする場合の郵送費

<集計・分析>

- エディティングにかかる人件費，経費
- データ入力にかかる費用
- 集計計画作成，集計作業にかかる人件費，システム費用
- 分析にかかる人件費，システム費用

<報告書の作成>

- 報告書の作成にかかる人件費，経費
- 報告書の印刷費

<一般管理費>

- 上記以外に事務所維持等にかかる費用

　人件費は，単価に過去の類似業務の実績などを考慮した想定時間を掛けて算
出する。人件費以外の経費は，必要となる予備分も含めて見積る。

　顧客に提出する「費用見積書」作成に際しては，顧客により人件費単価や一
般管理費が決められている場合もあるので，顧客から提示された仕様書や見積
条件書を確認し作成する。

無作為抽出法と有意抽出法

（1）母集団の定義，調査対象抽出枠との関係

① 母集団の規定

　調査では，調査目的に沿って，調査対象をさまざまな条件によって規定しなければならない。調査対象が個人であれば，性，年齢，未既婚，学歴，職業，年収などの個人属性や，特定のモノの保有や経験，居住地などによって調査対象を規定する。調査対象が事業所であれば，業種，資本金の額，上場の有無，従業員数，売上高や所在地などによって調査対象を規定する。

　これらの調査対象の規定条件に合致した調査単位の集合が母集団である。

　　母集団の規定の事例

　　① 政府の外交・防衛政策に関する世論調査

　　　→全国の18歳以上の有権者

　　② A市の保育園待機児童対策に関する世論調査

　　　→A市に居住する18歳以上の有権者

　　　　あるいは，A市に居住する乳幼児，小学校未就学児童がいる世帯

　　③ 若年層独身者の消費動向に関する調査

　　　→全国の18歳以上35歳未満の独身者

　　　　　　　　　　　　　（若年層の定義によって年齢は変動する）

　　④ 自身の選択及び自身の支出で化粧品を購入・使用している人の新しい化粧品の購入意向に関する調査

　　　　→18歳以上の○○歳までの女性（年齢は新商品の種類，価格等によって変動する。多くの調査は，居住地を首都圏50km圏居住者に限定）

② 母集団と標本の関係

　標本調査の結果から母集団の傾向が推計される。したがって，標本は母集団の調査単位から無作為に抽出され，標本の集合の姿は母集団の姿に近似し

なければならないことは，前掲のとおりである。

　無作為抽出法は，母集団を構成する調査単位のあらゆる組み合わせの中から，任意のひとつの組み合わせを抽出する。抽出にあたっては，調査単位のあらゆる組み合わせに均等に抽出機会が与えられねばならない。

　抽出された標本の１つひとつは，母集団を構成する調査単位の中の特定のいくつかを代表するものではなく，不特定のいくつかを代表している。

（島崎・大竹，2013）

(2) 確率抽出法
① 乱数を用いた無作為抽出法

　乱数表とは，サイコロを振って出た数字のように，ランダムに発生した数字の行列の表をいう（巻末「付表１　乱数表」を参照）。コンピュータによって生成した乱数は，その計算が確定的である故に疑似乱数であるが，サイコロで発生した真の乱数と同様に扱って差しつかえない。

　乱数表を用いた無作為抽出法とは，乱数表から抽出した数字を用いて，母集団を構成する調査単位から標本を抽出する手法である。

　具体的手法は，下記のとおりである。

＜500人の母集団から10人の標本を抽出する＞（巻末「付表１　乱数表」を参照）

(イ) 500人の母集団の調査単位に，その配列に従って001〜500の番号をふる。

(ロ) 乱数表から，001〜500の範囲の数字を抽出する。

　　a．乱数表のどこから数字を抽出するか決定する。10面体のサイコロ（1〜10のトランプカードを用いてもよい）をふって出発点を決める。例えば，1〜4までを有効として，乱数表の左上隅が1，右上隅が2，左下隅が3，右下隅が4とし，サイコロの目が1と出たとすれば，左上隅を出発点とする。

　　b．乱数表の出発点から縦，横どちらの方向に進むかを決める。例えば，サイコロの目が奇数ならば縦，偶数ならば横として，6の目が出たとすれば，左上隅から横に進む。

c．何番目の数字から採用するか決める。例えば，サイコロの目が４と出たとすれば，乱数表左上隅から横へ４番目の数字（8）から採用する。

d．10個の数字を乱数表から抽出する。母集団の調査単位の数は500であるから，３桁の数字を抽出する。ただし，調査単位の数は500であるから，501以上の数字は不採用とし，500以下の数字が10個揃うまで抽出を行なう（「表Ⅱ－７－１」を参照）。

(ハ) 乱数表を使用するにあたって，(ロ) a．～d．の手続きを踏むのは，いつも同じ使い方で乱数表を利用し，同じ数字を採用しないようにするためである。

(ニ) コンピュータは疑似乱数の関数を持っている。実際の調査では，乱数を必要とする調査の度に，乱数関数を利用して乱数を発生させるとよい。

（島崎・大竹，2013）

表Ⅱ－７－１　乱数表を用いた抽出例

抽出順	数字	採用の有無	採用順	抽出順	数字	採用の有無	採用順
1	819	×		18	534	×	
2	160	○	①	19	231	○	④
3	582	×		20	511	×	
4	737	×		21	521	×	
5	917	×		22	081	○	⑤
6	719	×		23	368	○	⑥
7	696	×		24	716	×	
8	090	○	②	25	504	×	
9	822	×		26	712	×	
10	835	×		27	457	○	⑦
11	690	×		28	951	×	
12	129	○	③	29	766	×	
13	506	×		30	724	×	
14	792	×		31	252	○	⑧
15	892	×		32	253	○	⑨
16	806	×		33	638	×	
17	830	×		34	128	○	⑩

② 系統抽出法（等間隔抽出法）

　系統抽出法とは，母集団の調査単位を標本数に相当する数の部分に分割し，母集団の各部分集合の中から，任意のひとつの標本を抽出する手法である。具体的には，母集団の調査単位数を標本数で除して算出した抽出間隔によって，等間隔に標本を抽出する。

　具体的手法は，下記のとおりである。

＜500人の母集団から10人の標本を抽出する＞

(イ) 500人の母集団の調査単位に，その配列に従って001～500の番号をふる。

(ロ) 抽出間隔を算出する。

　　　抽出間隔＝母集団の調査単位数／標本数＝500／10＝50

　(注) 抽出間隔の算出にあたっては，小数点以下の値を切り捨てる。四捨五入で切り上げを用いると，場合によっては設計上必要とした標本数を確保できない可能性があるためである。他方，切り捨てを用いると，場合によって設計上の標本数を上回る標本を抽出する可能性がある。必要標本数を上回っているので，そのまま調査を実施すればよい。必要数を上回った標本を調査対象から除外する場合は，乱数表から数字を抽出し，その数字に該当する標本を除外する。これらの方法は，標本抽出にあたって，調査関係者の恣意を排除するためである。

(ハ) 最初の標本を抽出するための数字（スタート番号）を乱数表から抽出し，その数字に該当する調査単位を標本として抽出する。この場合，25という数字を抽出したとする。

　(注) 最初の標本を抽出するための数字は，抽出間隔以内の数字とする。抽出間隔を超える数字を用いると，必要標本数が抽出できない事態が生じるためである。

(ニ) スタート番号と抽出間隔の数値を用いて，母集団の中から，その数字に該当する調査単位を標本として抽出する（「表Ⅱ－7－2」を参照）。

　(注) 系統抽出を用いる場合は，まず，母集団の調査単位の配列に留意する。一定の特性の調査単位が抽出間隔の数値の約数・倍数の間隔で配列されている場合，系統抽出を用いると，同じ特性の標本を多数抽出することとなる。このような場合は，乱数表を用いた無作為抽出を行う。

(島崎・大竹，2013)

表Ⅱ－7－2　系統抽出を用いた抽出例

調査単位の順番	抽出手順
1	
2	
・	
・	
25	1番目の標本
・	
・	
75	2番目の標本（スタート番号＋抽出間隔＝25＋50＝75）
・	
・	
125	3番目の標本（スタート番号＋抽出間隔×2＝25＋50×2＝125）
・	
175	4番目の標本（スタート番号＋抽出間隔×3＝25＋50×3＝175）
・	
・	
・	
475	10番目の標本（スタート番号＋抽出間隔×9＝25＋50×9＝475）

（3）確率比例2段抽出法

　確率比例抽出法は，母集団の調査単位数が判明しており，標本数もまた決定されている場合に用いる無作為抽出法である。母集団の調査単位数が判明しておらず，標本数も確定していない場合には，等確率抽出法を用いる（「Ⅱ－7－(7)　等確率抽出法」を参照）。

　確率比例2段抽出法は，1段目の抽出で調査単位の塊を抽出し，2段目の抽出で標本を抽出する手法である。

　1段目の抽出を地点抽出と呼んでいるが，地域を抽出しているのではなく，あくまで調査単位の塊を抽出しているのである。母集団が規定されたならば，母集団を構成する調査単位が配列に従って並んでいる中から，その塊を抽出する。その塊がどこに居住しているか，あるいは，その塊の一部がA地域に居住し，残りがB地域に居住しているといった地域特性は問題としない。2段目

の標本抽出が終了した時点で，各標本の居住地が判明するのである。通常，1段目の抽出も2段目の抽出も，系統抽出を用いる。

　2段階抽出における標本の塊の数（地点数）と1塊あたりの標本数の設計では，調査結果のデータの構造のバランス（地点間の分散である外分散と地点内の標本の分散である内分散）を考える必要がある。通常，1塊における標本数は5〜10標本とすることが多い。2段階目の標本抽出における抽出間隔の設定では，同一世帯から2人以上の世帯構成員を抽出しないように配慮する必要がある。また，隣家を調査対象とすることも避けるべきであるといわれている。通常，世帯調査では10世帯目ごと，個人調査では20人目ごととすることが多い。

　このような抽出方法を用いるのは，標本抽出段階や調査の実施段階における労力と経費を節減するためである。

　2段抽出では，標本誤差が1段の場合の約1.4倍（$\sqrt{2}$倍）となる。（「II－8－(4)　2段抽出の場合の標本誤差」を参照）。

　マーケティング・リサーチでは，2006年の個人情報保護法施行によってそれ以降，標本抽出のための住民基本台帳閲覧が不許可となった。そこで，マーケティング・リサーチでは確率比例2段抽出の2段目の抽出に，それ以前から多用されていた割当抽出法を用いることとなる（「II－7－(4)　割当抽出法」を参照）。

　住民基本台帳を用いた確率比例2段抽出の具体的手法は，下記のとおりである。

＜東京都大田区の住民から200人（10人×20地点）を抽出する＞

　※調査対象は15〜64歳の男女個人

①　1段目の抽出（地点抽出）

　　(イ)『住民基本台帳による東京都の世帯と人口（町丁別・年齢別）』の最新版（毎年1月に更新）を入手する（東京都についてはインターネット上に公開，他府県については非公開の場合は，各府県の統計課に問い合わせ）。

　　(ロ) 町丁別人口数を累積する。

調査対象は15～64歳の男女個人であるが，町丁別×年齢別の人口数の統計はない。そこで，便宜的に町丁別総人口数を累積する。この調査対象外を含むリストを調査対象枠という。調査対象外の15歳未満と65歳以上の調査単位は，第2段階の標本抽出で除外する。

(ハ) 地点の抽出間隔を算出する。

地点の抽出間隔＝人口の累積数／地点数

　　　　　　　＝701,416／20

　　　　　　　＝35,070.8⇒（小数点以下切り捨て）35,070

(ニ) 最初の地点の最初の標本の位置にあたる数字（スタート番号）を乱数表から抽出する。スタート番号は，地点の抽出間隔以内。この場合，10,000であったとする。

(ホ) 1番目の地点を抽出する。スタート番号（10,000）が含まれる町丁を，累積数を参照してみつける。スタート番号は池上三丁目までの累積数（9,324）には含まれないが，池上四丁目までの累積数（12,346）に含まれるので，1番目の地点は池上四丁目である。

なお，都道府県から入手した町丁別世帯数と人口数には累積数は表示されていない。標本抽出の作業上累積数が必要とされるので，抽出を行う前に累積作業を行う必要がある。

(ヘ) スタート番号（10,000）から，池上三丁目までの累積数（9,324）を減算すると，池上四丁目の前から676という数字が得られる。第1地点の最初の調査対象となり得る調査単位は，池上四丁目の先頭の調査単位から数えて676番目の調査単位であることをあらわしている。

(ト) 2番目以降の地点を抽出する。

スタート番号（10,000）に抽出間隔（35,070）を加算し，45,070の数値を得る。この数値が含まれる累積数は，鵜の木三丁目（47,135）である。45,070から鵜の木二丁目までの累積数（42,897）を減算すると，第2地点の最初の調査対象となり得る調査単位の位置は，鵜の木三丁目の前から2,173番目であることが判明する。3番目の地点は，2番

目の地点の位置を示す値（45,070）に抽出間隔（35,070）を加算して，80,140を得る。80,140は大森中三丁目に該当する。この80,140から大森中二丁目までの累積数（79,447）を減算すると，大森中三丁目の前から693番目であることが分かる。以下，同様の方法で20番目の地点まで抽出を行う（「表Ⅱ－7－3」を参照）。

（島崎・大竹，2013）

表Ⅱ－7－3　東京都大田区における地点抽出の事例

（人口は2014年1月現在）

地　　域	人口総数	累積数	地点番号	調査地点	最初の対象
総　　数	701,416				
池上一丁目	2,475	2,475			
池上二丁目	2,195	4,670			
池上三丁目	4,654	9,324			
池上四丁目	3,022	12,346	①	10,000	前から676
池上五丁目	3,571	15,917			
池上六丁目	6,043	21,960			
池上七丁目	4,018	25,978			
池上八丁目	3,369	29,347			
石川町一丁目	1,728	31,075			
石川町二丁目	4,129	35,204			
鵜の木一丁目	2,662	37,866			
鵜の木二丁目	5,031	42,897			
鵜の木三丁目	4,238	47,135	②	45,070	前から2,173
大森北一丁目	4,170	51,305			
大森北二丁目	3,705	55,010			
大森北三丁目	6,329	61,339			
大森北四丁目	3,144	64,483			
大森北五丁目	3,159	67,642			
大森北六丁目	4,702	72,344			
大森中一丁目	3,439	75,783			
大森中二丁目	3,664	79,447			
大森中三丁目	3,242	82,689	③	80,140	前から693
大森西一丁目	5,933	88,622			
大森西二丁目	6,952	95,574			
大森西三丁目	6,728	102,302			
大森西四丁目	4,588	106,890			
大森西五丁目	4,497	111,387			
大森西六丁目	2,424	113,811			
大森西七丁目	1,747	115,558	④	115,210	前から1,399

大森東一丁目	5,625	121,183			
大森東二丁目	3,619	124,802			
大森東三丁目	2,149	126,951			
大森東四丁目	3,786	130,737			
大森東五丁目	3,070	133,807			
大森本町一丁目	4,638	138,445			
大森本町二丁目	3,657	142,102			
大森南一丁目	2,845	144,947			
大森南二丁目	4,304	149,251			
大森南三丁目	3,443	152,694	⑤	150,280	前から1,029
大森南四丁目	840	153,534			
大森南五丁目	1,610	155,144			
蒲田一丁目	6,815	161,959			
蒲田二丁目	3,738	165,697			
蒲田三丁目	3,387	169,084			
蒲田四丁目	3,781	172,865			
蒲田五丁目	3,579	176,444			
蒲田本町一丁目	3,497	179,941			
蒲田本町二丁目	2,593	182,534			
上池台一丁目	4,039	186,573	⑥	185,350	前から2,816
上池台二丁目	3,546	190,119			
上池台三丁目	4,782	194,901			
上池台四丁目	4,291	199,192			
上池台五丁目	5,760	204,952			
北糀谷一丁目	2,942	207,894			
北糀谷二丁目	1,650	209,544			
北千束一丁目	4,658	214,202			
北千束二丁目	4,525	218,727			
北千束三丁目	3,157	221,884	⑦	220,420	前から1,693
北馬込一丁目	3,241	225,125			
北馬込二丁目	4,228	229,353			
北嶺町	5,291	234,644			
久が原一丁目	3,597	238,241			
久が原二丁目	4,647	242,888			
久が原三丁目	3,511	246,399			
久が原四丁目	4,008	250,407			
久が原五丁目	5,637	256,044	⑧	255,490	前から5,083
久が原六丁目	2,104	258,148			
京浜島一丁目	-	258,148			
京浜島二丁目	-	258,148			
京浜島三丁目	2	258,150			
山王一丁目	4,814	262,964			
山王二丁目	5,355	268,319			
山王三丁目	4,619	272,938			

山王四丁目	3,219	276,157			
下丸子一丁目	3,476	279,633			
下丸子二丁目	10,067	289,700			
下丸子三丁目	2,696	292,396	⑨	290,560	前から860
下丸子四丁目	6,458	298,854			
昭和島一丁目	–	298,854			
昭和島二丁目	–	298,854			
城南島一丁目	–	298,854			
城南島二丁目	3	298,857			
城南島三丁目	–	298,857			
城南島四丁目	3	298,860			
城南島五丁目	–	298,860			
城南島六丁目	–	298,860			
城南島七丁目	–	298,860			
新蒲田一丁目	3,044	301,904			
新蒲田二丁目	2,652	304,556			
新蒲田三丁目	3,925	308,481			
多摩川一丁目	4,603	313,084			
多摩川二丁目	8,170	321,254			
中央一丁目	2,263	323,517			
中央二丁目	2,531	326,048	⑩	325,630	前から2,113
中央三丁目	4,506	330,554			
中央四丁目	3,165	333,719			
中央五丁目	3,281	337,000			
中央六丁目	2,545	339,545			
中央七丁目	2,606	342,151			
中央八丁目	5,527	347,678			
千鳥一丁目	2,994	350,672			
千鳥二丁目	3,478	354,150			
千鳥三丁目	3,250	357,400			
田園調布一丁目	6,977	364,377	⑪	360,700	前から3,300
田園調布二丁目	4,409	368,786			
田園調布三丁目	1,851	370,637			
田園調布四丁目	2,008	372,645			
田園調布五丁目	3,344	375,989			
田園調布本町	7,884	383,873			
田園調布南	3,650	387,523			
東海一丁目	–	387,523			
東海二丁目	–	387,523			
東海三丁目	5	387,528			
東海四丁目	–	387,528			
東海五丁目	–	387,528			
東海六丁目	–	387,528			
仲池上一丁目	4,219	391,747			

仲池上二丁目	4,843	396,590	⑫	395,770	前から4,023
中馬込一丁目	4,011	400,601			
中馬込二丁目	2,941	403,542			
中馬込三丁目	3,578	407,120			
仲六郷一丁目	6,630	413,750			
仲六郷二丁目	3,977	417,727			
仲六郷三丁目	3,113	420,840			
仲六郷四丁目	3,540	424,380			
西蒲田一丁目	3,910	428,290			
西蒲田二丁目	1,762	430,052			
西蒲田三丁目	2,887	432,939	⑬	430,840	前から788
西蒲田四丁目	4,470	437,409			
西蒲田五丁目	2,797	440,206			
西蒲田六丁目	3,942	444,148			
西蒲田七丁目	5,066	449,214			
西蒲田八丁目	2,022	451,236			
西糀谷一丁目	4,841	456,077			
西糀谷二丁目	4,773	460,850			
西糀谷三丁目	5,817	466,667	⑭	465,910	前から5,060
西糀谷四丁目	4,331	470,998			
西馬込一丁目	2,853	473,851			
西馬込二丁目	2,867	476,718			
西嶺町	3,133	479,851			
西六郷一丁目	6,610	486,461			
西六郷二丁目	4,585	491,046			
西六郷三丁目	2,776	493,822			
西六郷四丁目	5,268	499,090			
萩中一丁目	4,289	503,379	⑮	500,980	前から1,890
萩中二丁目	3,386	506,765			
萩中三丁目	3,673	510,438			
羽田一丁目	2,401	512,839			
羽田二丁目	2,010	514,849			
羽田三丁目	2,512	517,361			
羽田四丁目	2,594	519,955			
羽田五丁目	3,011	522,966			
羽田六丁目	2,365	525,331			
羽田旭町	516	525,847			
羽田空港一丁目	－	525,847			
羽田空港二丁目	－	525,847			
羽田空港三丁目	－	525,847			
東蒲田一丁目	2,387	528,234			
東蒲田二丁目	2,965	531,199			
東糀谷一丁目	3,344	534,543			
東糀谷二丁目	1,531	536,074	⑯	536,050	前から1,507

東糀谷三丁目	1,743	537,817			
東糀谷四丁目	2,349	540,166			
東糀谷五丁目	1,026	541,192			
東糀谷六丁目	1,645	542,837			
東馬込一丁目	4,478	547,315			
東馬込二丁目	1,669	548,984			
東嶺町	4,853	553,837			
東矢口一丁目	3,341	557,178			
東矢口二丁目	3,535	560,713			
東矢口三丁目	4,698	565,411			
東雪谷一丁目	2,808	568,219			
東雪谷二丁目	4,392	572,611	⑰	571,120	前から2,901
東雪谷三丁目	3,544	576,155			
東雪谷四丁目	3,224	579,379			
東雪谷五丁目	3,761	583,140			
東六郷一丁目	3,869	587,009			
東六郷二丁目	3,090	590,099			
東六郷三丁目	3,675	593,774			
平和の森公園	–	593,774			
平和島一丁目	–	593,774			
平和島二丁目	183	593,957			
平和島三丁目	–	593,957			
平和島四丁目	–	593,957			
平和島五丁目	121	594,078			
平和島六丁目	–	594,078			
本羽田一丁目	4,318	598,396			
本羽田二丁目	4,071	602,467			
本羽田三丁目	3,427	605,894			
南蒲田一丁目	3,493	609,387	⑱	606,190	前から296
南蒲田二丁目	4,230	613,617			
南蒲田三丁目	3,672	617,289			
南久が原一丁目	2,012	619,301			
南久が原二丁目	4,091	623,392			
南千束一丁目	2,795	626,187			
南千束二丁目	1,583	627,770			
南千束三丁目	2,808	630,578			
南馬込一丁目	4,498	635,076			
南馬込二丁目	3,261	638,337			
南馬込三丁目	3,835	642,172	⑲	641,260	前から2,923
南馬込四丁目	4,579	646,751			
南馬込五丁目	3,616	650,367			
南馬込六丁目	4,376	654,743			
南雪谷一丁目	3,104	657,847			
南雪谷二丁目	2,460	660,307			

南雪谷三丁目	2,297	662,604			
南雪谷四丁目	1,902	664,506			
南雪谷五丁目	2,360	666,866			
南六郷一丁目	5,477	672,343			
南六郷二丁目	7,489	679,832	⑳	676,330	前から3,987
南六郷三丁目	4,424	684,256			
矢口一丁目	3,917	688,173			
矢口二丁目	5,625	693,798			
矢口三丁目	5,249	699,047			
雪谷大塚町	2,369	701,416			

② 2段目の抽出（標本抽出）

　第2段階の抽出は，住民基本台帳から標本抽出を行う。第1段階の地点抽出が完了したら，各地点の住民基本台帳が置かれている市区町村の役所・出張所に出向き，住民基本台帳を閲覧して，標本抽出を行う。閲覧手続きについては省略する。

　ここでは，第1段階で抽出された第16地点東糀谷二丁目の標本抽出を事例としてあげる。

　㋑大田区東糀谷二丁目の住民基本台帳が置かれている区役所または出張所で，東糀谷二丁目の住民基本台帳を取り出す。

　㋺東糀谷二丁目の住民基本台帳を，若い地番から順に重ねる。もっとも若い地番の最初の人から，1,507人目まで数える。この時，各人の年齢にかかわらず，全員を数える。

　㋩1,507人目は男10歳であり，母集団規定（15〜64歳の男女個人）に従えば調査対象に入らない。そこで，さらに20人目まで数え，東糀谷二丁目の先頭から1,527人目に進む。女45歳で調査対象となるので，標本として抽出する。このように1人目の調査単位が調査対象外である場合，必ずさらに20人先まで進む。次の人（1,508人目）を抽出してはならない。次の人を抽出すると，抽出間隔が歪むことになる。

　㊁以下，同様に20人ずつ数えて，母集団規定に該当する調査単位を標本として抽出していく。

㋭この場合，東糀谷二丁目で 2 人目の調査単位（東糀谷二丁目の前から
1,527人目）を標本として抽出した後，東糀谷二丁目の構成員は 4 人し
か残らない。そこで， 1 段目の地点抽出で用いた台帳における町丁の
並び順に従って，東糀谷二丁目の次の町丁である東糀谷三丁目に進む。
東糀谷三丁目の先頭から16人目は，東糀谷二丁目の残 4 人を加えて，
東糀谷二丁目の 2 人目の調査単位から20人目にあたる。この調査単位
を調査対象として取り扱う。

㈬㋭の町丁の移動は，前掲のとおり，町丁にかかわりなく調査単位が並
んでいるとみなすことに基づいている。東糀谷二丁目で必要標本数を
抽出できない場合，決して東糀谷二丁目の先頭に戻ってはならない。
このようなことをすると，各調査単位の抽出確率に歪みが生じるから
である（「表Ⅱ－ 7 － 4 」を参照）。

（島崎・大竹，2013）

表Ⅱ－ 7 － 4 　大田区東糀谷二丁目の標本抽出の事例（15～64歳の男女個人が対象）

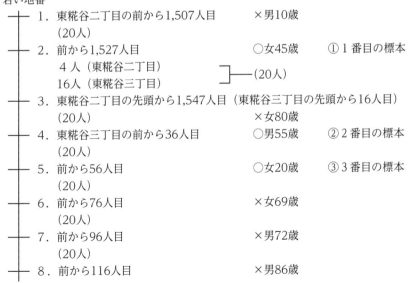

```
        （20人）
 ── 9. 前から136人目              ○男61歳      ④4番目の標本
        （20人）
 ── 10. 前から156人目             ○男16歳      ⑤5番目の標本
        （20人）
 ── 11. 前から176人目             ×女11歳
        （20人）
 ── 12. 前から196人目             ×女78歳
        （20人）
 ── 13. 前から216人目             ○女38歳      ⑥6番目の標本
        （20人）
 ── 14. 前から236人目             ○男28歳      ⑦番目の標本
        （20人）
 ── 15. 前から256人目             ×男69歳
        （20人）
 ── 16. 前から276人目             ○女55歳      ⑧8番目の標本
        （20人）
 ── 17. 前から296人目             ×女74歳
        （20人）
 ── 18. 前から316人目             ○男32歳      ⑨9番目の標本
        （20人）
 ── 19. 前から336人目             ○女18歳      ⑩10番目の標本
```

（4）割当抽出法

　割当抽出法（クォーター・サンプリング）は，確率比例2段抽出法の2段目の標本抽出段階で，簡便的な手法として用いられる。割当抽出法は，調査の実施現場で調査員が標本を抽出し，その場で調査を実施するので，同時サンプリングと呼ばれる。

① 割当抽出法の設計

　1段目の地点抽出は，前掲「Ⅱ－7－（3）　確率比例2段抽出法」の手順に従う。

　割当抽出法では，予め調査地点ごとに，調査員が調査する対象を属性などに

基づいて指定する。1調査地点あたりの指定内容は，最大2属性・10セル程度とする。これを超えるような指定を行うと，調査地点にそのような人は存在しない，といった問題が発生する（「表Ⅱ-7-5」を参照）。

表Ⅱ-7-5　割当抽出法における割り当ての事例（1地点あたり）

	20歳代	30歳代	40歳代	50歳代	60歳代	計
男	1	1	1	1	1	5
女	1	1	1	1	1	5
計	2	2	2	2	2	10人

（島崎・大竹，2013より）

　割り当てに利用する属性等は，調査設計にあたって構築した仮説の重要な要素であり，クロス集計の層別に用いるような分析の重要な要素を選ぶ。割当数については，利用した属性等についての分布，特に公的統計などの分布に近似するように指定する。

　ただし，2つの重要な要素について公的統計等の分布に近似させることによって，住民基本台帳から抽出した場合に近似させたとしても，すべての要素について母集団の姿に近似させることは不可能であり，標本の偏向が生じるという問題がある。例えば，表Ⅱ-7-5のように性・年齢別に指定したとすると，調査実施段階で男性は自営業，女性は専業主婦や自営業といった在宅率の高い層に偏る恐れは多分にある。

② 調査現場での標本抽出

　2段抽出の第1段階で抽出された町丁について，地図などで地番の最大値を調べ，乱数表を用いてその値以内の数値を抽出して，各地点の調査を開始する地番を指定する。

　調査員には，各地点で指定された地番の家屋の居住者を対象に調査を開始し，渦巻き状に10軒間隔で調査を実施するように指示する（「図Ⅱ-7-1」を参照）。

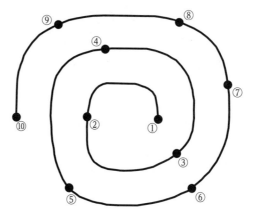

（島崎・大竹，2013より）

図Ⅱ－7－1　割当抽出法の第2段階の抽出方法の例

　渦巻き状に調査を実施させるのは，調査員が幹線道路沿いなどに調査を実施し，隣接する別の地点の地域に入り込むことを防ぐためである。また，住民基本台帳から抽出すると，標本は近接した地番に集中する傾向があるので，これに近似させるためでもある（「図Ⅱ－7－1」を参照）。

　10世帯間隔とするのは，世帯調査で住民基本台帳から標本抽出を行った場合の抽出間隔基準（10世帯間隔）を援用したものである。家屋と世帯は同一基準ではないが，近似するとみなしている。個人調査の場合も10軒間隔とし，標本は1軒あたり1人に限定し，指定された属性などの条件に合致するものを抽出して調査を行う。

　割当抽出法をさらに厳密に実施するには，住宅地図を用いて調査対象となる家屋を指定する。調査員の判断の余地を減少させる，即ち恣意が入らないようにすることで，住民基本台帳から抽出した標本の姿に近似させるためである。

（島崎・大竹，2013）

(5) 層化抽出法

　母集団の調査単位を何らかの特性によって分割し，それぞれの層から標本を

抽出する方法である。

　全国を調査対象とするマスコミの世論調査では，職業によって意見・態度の回答が大きく異なる傾向がある。そこで，職業を反映する居住地域を基準に，全国を5つの地域（例えば，住宅地域，商工地域，農漁村地域，住宅・商工混在地域，住宅・農漁村混在地域）に分割して，抽出を行う。5つの地域（層）ごとの有権者数に基づき，各層に標本数（調査地点数）を割り当てる。割り当てられた地点数を用いて，各層ごとに確率比例2段抽出で標本を抽出する。層に分割しないで確率比例2段抽出を行うことで，有権者数が少ない農漁村地域の地点数がたまたま多くなったり少なくなったりして，調査結果に影響が出ることを防ぐためである。

　企業対象の公的統計では，調査結果の信頼性確保のために，各企業を何らかの規模によって層化し，大企業は悉皆調査あるいは高抽出率の標本調査，中小企業は低抽出率の標本調査としている例もある。市場規模に大きな影響を与える大企業の調査対象の有無が，市場推計に大きな影響を与えるのを防ぐためである。

　マーケティング・リサーチでも，層化抽出法はよく用いられる。表Ⅱ－7－6は，あるスーパーチェーンが店舗会員の顧客を対象とした調査を行おうとした場合の例である。ケース1の抽出は，全体を母集団として，抽出率1/20の確率比例抽出法で標本を抽出している。その結果，D店舗の標本数は50となり，標本誤差を考慮すると，層別（店舗別）の分析に耐えられないであ

表Ⅱ－7－6　層化確率比例抽出法の事例

店舗名	母集団の調査単位数	確率比例抽出法				層化確率比例抽出法	
		ケース1		ケース2		抽出率	標本数
		抽出率	標本数	抽出率	標本数		
A店	8,000	1/20	400	1/5	1,600	1/40	200
B店	6,000	1/20	300	1/5	1,200	1/30	200
C店	4,600	1/20	230	1/5	920	1/23	200
D店	1,000	1/20	50	1/5	200	1/5	200
計	19,600	＊	980	＊	3,920	＊	800

ろう。ケース２は，全体を母集団として抽出率1/5で標本を抽出している。
D店舗の標本数は200となり，標本誤差が一定程度に納まり，層別の分析が可
能となろう。しかし，全体の標本数が3,920となり，ケース１との比較では経
費増となる。右欄の層化確率比例抽出法を用いると，A・B・C・D各店舗の
抽出率は異なるが標本数は各各200となり，層別分析が可能となる上に，標本
数は800でケース２より大幅に経費を節減できる（「Ⅱ-8　母集団推計と標本
誤差」を参照）。

　前掲の企業対象の公的統計やマーケティング・リサーチの事例の場合，層別
の抽出率が異なり，各層ごとに１票の重みが異なる。抽出率が異なる各層の
回答を単純に合計すると，母集団全体について歪んだ推計を行うこととなる。
そこで，母集団全体の傾向を推計するためには，抽出率に基づいたウエイト・
バック集計を行う必要がある（「Ⅱ-12-(7)　ウエイト・バック集計」を参照）。

（島崎・大竹，2013）

(6) 国勢調査データによる地域メッシュを用いた抽出法

　５年に１回実施される国勢調査のもっとも詳細な地域データは，丁目・字
界単位のデータと，１km四方，500m四方，250m四方の地域メッシュ単位
のデータである。

　国，都道府県や市区町村の計画策定等の調査では，地域メッシュ・データが
使われることがある。

　地域メッシュ・データは，分割された地域メッシュごとに，メッシュの地図
と地域メッシュごとの表Ⅱ-7-7に示すようなデータが公表・販売されて
いる。

　地域メッシュを利用した無作為抽出法の実際は，下記のとおりである。

**＜ある市の500m地域メッシュを利用して，割当抽出法により15〜64歳の男女
個人の抽出を行う＞**

　　① 調査地域である特定の市の15〜64歳の男女について，性×年齢別（５歳
　　　　階級別）の比率を算出する。この市全体の比率に基づいて，性×年齢別の

表Ⅱ－7－7　地域メッシュ統計の内容（抜粋）

1. **人口データ（いずれも総数，男，女）（1km，500m，250m 地域メッシュ）**
　人口総数，5歳階級別人口，0～5歳人口（就学前年齢に相当），3～5歳人口（幼稚園年齢に相当），6～11歳人口（小学生年齢に相当），12～14歳人口（中学生年齢に相当），15～17歳人口（高校生年齢に相当），15～64歳人口（生産年齢人口），65歳以上人口（老年人口），75歳以上人口，外国人人口，就業者（15歳以上人口），完全失業者（15歳以上人口），雇用者（役員を含む）（15歳以上），正規の職員・従業員（15歳以上），労働者派遣事業所の派遣社員（15歳以上），パート・アルバイト・その他（15歳以上），自営業主（家庭内職者を含む），第1次産業就業者（15歳以上），第2次産業就業者（15歳以上），第3次産業就業者（15歳以上），管理的職業従事者（15歳以上），専門的・技術的職業従事者（15歳以上），事務従事者（15歳以上），販売従事者（15歳以上），サービス職業従事者（15歳以上），保安職業従事者（15歳以上），農林漁業従事者（15歳以上），生産工程従事者（15歳以上），運輸・機械運転従事者（15歳以上），建設・採掘従事者（15歳以上），運搬・清掃・包装等従事者（15歳以上）　等

2. **世帯データ（1km，500m，250m の地域メッシュ）**
　世帯の種類別世帯（世帯総数，一般世帯数），1人世帯数，2人世帯数，3人世帯数，4人世帯数，5人世帯数，6人世帯数，7人以上世帯数，核家族世帯数，高年齢単身世帯数，高年齢夫婦世帯数　等

3. **経済センサス・基礎調査データ（1km，500m 地域メッシュ）**
　産業別事業所数　等

（出典：総務省統計局，2014より）

標本数を決定する（「Ⅱ－7－(4)　割当抽出法」を参照）。

② 特定の市の全地域メッシュの中から，乱数を用いて，調査対象となる地域メッシュを抽出する。（「Ⅱ－7－(2)－①　乱数を用いた無作為抽出法」を参照）。

③ 抽出された地域メッシュの性×年齢別（5歳階級別）の地域メッシュ別比率を算出する。

④ ①で決定した性×年齢別標本数を，③で算出した調査対象の地域メッシュ別の性×年齢別比率に基づいて，各メッシュに割り当てる。

⑤ なお，性×年齢別（5歳階級別）では，割り当てに用いるカテゴリー数が，

性（2カテゴリー）×年齢別（10カテゴリー）＝20カテゴリーとなる。これで
は調査の実施が困難であれば，①と③の計算段階で年齢を10歳階級
（10・20・30・40・50・60歳代）に括れば，全体が12カテゴリーとなる。

　地域メッシュの境界は，実際の地面には描かれていないので，住宅地図上に
境界を示して，調査員に指示する必要がある。

　さらに厳密に指示するためには，調査対象となる家屋まで住宅地図上で指定
する。指定方法のひとつは，割当抽出法で示した渦巻き状10軒間隔で家屋を
指定する方法である（「Ⅱ－7－(4)　割当抽出法」を参照）。もうひとつの指定
方法は，地域メッシュ内の家屋に番号を振り，乱数を用いて家屋を指定する方
法である。（「Ⅱ－7－(2)－①　乱数を用いた無作為抽出法」を参照）。

（島崎・大竹，2013）

(7) 等確率抽出法

　等確率抽出法は，デパートなどの来店客調査，商店街などの来街者調査，イ
ベントなどの会場調査，選挙の出口調査等，調査実施以前に母集団の調査単位
数が確定せず，したがって標本数も確定しない調査で用いる手法である。

　デパートの来店客調査を事例に，実際の手順を示す。

① デパートの1日の凡その来店客数を予測する。この時，予測の値を控え
　めにすること。実際の来店客数が予測数を下回ると，分析に必要な標本
　数を確保できなくなるためである。

② 標本は，退店者から系統抽出で抽出する。デパートの出入口が複数ある
　場合，いずれの出入口も同じ抽出間隔で調査する。各出入口の退店客数
　が異なっても，各標本の代表する母集団の調査単位数を同じにするため
　である。

③ 系統抽出で抽出した標本が拒否などで調査不可能となった場合，次の人
　を調査対象とせず，同じ抽出間隔で次に該当する人を調査対象とする。
　すぐ次の人を調査すると抽出間隔が崩れ，母集団と標本の関係に歪みが
　生じるためである。

④ 調査が終了した時点で，母集団の調査単位数と標本数が確定する。

⑤ 母集団の調査単位数はあくまで凡その予測であるから，実際にはそれより多かったり，少なかったりする。予測数より多い場合に，抽出間隔を拡げて標本数を減少させようとしたり，予測数より少ない場合に抽出間隔を狭めて標本数を増加させようとしたりしてはならない。抽出間隔変更時の前と後で来店客の特性が等質ではないにもかかわらず，1標本あたりの母集団に対する重みが変わり，母集団の傾向を推計するにあたって，歪みが生じるためである。

⑥ 来店客数が予測より多く，早い時刻に必要標本数を確保できた場合も，閉店時刻前（調査終了計画時刻前）に調査を打ち切ってはならない。時間帯によって来店客の特性が異なり，調査打ち切り時刻後の来店客の特性が母集団傾向の推計に反映されないためである。

（島崎・大竹，2013）

(8) タイム・サンプリング

　タイム・サンプリングは，来店客調査，来街者調査，会場調査，出口調査等で等間隔抽出法の代替抽出法として用いられる。

　時間間隔で標本を抽出する手法で，例えばデパートの来店客調査で，退店客の中から5分間隔で標本を抽出するといった方法で行う。

　この手法は，調査員数の節減を目的として使用される。デパートの来店客は，時間帯別にみると一定ではない。等確率抽出法を用いると，来店客がもっとも多い時間帯の調査実施状況を勘案して，調査員数を確保しなければならない。タイム・サンプリングを用いると，調査実施状況は時間帯別来店客数に左右されず一定となり，調査員数を節減することができる。

　時間抽出間隔（タイム・インターバル）を用いると，時間帯別の来店客数にかかわらず，標本数は一定となる。したがって，1標本あたりの来店客数に対する重みが時間帯によって異なることとなる。そこで，時間帯別来店客数に対する重みを加味したウエイト・バック集計を行う必要がある（「Ⅱ-12-(7)

ウエイト・バック集計」を参照）。

（島崎・大竹，2013）

(9) RDD 法

　RDD とはランダム・デジット・ダイアリングの頭文字であるが，内容は電話番号の無作為抽出法である。アメリカで開発され，電話番号の電話帳掲載率（電話番号公開率）が低下した日本にも導入された。主に，マス・メディアによる世論調査に用いられている。

　電話の市外番号と局番はほぼ行政区画とリンクしており，公表されている。そこで，調査地域が決定したら，まず局番までを特定する。次に4桁の電話固有番号について，0000～9999の範囲で乱数を利用して番号を抽出し，その電話番号の世帯を標本とする。

　しかし，ひとつの局番の0000～9999の番号の中には，一般家庭のほかに事務所・商店等の番号や使われていない番号が混在しており，回収率が低く効率の悪い調査となる。そこで，4桁の電話番号を上2桁（00～99）と下2桁（00～99）に分け，下2桁100個ずつの束に分割する。各各の束について，家庭用電話の出現数の規準を設定してスクリーニングを行い，一定以上家庭用電話が含まれている束を調査対象とし，一定以下の束は調査対象から除外する。調査対象とした束について，総標本数を調査対象束で除算して得た各束の標本数分だけ，下2桁について乱数によって抽出を行い，その電話番号を標本とする。このような2段抽出法を用いると，回収率は改善し，効率のよい調査が可能となる。

　個人調査の場合，抽出された電話番号の世帯の構成員の中から，母集団規定に該当する世帯構員を標本とする。該当する世帯構成員が2人以上の場合，リスト法（乱数）や誕生日法を用いて標本抽出を行う。　（島崎・大竹，2013）
　「リスト法」の事例
- 調査応諾世帯の世帯構成員のうち，年齢等による母集団規定により調査対象となる人（母集団を構成する人）の人数を確認する。

- 当該世帯の母集団を構成する世帯構成員が1人である場合は，その人が調査対象者（標本）となる。
- 世帯の母集団を構成する人数が2人以上の場合に備えて，世帯構成員の人数別に乱数表を用意する。人数が2人の世帯用には1，2で構成された乱数表を，3人の世帯用には1，2，3からなる乱数表を，4人の世帯用には1，2，3，4からなる乱数表を，以下想定される上限の人数分まで乱数表のリストを用意する。
- 調査応諾世帯の母集団を構成する人の人数によって上記乱数表のリストを使い分け，対象者の年齢順等に対応してリストの乱数を前から順番に使用して各世帯の調査対象者を抽出する。

「誕生日法」の事例

- 調査応諾世帯の世帯構成員のうち，年齢等による母集団規定により調査対象となる人（母集団を構成する人）の人数を確認する。
- 当該世帯の母集団を構成する世帯構成員が1人である場合は，その人が調査対象者（標本）となる。
- 母集団を構成する人数が2人以上の場合，事前に設けた規準日以降，もっとも近い誕生日の人を調査対象者として抽出する。
- 上記規準日は任意に設定してよいが，調査実施の開始日等を用いることが多い。
- 誕生日については，誕生年を除外し，誕生月日を用いて調査対象者の抽出を行う。誕生年を除外することによって抽出された標本の年齢は，結果として母集団規定の範囲に分散する。

　この手法については，単身世帯を中心とする携帯電話・スマートフォンしか保有しない層の増加が問題となる。これらの層が，最初から母集団より除外されるからである（島崎・大竹，2013）。

　マス・メディアが行う世論調査の一部では，2016年の有権者年齢の18歳への引き下げに伴い，携帯電話によるRDD法を用いた調査も実施し，固定電話によるRDD法を用いた調査の結果と合算する手法を用いている。

　携帯電話の電話番号は，固定電話の市外番号・局番のように地域が識別できないため，全国を対象とした調査では RDD 法による調査対象者抽出が可能だが，地域を限定した調査の対象者抽出はできない。

（島崎・大竹，2017）

（10）有意抽出法

　今まで述べた無作為性を重視した標本抽出の手法とは異なり，有意抽出は便宜的な判断（あるいは故意）がはたらく抽出方法である。

　有為抽出法は質的構造の解明を目的とする定性調査の標本抽出法としては妥当であるが，母集団の傾向を推計することを目指す定量調査においては，妥当性を欠くことになる。

　有為抽出された標本を対象にしたグループ・インタビューを多数回実施したとしても，それは事例の積み重ねにすぎず，その結果から論理的に全体像を推論することは可能であるが，統計的推計はできない。

　有為抽出の方法には，判断による標本抽出法，雪だるま方式による標本抽出法，便宜的標本抽出法がある。

　無作為標本を用いた定量調査の結果から得られたある回答傾向の背景にある構造を探るためにグループ・インタビューを行う場合，定量調査の回答者の中からその回答を思料してグループ・インタビューの対象者を抽出する場合が判断による標本抽出法である。

　雪だるま方式による標本抽出法は，母集団のリストがない場合に無作為抽出法の代替として用いられる。この場合，当初把握できた少人数を対象に調査を実施した後に，それらの対象者に調査対象者として的確な他の人を紹介してもらい，その人にも調査を行う。この方法を繰り返すことで，把握できた少数の調査対象者から標本の大きさを拡大してゆく方法である。（島崎・大竹，2013）

母集団推計と標本誤差

(1) 標本誤差と正規分布

　標本誤差とは，母集団の調査単位の一部を標本として調査するために生じる誤差である。同じ母集団から何回も標本抽出を行い，同じ項目を調査すると，調査結果の多くは同じ値にならない。これは，標本誤差のためである。

　標本誤差は，標本調査の結果から母集団の傾向を推計する時に問題となる。母集団の傾向の推計値は，この標本誤差を含んだ一定の幅をもつ値となる。

　ところで，同じ母集団から何回も標本抽出を行い，繰り返し調査を実施したとする。例えば，男子学生の母集団から繰り返し標本抽出を行い，身長を調べたとする。各標本調査の結果からそれぞれの身長の平均値を算出すると，その値は上記図Ⅱ－8－1のように釣り鐘型の分布（正規分布＝ガウス分布）に近似していく。

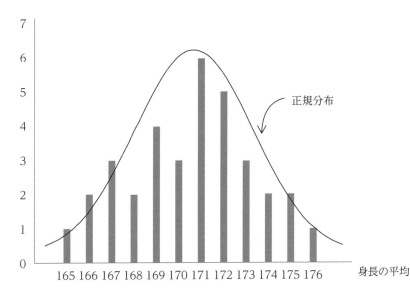

図Ⅱ－8－1　標本調査を繰り返した場合の男子学生の身長の平均値の事例

　このように各標本調査の身長の平均値が正規分布するということは，標本誤差の値も正規分布するということを意味している。

　実際は，1回の標本調査の結果から母集団の傾向を推計するのであるが，標本調査の結果を中心におき，標本誤差をプラス側，マイナス側に正規分布するものとして母集団の傾向を推計するのである。

　なお，正規分布の形は各各のデータの特性によって異なるが，そのいずれも分散で除算すると，下記図Ⅱ－8－2に示す標準型正規分布となる（「Ⅱ－13－(3)　分布の散らばりを示す測度」を参照)。

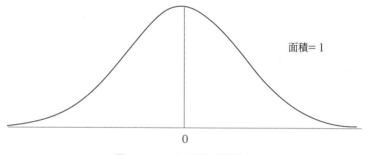

面積＝1

0

図Ⅱ－8－2　標準正規分布

　後掲の標本誤差の計算にあたっては，調査終了後であれば，調査完了標本数を用いて計算すること。したがって，調査設計時には回収率を加味した回収予想数を用いて計算する必要がある。

（島崎・大竹，2017）

(2) 平均値の標本誤差と母集団推計

　平均値の標本誤差の計算式は，下記のとおり。

$$\varepsilon = 1.96 \sqrt{\frac{N-n}{N-1} \cdot \frac{s^2}{n}} \qquad (2.8.1)$$

　N：母集団の調査単位数

n：回収標本数または回収予想標本数

s^2：回収された標本の量データ（に関する回答）の分散（「Ⅱ－13
－(3)－① 分散」を参照）

1.96：95％の信頼度の時の正規分布の Z の値（下記説明と巻末
「付表2 正規分布表」を参照）

　標本誤差は正規分布する。正規分布は中心を境に左右対称である。上記
(2.8.1) 式は，標本誤差について図Ⅱ－8－3に示すように，正規分布の片
側のみを計算している。

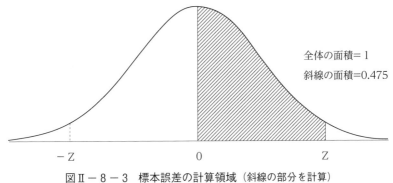

全体の面積＝1
斜線の面積＝0.475

－Z　　　　　　　0　　　　　　　Z

図Ⅱ－8－3　標本誤差の計算領域（斜線の部分を計算）

　比率の100％は確率で1，比率の50％は確率で0.5である。信頼度95％は，
確率で0.95である。したがって，上記図Ⅱ－8－3の斜線部分の面積が全体
（＝1）の0.475の時の Z の値を求めることとなる。この時の値は1.96である
（巻末「付表2　正規分布表」を参照）。

　前掲のとおり，(2.8.1) 式で算出された標本誤差の値は，片側の値である。
標本調査で得られた値の両側に標本誤差分だけ幅をとった時，信頼度95％（確
率0.95＝0.475×2）の母集団の値を示すこととなる。そこで，下記 (2.8.2)
式に従って，95％の信頼度で標本誤差を含む母集団の値を算出する。

$$\overline{x} - \varepsilon < \overline{X} < \overline{x} + \varepsilon \qquad (2.8.2)$$

$\overline{x}$：標本調査で得られたある質問の回答の平均値

ε：(2.8.1) 式で算出した標本誤差

$\overline{X}$：母集団の平均の推計値

　この標本誤差の計算方法は，工業製品の抜き取り検査の計算方法を社会調査の標本誤差の計算に借用したといわれている。工業製品ならば，より高い信頼度を要求することとなるが，社会調査は合理的・非合理的両側面を併せ持つ人間の行動・態度を対象としているので，信頼度は95％あたりが妥当であると考えられる。

　この信頼度を変更する場合は，その理由の説明を求められることとなる。

（島崎・大竹，2013）

(3) 割合の標本誤差と母集団推計

　割合の標本誤差の計算式は，下記のとおりである。

$$\varepsilon = 1.96 \sqrt{\frac{N-n}{N-1} \cdot \frac{p(1-p)}{n}} \qquad (2.8.3)$$

N：母集団の調査単位数

n：回収標本数または回収予想標本数

p：回収された標本の割合（に関する質問の回答）のデータ（確率），あるいは回収予想標本の割合データ（確率）（下記説明を参照）。

1.96：95％の信頼度の時の正規分布の Z の値（前掲「Ⅱ－8－(2)　平均値の標本誤差と母集団推計」及び巻末「付表2　正規分布表」を参照）

　(2.8.3) 式の $p(1-p)$ の1は確率で全体が1の意味。p には，ある質問の回答で得られたある選択肢の回答確率を代入する。回答比率が50％であれば0.5を，30％であれば0.3を代入する。

　$p(1-p)$ の値は，$p=0.5$ の時に最大値となる。したがって，ε も $p=0.5$ の時に最大値となる（巻末「付表3　標本誤差の早見表」を参照）。

　平均値の標本誤差を含む母集団推計と同様，(2.8.3) 式によって算出され

た標本誤差は，正規分布の片側の標本誤差である。そこで，標本調査で得られた値の両側に標本誤差分だけ幅をとって，信頼度95％の場合の母集団の値を推計する。

$$p - \varepsilon < P < p + \varepsilon \qquad (2.8.4)$$

p：標本調査で得られたある質問のあるカテゴリーの回答確率

ε：(2.8.3) 式で算出した標本誤差

P：母集団の回答確率の推計値

　標本数の設計時点では，調査結果の予測はつかない。平均値の標本誤差の算出に必要な回答の分散は分からない。しかし，割合の標本誤差の場合，回答確率が0.5（回答比率が50％）の時に，標本誤差が最大となることは分かっている。そこで，回答確率0.5の標本誤差を想定して，必要な標本数を設計すればよい。調査終了後に，回答確率0.5以外の回答を得たとしても，標本誤差が回答確率0.5の場合を上回ることはないためである。

　1段で無作為抽出した場合の母集団推計の事例は，下記のとおりである。

＜大田区の男女個人から200人を1段で無作為抽出し，ある質問のある選択肢を50％が選択した場合の母集団の推計値＞

$$\varepsilon = 1.96 \sqrt{\frac{N-n}{N-1} \cdot \frac{p(1-p)}{n}}$$

N：母集団の調査単位数　701,416（「Ⅱ－7－(3)　確率比例2段抽出法」を参照）

n：200（全標本の調査を完了したものとする）

p：確率で0.5（比率で50％）

$$\varepsilon = 1.96 \sqrt{\frac{701,416-200}{701,416-1} \cdot \frac{0.5(1-0.5)}{200}}$$

$$= 1.96 \sqrt{\frac{701,216}{701,415} \cdot \frac{0.25}{200}}$$

$$= 1.96 \sqrt{0.9997 \times 0.00125}$$

$$= 1.96 \sqrt{0.00125}$$

$$= 1.96 \times 0.03536$$

$$= 0.069$$

標本誤差は，確率で0.069，比率で6.9％である。

この標本誤差を用いて，母集団の値を推計すると，下記のようになる。

$$p - \varepsilon < P < p + \varepsilon$$

$$50.0 - 6.9 < P < 50.0 + 6.9$$

$$43.1 < P < 56.9$$

母集団の値は，95％の信頼度で43.1％から56.9％の間にある（43.1％未満が2.5％，56.9％超が2.5％の比率で可能性がある）。　　　　　　　　（島崎・大竹，2013）

(4)　2段抽出の場合の標本誤差

平均値の標本誤差

$$\varepsilon = 1.96 \sqrt{2 \frac{N-n}{N-1} \cdot \frac{s^2}{n}} \qquad (2.8.5)$$

割合の標本誤差

$$\varepsilon = 1.96 \sqrt{2 \frac{N-n}{N-1} \cdot \frac{p(1-p)}{n}} \qquad (2.8.6)$$

割合の標本誤差の式は，下記の式と同じ

$$\varepsilon = 1.96 \sqrt{\frac{N-n}{N-1} \cdot \frac{p(1-p)}{n}} \times \sqrt{2}$$

$$\sqrt{2} \fallingdotseq 1.4$$

したがって，2段抽出の場合の標本誤差は，1段抽出の場合の約1.4倍となる。

2段抽出の場合の母集団推計の事例は，下記のとおり。

＜大田区の男女個人から200人を2段無作為抽出し，ある質問のある選択肢を
50％が選択した場合の母集団の推計値＞

$$\varepsilon = 1.96 \sqrt{2 \frac{N-n}{N-1} \cdot \frac{p(1-p)}{n}}$$

$$\varepsilon = 1.96 \sqrt{2 \frac{701,416-200}{701,416-1} \cdot \frac{0.5(1-0.5)}{200}}$$

$$= 1.96 \sqrt{2 \frac{701,216}{701,415} \cdot \frac{0.25}{200}}$$

$$= 1.96 \sqrt{2 \times 0.9997 \times 0.00125}$$

$$= 1.96 \sqrt{2 \times 0.00125}$$

$$= 1.96 \sqrt{0.0025}$$

$$= 1.96 \times 0.05$$

$$= 0.098$$

母集団の値は，95％の信頼度で40.2％から59.8％の間にある。

（島崎・大竹，2013）

(5) 層別の標本誤差

　層別に分析を行う場合，各層別に母集団推計を行うこととなる。

　事業所対象の公的統計調査などでは，事業所規模別の層に分類して，その調査結果から推計する市場規模の精度をあげようとする場合がある。この場合，全体の標本誤差が一定の範囲に納まっていても，市場占有率の高い大企業層の標本誤差が大きければ，市場規模推計の精度は低下してしまう。

　したがって，標本設計にあたっては，全体の標本誤差のみならず，各層の標本誤差も十分吟味しておく必要がある。（島崎・大竹，2015）

(6) 早見表による標本誤差

「巻末付表 3 標本誤差の早見表」は, 1 段無作為抽出の場合の信頼度95％の標本誤差の早見表である。 2 段抽出の場合の標本誤差は, この表の値の約1.4倍となる。

行側は, 次のように読む。

「 1 , 99」→質問の回答の比率が 1 ％の場合と99％の場合

「 5 , 95」→質問の回答の比率が 5 ％の場合と95％の場合

⋮　　　　　　　⋮

「45, 55」→質問の回答の比率が45％の場合と55％の場合

「50」　　→質問の回答の比率が50％の場合

列側は, 次のように読む。

1 段目「10, 15, 20, …, 70」→調査完了標本数あるいは調査完了予想標本数が10の場合, 15の場合, 20の場合, …, 70の場合

2 段目「80, …, 400」→同上, 80の場合, …, 400の場合

3 段目「450, …, 950」→同上, 450の場合, …, 950の場合

表中の値は, 標本誤差の値であり, 単位は比率である。

表中の値は, 前掲 (2.8.3) 式の $N-n/N-1$ を 1 とみなして, 下式で計算した上で, 比率で表示している。

$$\varepsilon = 1.96 \sqrt{\frac{p(1-p)}{n}} \qquad (2.8.7)$$

母集団の調査単位数 (N) が大で, 分母 ($N-1$) と分子 ($N-n$) の値が近似していれば, $N-n/N-1 \fallingdotseq 1$ であるので, (2.8.7) 式の計算でよい。母集団の調査単位数 (N) が小である場合, $N-n < N-1$ であり, (2.8.7) 式で計算すると, 標本誤差が大きな値となってしまう。このような場合は, 前掲 (2.8.3) 式で計算する必要がある。

この表は, $np \geqq 500$ で使用可。この場合の p は, 比率である。

標本数1,000の場合は, 標本数10の列の標本誤差の値の小数点を 1 桁左へ

移動した値でみる。以下，1,500の場合は15の列，2,000の場合は20の列，となる。

　　＜例＞回答の比率70%，回収標本数1,500の場合，回収標本数15の場合の
　　　　標本誤差が23.2%であるから，2.3%とみる。　　（島崎・大竹，2013）

(7) 標本誤差に基づく標本数の設計

　標本数の設計にあたっては，「標本誤差の早見表」の標本誤差を目安に設計すればよい（巻末「付表3　標本誤差の早見表」を参照）。

＜事例：標本誤差を95%の信頼度で5%以内，母集団の値の推計値の幅を10%以内に納めたい。回収率の想定は60%＞

　早見表で質問の回答比率50%の行を辿ると，標本誤差5%以内，4.9%の列の標本数は400である。回収率が60%であるので，調査完了標本数400を確保するためには，設計上の標本数は667（凡そ700）となる。

　必要標本数を正確に算出するためには，下記の式を用いる（説明省略）。

$$n = \frac{p(1-p)}{\left(\dfrac{\varepsilon}{Z}\right)^2} = \frac{0.5(1-0.5)}{\left(\dfrac{\varepsilon}{1.96}\right)^2} \qquad (2.8.8)$$

（島崎・大竹，2013）

尺度構成と調査票の設計

(1) 尺度の種類

　調査における測定の方法は，第1種測定法と第2種測定法に分けられる。

　　第1種測定法：尺度を用いる。即ち，回答選択肢を与えたり，実数で測
　　　　　　　　定する方法。
　　第2種測定法：調査者，あるいは対象者の主観的な判断に依存する方法，
　　　　　　　　即ち，意見や態度を自由回答で得る方法。

第1種測定法は，表Ⅱ－9－1の4つの尺度に分類される。

表Ⅱ－9－1　尺度の種類

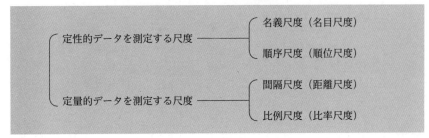

（島崎・大竹，2013より）

調査票のすべての質問は，第1種測定法か第2種測定法に，第1種測定法の場合は名義尺度，順序尺度，間隔尺度，比例尺度のいずれかに該当する。調査票の作成とは，尺度を構成することを意味する。

第1種測定法では，尺度によって統計上の取り扱い方が異なる。

多変量解析の各モデルには，取り扱うことができるデータの尺度による制限があるので，調査票設計時に多変量解析の利用を想定し，そのモデルの制限条件に即して尺度構成を行う必要がある（島崎・大竹，2013）（「多変量解析」は『マーケティング・リサーチに従事する人のためのデータ分析・解析方法―多変量解析法と継時調査・時系列データの分析―』を参照）。

(2) 名義尺度（名目尺度）

取り扱う事象を互いに排他的なカテゴリーに分類し，各カテゴリーに数字の符号を与える尺度である。与えられた数字には，数量としての意味はない。例えば，「1．男」，「2．女」の間に，順序や距離はない。

統計上は各カテゴリーの頻度として取り扱い，最頻値や連関を求めたり，χ^2値を用いたりするが，平均値を求めることはない。　　　　（島崎・大竹，2013）

＜名義尺度の事例＞

単数回答

問21【全員の方に】

あなたの性別は。
（○印は１つ）

1	男
2	女

問22【全員の方に】

あなたの性別は。
（○印は１つ）

1	勤めている
2	自分で経営している（家族従業員を含む）
3	専業主婦（夫）
4	学生
5	無職
6	その他（具体的に　　　　　　　　）

問22－1

【問22で「１」に○がついた方に】

あなたは１から５のどれに
あてはまりますか。
（○印は１つ）

1	正規の社員または職員
2	パート・アルバイト
3	契約社員・嘱託社員
4	派遣社員
5	その他（具体的に　　　　　　　　）

問23【全員の方に】

現在のお住まいは。
（○印は１つ）

1	持家（一戸建て）
2	持家（マンション等集合住宅）
3	公営，公社，公団等の借家
4	給与住宅（社宅，官舎等）
5	民間の借家，借間
6	その他（具体的に　　　　　　　　）

複数回答

問5【全員の方に】

次にあげる中で，最近１年
間にあなたが利用されたもの
をすべてお答えください。
（○印はいくつでも）

1	カタログ販売
2	テレビ，ラジオショッピング
3	雑誌，新聞等の紙上ショッピング
4	オンラインショッピング
5	オンラインオークション
6	訪問販売
7	生協等の共同購入
8	ひとつもない

(3) 順序尺度 (順位尺度)

　取り扱う事象を，大小，強弱，優劣などの基準で並べる（こうした性質を単調性という）が，それは単に位置を示しているのみである。統計上は，名義尺度の統計量に加えて，中央値，四分位範囲，順位相関係数などを用いる（島崎・大竹，2013）。

＜順序尺度の事例＞

　　問7－1
　　【お子さんがいらっしゃる方に】
　　　末子の方は次のどれに当てはまりますか。

　　　　　　　　　　（○印は1つ）

1	3歳未満
2	小学校入学前
3	小学生
4	中学生
5	高校生・大学生
6	就職または結婚している

(4) 間隔尺度 (距離尺度)

　対象とする事象を距離として取り扱う。距離は，尺度のどの部分でも同じ距離である。原点は任意であり，「0」は「なし」をあらわさない。気温の0度は気温「なし」をあらわすものではないので，気温は間隔尺度である。

　評定尺度は本来間隔尺度であるが，各カテゴリー間の距離を1と仮定して，間隔尺度として取り扱うことが多い。使われる統計量は，順序尺度で使う統計量に加えて，算術平均，分散・標準偏差，積率相関係数などである。

（島崎・大竹，2013）

＜間隔尺度の事例＞

問13　では，ケーブルテレビの評価についておうかがいします。項目ごとに，あなたのお考えにあてはまるものを選んでください。（a～dの項目ごとに○はひとつ）

	大いに役立っている	少しは役立っている	どちらともいえない	あまり役立っていない	ほとんど役立っていない
a．地域住民の交流を深めるのに	1	2	3	4	5

b．地域住民の生活環境の改善に	1	2	3	4	5
c．地域住民の気持ちや意見を知るのに	1	2	3	4	5
d．地域に対する住民の関心を高めるために	1	2	3	4	5

問16　あなたがケーブルテレビへ加入してから，a〜fに費やす時間は増えましたか，減りましたか。（a〜fの項目ごとに○はひとつ）

	増えた	やや増えた	変わらない	やや減った	減った
a．テレビを見る時間は	1	2	3	4	5
b．新聞を読む時間は	1	2	3	4	5
c．本や雑誌を読む時間は	1	2	3	4	5
d．家族と会話する時間は	1	2	3	4	5
e．電話で話す時間は	1	2	3	4	5
f．睡眠時間は	1	2	3	4	5

(5) 比例尺度 (比率尺度)

　対象とする事象の属性が，他のそれと比べてどのくらいの比なのかという倍数で取り扱う。その比は同等性がある。比例尺度には，「固有の原点（絶対0点）」があり，「なし」をあらわす。統計上は，間隔尺度の統計量に加えて，幾何平均，調和平均などすべての統計量を用いることができ，四則演算もできる（島崎・大竹，2013）。

＜比例尺度の事例＞

　　　F1　あなたの年齢は。（回答欄に具体的に記入）

歳

　　　F2　あなたの年収（税込）はどのくらいですか。（回答欄に具体的に記入）

約　　　　　　　　　　　　万円

(6) 調査票の設計態度と留意事項

①　定量調査では，一般的に調査項目を質問に展開した調査票を作成し，同一基準・尺度で対象者の回答傾向を測定する手法を用いて調査を実施する。

② 調査対象者を主体として調査票を作成する。調査対象者の思考や態度，生活状況などを念頭において作成する。

③ 調査目的に即した調査票を作成する。課題解明のための質問は1問とは限らない。仮説検証で必要とされる質問が1問でも欠けると，調査課題を解明することが不可能となるので，十分な吟味が必要である。

④ むやみに質問量を増やさない。調査課題と無関係な質問を盛り込まない。完成した調査票の質問を調査課題や仮説と照合し，必要な質問かどうか吟味する。

⑤ 仮説検証が可能な調査票を作成する。ただし，質問文・選択肢作成にあたっては仮説から離れた中立的な態度が求められる。

⑥ 選択肢は，すべての対象者がいずれかの選択肢に該当するよう設計する。選択肢の偏りは，回答の偏向を導く可能性が高いことに留意する。

⑦ 集計・解析段階における制約も念頭において，質問・選択肢を設計する。多変量解析を予定する場合，使用するモデルのデータ特性の制約などを念頭において，選択肢の設計を行う必要がある。

⑧ すべての質問項目を洗い出したうえで，妥当な質問順を考える。

⑨ 質問順により，前の質問の回答が後の質問の回答に影響を与える，あるいは前の選択肢の採否が次の選択の採否に影響を与えることがある（繰り越し効果）。この場合は，両者を引き離した場所に配列する。

(島崎・大竹，2013)

(7) 調査方法別の留意事項

① 面接調査の留意事項

(イ) 他記式調査なので，調査票は基本的に会話文に近い文体で作成する。調査員の読みやすさを優先し，改行部分で語句が分断されないようにする。

(ロ) 知識，意見，態度を聴く調査に向く手法である。

(ハ) 実態を正確に捉えるには現物を確認してもらったり，記憶をたどりながら答えてもらったりといった工夫が必要であり，調査票設計にあたって工夫

が必要である。

(ニ) 回答選択肢のカードを用いる場合，カードを提示する質問文の前に＜カード○を提示する＞といった注意書きを記載し，調査員が誤ったカード提示しないよう注意を促す。

(ホ) 調査対象者の回答により次に聴くべき質問が異なる場合（質問の分岐がある場合），面接の場面で調査員が戸惑うような複雑な流れにしない。

(ヘ) 30分～40分程度で完了するように，全体の質問量を調整する。

（島崎・大竹，2013）

② 留置調査の留意事項

(イ) 自記式調査なので，調査票は文章体に近い文体で作成する。

(ロ) 実態を聴く調査には向くが，回答時における周囲の人の影響を考えると，知識，意見，態度を聴く調査には向かない。

(ハ) 調査票に回答方法の説明などをつけ，回答回路を分かりやすくする。

(ニ) 表形式で回答してもらう質問はなるべく避ける。やむを得ず表形式で回答してもらう場合，縦に回答するのか横に回答するのかを分かりやすくする。

(ホ) 質問量は多くても60分程度で完了するように，全体の質問量を調整する。

（島崎・大竹，2013）

③ 郵送調査の留意事項

(イ) 自記式調査なので，基本的に留置調査の場合と同様である。

(ロ) 調査票は文章体に近い文体で作成する。

(ハ) 実態を聴く調査には向くが，知識，意見，態度を聴く調査には向かない。

(ニ) 調査票に回答方法の説明などをつけ，回答回路を分かりやすくする。

(ホ) 表形式で回答してもらう質問はなるべく避ける。やむを得ず表形式で回答してもらう場合，縦に回答するのか横に回答するのかを分かりやすくする。

(ヘ) 質問量は，回答時間と郵送料が目安となる。郵送料をおさえることを目的として薄すぎる紙を使うことや，文字を小さくしたり行間隔を狭くしたり

すること，表形式での回答を多くするなどは好ましくない。

（島崎・大竹，2013）

④ 電話調査の留意事項

(イ)　他記式調査なので，調査票は会話文に近い文体で作成する。

(ロ)　調査員の読みやすさを優先し，改行部分で語句が分断されないようにする。

(ハ)　調査員が選択肢を一つひとつ読み上げて聴く方法であることに留意し，選択肢の数はできるだけ絞り込むようにする。

(ニ)　質問量は，10〜15分程度で完了するように，全体の質問量を調整する。

(ホ)　電話調査で聞くことができるのは簡単な実態や意見であり，質問量が多い仮説検証型の調査には向かない。

（島崎・大竹，2013）

⑤ 電子調査の留意事項

　ここでは，インターネットを用いた定量調査についての留意事項についてふれる。一般的にインターネット調査は自記式調査なので，留意事項は上述の留置調査，郵送調査と同様である。

(イ)　調査票は文章体に近い文体で作成する。

(ロ)　文字の大きさや色を変えることで分かりやすさを強調したり，注意を促したりすることも考慮する。

(ハ)　実態を聴く調査には向くが，知識，意見，態度を聴く調査には向かない。

(ニ)　調査票に回答方法の説明などをつけ，回答回路はプログラムによって制御する。

(ホ)　表形式で回答してもらう質問はなるべく避ける。やむを得ず表形式で回答してもらう場合，縦に回答するのか横に回答するのかをプログラムによって制御する。

(ヘ)　パーソナル・コンピュータまたはスマートフォンの画面の制約を考慮する。選択肢が多すぎると1画面の中に納まりきらず，画面をスクロースさせた

りすると回答傾向に影響を与えることが考えられる。

㋣　質問量は，多くても30分程度で完了するよう全体の質問量を調整する。

(島崎・大竹，2013)

(8) 調査票作成手順の概略

調査票の作成は，一般的に図Ⅱ－9－1の手順で行う。

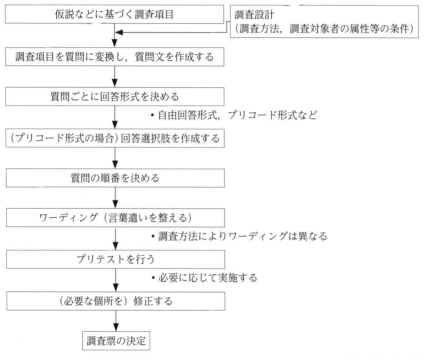

(島崎・大竹，2013)

図Ⅱ－9－1　調査票の作成手順

プリテストは，作成された各質問を調査対象者が調査設計者の意図通りに理解し，回答しているかどうかをチェックするために実施する（島崎・大竹，2013）。

(9) 質問文・回答選択肢の設計

① ワーディング

(イ) 調査対象者のすべてが理解できる言葉を使うことが肝要である。特に次のような言葉は対象者が理解できない可能性があるので，使用しないこと。

- 業界などの専門用語（定番棚，エンド陳列，POP 広告，買回り品など）
  →一般の人びとには理解できない可能性がある。
- カタカナ名称（コンセプト，リピート，ターゲット，コンプライアンスなど）
  →高齢者に理解できない可能性がある。
- 流行語，省略語（マック，スタバ，キャラ，ノンアルなど）

(ロ) 多様に解釈できる言葉は避ける。

- おさけ→アルコール飲料一般か，日本酒か，人によって捉え方が異なる。
- ごはん→米飯を意味するか，食事の意味か，人によって捉え方が異なる。
- 介護される方→「される」は丁寧語の場合も，受身の場合もある。
- 年収→個人か世帯か，税込みか手取りか，人によって捉え方が異なる。

(ハ) 質問の範囲・条件を限定する。

質問の範囲を明確にしていないと，対象者の解釈の仕方によって，各人の回答を異なる尺度で測定したことになる。

- いつ（「今までに」，「最近 1 年間に」，「現在」，「平日に」，「休日に」など）
- 誰が（「あなたは」，「お宅では」など）
- 何を（「テレビを見る」場合に，録画番組やパーソナル・コンピュータ，スマートフォンでの視聴を含めるか否かなど）
- どこで（「自宅で」，「自宅以外の場所で」など）

(ニ) 嫌悪感や反感を持たせる言葉，偏見を含み単純化，歪曲化，画一化されたステレオタイプ（stereo type）（紋切型）の言葉は避ける。

(ホ) 誘導的な表現は避ける。

- 特に，次の点に留意する必要がある。仮説に基づいた質問文・選択肢について，仮説が肯定される場合も否定される場合もあることを念頭におき，中立的な質問文，選択肢を作成しなければならない。仮説の肯定に

　　偏った質問文，選択肢は，調査結果を仮説の肯定に導くこととなる。

㈥　質問文はある程度丁寧な言葉遣いを用いる。

（島崎・大竹，2013）

② 質問内容

㈵　ひとつの質問の中に，調査対象者の判断基準となるものが 2 つ以上入っている質問（ダブル・バーレル（double barrel）質問）は避ける（島崎・大竹，2013）。

　　・ダブル・バーレルの質問の例

　　「新聞は，正確で詳しい報道を行っていると思いますか」

　　　　→「正確な報道」と「詳しい報道」のダブル・バーレル

㈻　想像的なもの，長期の見通しなどの質問内容は，一般の人びとを対象とした調査では避ける（島崎・大竹，2013）。

　　・例えば，一般の人びとに情報通信技術（ICT：Information and Communications Technology）の発展に伴う高度情報化社会の将来像について質問しても，妥当な回答を得ることは困難である。この種の調査は，専門家や有識者（官公庁の担当者，学会・産業界の研究者等）を対象に行うもので，調査手法としてデルファイ法（Delphi method）が用いられる。

　　※デルファイ法

　　・簡潔に表現された多数のシナリオの実現可能性や実現時期に関する専門家の評価をまず収集し，後にその集計結果を提示して同じ専門家の評価を再度収集する方法である。米国の RAND 研究所で開発された未来技術予測の代表的調査手法のひとつである。即ち，固定化された同一のサンプルに対し同一内容の調査を反復実施するが，2 回目以降の調査を実施するにあたり，前回の調査で得た回答結果を次回に提示した上で回答を求め，以下順次この手続きを繰り返すことによって回答値を次第に収斂させて予測値を得る手法である（林・上笹・種子田・加藤，1993）。

- デルファイ法は通常調査票を用いて実施し，2回目以降の調査票は原則1回目と同じ質問・選択肢からなるものを用いる。
- 調査は回答値が収斂するまで回数を重ねるべきであるが，調査内容が未来予測にかかわるため，調査対象者の回答の負担は非常に重い。2回目以降の調査も同じ調査対象者であるため，2回目以降脱落する率が高い。脱落者が多いと分析に耐える回答者数を確保できなくなるため，最近では2～3回で調査を終了するケースが多いようである。
- デルフォイ（Delphi：古代ギリシャ語ではデルポイ（Delphoi））は，古代ギリシャ時代アテネの西方にあった都市国家で，アポロン神殿があった。この神殿の神託は，古代ギリシャの人びとに尊重された。現在は，ユネスコの世界文化遺産となっている。デルファイ法の名称は，このデルフォイの神託に由来する。

(ハ) 調査対象者が回答しにくい質問は，間接的に聴く（間接法）（島崎・大竹，2013）。

- 例えば，高校生の性体験を質問する場合，直接本人の性体験を質問せず，「あなたのクラスで性体験がある人は何％程度だと思いますか」と間接法で質問する。

(ニ) 必要に応じてバイアス質問を用いる（島崎・大竹，2013）。

- バイアスとは偏向である。例えば，新機能を搭載した家電の発売を予定しており，その製品の直近の市場規模を予測しようとする時，消費者に単に購入希望を聞くのではなく，新規機能搭載故に価格アップすることを提示して，購入希望を質問する。この質問は，価格アップというバイアスを含む質問である。

(ホ) 実態を把握する質問は，調査対象者の実生活に即して質問する（島崎・大竹，2013）。

- 例えば，週刊誌の閲読冊数を質問する場合，1年間の閲読冊数は誰も覚えていないであろうし，1ヵ月の閲読冊数も不確かであろう。週刊誌は原則1週間に1回発行されるのであるから，読者は1週間の閲読

　　冊数ならばほぼ正確に覚えているであろう。したがって，この質問は，直近の 1 週間の冊数で聞くべきである。もし，特定の週刊誌の年間閲読冊数を知りたいのであれば，1 週間の閲読冊数に発行回数を乗じて，およその年間冊数の推計値を算出すればよい。

㈻　調査目的に即して，どこまで明らかにしなければならないかによって，質問票の構成は異なる（島崎・大竹，2013）。

　　• 例えば，閲読新聞（MA）と新聞の一般的評価（MA）を知りたいのであれば，閲読新聞と新聞評価の 2 つの独立した質問で調査票を構成すればよい。もし，閲読新聞（MA）と，新聞ごとの評価（MA）を知りたいのであれば，新聞の評価は各紙ごとに聞かねばならない。前者の 2 つの独立した質問をクロス集計しても各紙ごとの評価を得ることはできない。また，閲読新聞（MA）と，閲読新聞ごとの評価（MA）を知りたいのであれば，閲読新聞の質問で該当した新聞各紙について，それぞれ評価を聞くこととなる（島崎・大竹，2013）。

③ 質問・選択肢の配列

㈠　導入しやすい質問から始める。

㈡　質問は，対象者の思考の切り替えを頻繁に行わなくてもよいように配列する。

㈢　調査対象者の属性に関する質問は，最後に配列する。

㈣　選択肢は，調査対象者が答えやすい配列にする。

㈤　前の質問の回答が後の質問の回答に影響を与えたり，前の選択肢に対する回答が後の選択肢に対する回答に影響を与える繰り越し効果（キャリーオーバー効果）が想定される場合，それらの質問や選択肢を離して配列する。

（島崎・大竹，2013）

　　• 繰り越し効果の事例

　　　問 1　マス・メディアの報道は，大衆に迎合していると思いますか。

　　　　　1　そう思う　　2　ややそう思う　　3　どちらともいえない

　　　　4　あまりそう思わない　　5　そう思わない

　　問2　マス・メディアの報道は，世の中の動きを正確に伝えている
　　　　と思いますか。

　　　　1　そう思う　　2　ややそう思う　　3　どちらともいえない

　　　　4　あまりそう思わない　　5　そう思わない

　問1で肯定の選択肢を選ぶと，問2で否定の選択肢を選ぶ，あるい
は問1で否定の選択肢を選ぶと問2で肯定を選ぶ傾向が発生する。こ
れが繰り越し効果である。

(ヘ)　選択肢の配列順による順序バイアス（order bias）が想定される場合，排
除するための配列を行う。

　・順序バイアスの事例

　　例えば，ビールの試作品ＰとＱを被験者に会場テスト（CLT）で試飲さ
　　せ，2つの試作品の評価を採るとする。全被験者に先にＰを，次にＱ
　　を試飲させた結果，Ｐの評価が高かった場合，その評価はＰが製品とし
　　て優れているためか，順序バイアスでＰの評価が高くなったのかは弁別
　　できない。

　・そこで，被験者ごとに2つの試作品試飲の順序を変えることで，順序
　　バイアスを排除する。

試飲の順序

　　　1人目の被験者　　　　　　Ｐ→Ｑ

　　　2人目の被験者　　　　　　Ｑ→Ｐ

　　　3人目の被験者　　　　　　Ｐ→Ｑ

　　　4人目の被験者　　　　　　Ｑ→Ｐ

　　　　　　　　　　⋮　　　　　　⋮

　・この会場テストの場合，順序バイアスと同時に起床や食事からの経過時
　　間，会場に到着するまでの外気温の変化等被験者の体調に影響を与える

要因も統制するので，試飲の順序を被験者一人ひとりごとに交互に変更する。午前中はP→Q，午後はQ→Pなどの方法を用いると，順序バイアス以外の要因の統制ができなくなる。

・調査票を用いる調査で，数多くの選択肢から該当するものを複数選ぶ多項分類型の場合，回答に選択肢の並び順による順序バイアスが生じる可能性が考えられる場合もある。この場合，一定個数の選択肢のグループを作り，選択肢グループの並び順を変更した調査票を作成する。この調査票を調査対象者単位で交互に使用して，順序バイアスを排除する。

(島崎・大竹，2013)

④ その他の調査票記載事項

調査対象者が一目みて調査内容を理解できるようなタイトルを調査票の最初に記載する。

調査タイトルの次に，まず調査協力依頼のための挨拶文を掲載する。

あいさつ文には次のような内容を盛り込む

- 調査の目的
- 調査対象者の抽出方法
- 調査結果の利用方法
- 個人情報の提供に関する調査対象者の任意性，当該情報を提供しなかった場合の結果
- 個人情報の開示を求める権利，開示の結果当該個人情報が誤っている場合に訂正または削除を要求する権利，これら権利を行使するための具体的な方法
- 調査結果の「匿名加工」の方法
- 調査協力に対する謝礼
- 調査実施主体
- 調査票回収日（留置調査の場合），調査票返送期限（郵送調査の場合）
- 管理番号

　　　管理番号は，調査対象者単位に固有の番号を付与する。この管理番号
　　は調査対象者単位の調査実施状況の管理からデータ入力後のデータ・
　　クリーニングにおける調査票原票の照合とデータ修正までの過程で用
　　いられる重要な項目である。
・調査対象者の氏名，住所，電話番号記入欄（原則は無記名）

　　　　　　　　　　　　　　　　　　　　　　　　　　（島崎・大竹，2013）

　　　個人情報保護法にかかわる事項は，別紙にした方がよい（「Ⅰ－5　個人情
　報の保護」を参照）。

(10) 回答形式の設計

① 回答形式と測定法・尺度

　　　回答形式は，図Ⅱ－9－2のように分類できる。

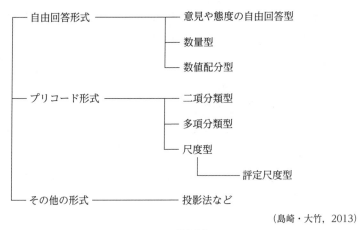

　　　　　　　　　　　　　　　　　　　　　　　　　　（島崎・大竹，2013）
　　　　　　　　　　　　図Ⅱ－9－2　回答形式

　　　図Ⅱ－9－2の「自由回答形式」のうち「意見や態度の自由回答型」は
　第2種測定法にあたり，「自由回答形式」のうち「数量型」，「数値配分型」
　と，「プリコード形式」即ち回答選択肢を与える回答形式は第1種測定法に

あたる。「プリコード形式」は，選択肢の与え方によって名義尺度，順序尺度，間隔尺度，比例尺度のいずれかに相当する（「Ⅱ－9－(1)　尺度の種類」を参照）（島崎・大竹，2013）。

② 自由回答形式

　質問内容に対し，調査対象者が該当する事項や意見・態度を自由に回答する方法（自由回答型），数量を回答する方法（数量型），該当する数値を配分し回答する方法（数値配分型）がある。

　意見や態度の自由回答型は，調査設計者が想定できなかった回答を拾い出すのに適した方法であるが，調査員や調査対象者の主観的判断に依存する部分が大きいため，判断基準が異なる回答が混入したり，回答傾向のバラつきが大きくなる危険性がある。また，この種の自由回答型は，そのとりまとめに時間と手間（経費）を要するという問題がある。

　年齢，家族人数，年収などはある値からある値までの範囲をひとつのカテゴリーとしてプリコード化する尺度型でも捉えることができる。数量や数値配分の自由回答型の場合，度数分布に変換するための手間と時間はかかるが，正確な回答を得ることが可能である。ただし，年収額を聴く質問では自由回答よりもプリコード形式の尺度型の方が一般的に回答拒否は少ない。数値配分型は，例えば家計費全体を100とし，支出費目ごとにその内訳を聴くような場合に用いられる。

　　　　　　　　　　　　　　　　　　　　　　　　　　　　（島崎・大竹，2013）

③ プリコード形式 二項分類型，多項分類型

　プリコード形式は調査対象者に選択肢の中から回答を選んでもらう方法で，選択肢が回答の助成となり，対象者にとっては回答しやすい形式であるといえる。選択肢を提示することは調査対象者に回答の枠組みを与えることになり，選択肢が十分に吟味されていないと，仮説どおりの結果を導くことになりかねない。プリコード形式の質問は，自由回答形式よりも処理が簡単であ

るという利点がある。

　回答選択肢が「はい」,「いいえ」などの2つからなる回答形式を二項分類型，3つ以上の選択肢からひとつまたは複数の選択肢を選ぶ回答方式を多項分類型という。二項分類型は経験や所有を聴く質問には向いているが，意見や態度を聴く質問では程度の差を計測できないという問題がある。

　多項分類型の選択肢は，各選択肢が他の選択肢と互いに排他的であり，かつどのような対象者であってもいずれかの選択肢に該当するように設計しなければならない。多項分類型の回答方式は，選択肢をひとつだけ選ぶものと複数選ぶものがあり，一般的に前者はシングル・アンサー（SA），後者はマルチプル・アンサー（MA）と呼ばれる。

- MA か SA かは，調査対象者の実態に合わせる。例えば，宅配新聞や閲読新聞は一部に2紙以上の世帯・人がいるので，MA で聞く。主読新聞は主に読む新聞であるから1紙であり，SA で聞く。

　MA には調査対象者が選ぶ選択肢の個数に制限を与えない方法と，「2つ」または「3つまで」といった制限をする場合とがある。

- 後者の方法を選ぶ場合は，質問内容に対する回答方式の妥当性をよく吟味する必要がある。例えば，「好きな果物を3つまであげる」質問をすると，果物ならばどれでも好きな人はその中から3つ選ぶであろうし，果物はどれも嫌いな人は少しは食べられる果物を1～3つ選ぶであろう。この両者の回答は明らかに異なる基準に依存しており，全調査対象者を同じ基準の尺度を用いて計測しようとする調査の原則に反することとなる。

　他記式調査の場合，シングル・アンサー（SA）とマルチプル・アンサー（MA）を識別するため，質問文の後に（SA）または（MA）といった注意書きを入れる。

　自記式調査の場合は（SA），（MA）ではなく，調査票に（○印はひとつ）または（○印はいくつでも）と表示する。

（島崎・大竹，2013）

④ プリコード形式　尺度型，評定尺度型

(イ)　尺度型

　　数量をカテゴリーに分類する尺度型の原則を以下に示す。

・各カテゴリーの間隔の幅は同じにする。

　　＜例：(年齢)　5歳間隔＞

　　　　1．　0〜4歳
　　　　2．　5〜9歳
　　　　3．　10〜14歳
　　　　4．　15〜19歳
　　　　5．　20〜24歳

・実際の分布にあわせて，カテゴリーの間隔の幅を変える。

　　＜例：(年収)　400万円〜800万円に多く分布していることを配慮。各カテゴ
　　　　リーの幅は約数・倍数の関係にする。＞

1．〜　100万円	11．〜　750万円
2．〜　200万円	12．〜　800万円
3．〜　300万円	13．〜　900万円
4．〜　400万円	14．〜1,000万円
5．〜　450万円	15．〜1,200万円
6．〜　500万円	16．〜1,400万円
7．〜　550万円	17．〜1,600万円
8．〜　600万円	18．1,600万円超〜
9．〜　650万円	
10．〜　700万円	

　　カテゴリーの境界の値がどちらのカテゴリーに入るのかを明確にする。以下，超あるいは未満，以上がわかるように表示する。

　　境界値を「以下」，「超」あるいは「未満」，「以上」のどちらにするかにより，算出される平均値が異なる。例えば，収入が300万円の人は，境界値を「以下」とすると「〜300万円以下」に含まれる。境界値を「未満」とすると「〜400万円未満」に含まれる。平均値を算出する時，「〜300万円以下」には「250万円」が付与され，「〜400万円未満」には「350万円」が付与さ

れる。結果として，平均値は前者の方が低くなり，後者の方が高くなる。

（島崎・大竹，2013）

㈹　評定尺度型

　　量的測定を，3段階以上のカテゴリーに分類して測定する手法を評定尺
度と呼ぶ。態度を測定する場合には，強弱の度合いまで必要とされることが
多いため，4段階あるいは5段階の評定尺度型を用いることが多い。

　　評定尺度には，以下のようなさまざまなタイプがある。

　ａ．両極尺度と単純尺度

- 「好き」と「嫌い」のようにプラスとマイナス両方の極を示す尺度
　を両極尺度，プラス側またはマイナス側の片側のみを示す尺度を単
　純尺度と呼ぶ。

- 態度測定では，「好き」，「嫌い」や「満足」，「不満」など両極尺度
　を用いることが多い。

　ｂ．バランス尺度とアンバランス尺度

- 中立点の左右のカテゴリー数を等しく，かつ等間隔に表現した尺度
　をバランス尺度，中立点の左右のカテゴリー数が異なったり，間隔
　の表現が異なったりする尺度をアンバランス尺度と呼ぶ。

- 一般的にアンバランス尺度は回答の偏りを招くため，バランス尺度
　を用いることが多い。

- アンバランス尺度は一方の側を詳細に分析したい場合に用いるが，
　間隔が異なるので，平均値の算出は無意味である。

　ｃ．強制選択尺度と非強制選択尺度

- 中立点に「どちらともいえない」のようなプラス，マイナスどちら
　側も選択しない選択肢を設けた尺度を非強制選択尺度，「どちらと
　もいえない」を設けずプラス，マイナスいずれかの選択肢を選択さ
　せる尺度を強制選択尺度と呼ぶ。

- 中立点のカテゴリーを表示する非強制選択尺度では，中立点に調査
　対象者の回答が集中してしまい，対象者の態度が鮮明に分かれない

傾向がある。一方強制選択尺度では，対象者を無理にどちらかに分類するため，実際の姿を的確に反映しない恐れがある。

- 対象者の回答が鮮明に分かれていないと解析段階で問題が生じる場合などでは強制選択尺度を用いることもあるが，対象者の態度を的確に把握しようとする場合には非強制選択尺度を用いるのが妥当である。

d．相対尺度と絶対尺度

- ＰとＱふたつの測定対象を明示して比較評価を得る尺度を相対尺度，比較対象なしにひとつの測定対象について評価を得る尺度を絶対尺度と呼ぶ。
- 相対尺度のように，測定対象を２つ取り出し一組にして比較する方法を一対比較法という。

e．ワーディング

- カテゴリー名称のワーディングにも，以下の例のようにさまざまな手法がある。

＜カテゴリーの名称の表記方法＞
例１：カテゴリーの名称をまったく表示しない

| ＋２ | ＋１ | ±０ | −１ | −２ |

例２：カテゴリーの名称の一部しか表示しない

| ＋２ | ＋１ | ±０ | −１ | −２ |
| よい | | | | 悪い |

例３：カテゴリーの名称をすべて表示する

| ＋２ | ＋１ | ±０ | −１ | −２ |
| よい | ややよい | どちらともいえない | やや悪い | 悪い |

＜カテゴリーの両極を強調する場合としない場合＞
例１：両極を強調する場合

| ＋２ | ＋１ | ±０ | −１ | −２ |
| 非常によい | よい | どちらともいえない | 悪い | 非常に悪い |

例２：両極を強調しない場合

＋2	＋1	±0	−1	−2
よい	ややよい	どちらとも いえない	やや悪い	悪い

- 両極を強調すると，しない場合に比べ中立点寄りに回答が集まることが考えられる。

  調査対象者の回答をなるべく分散させようとするならば，両極を強調しないワーディングを採用する方がよい。

f．カテゴリー数

- 態度測定の場合，中立点の左右にそれぞれ2つ以上のカテゴリーを設けた5段階の尺度が用いられることが多い。
- 7段階以上の尺度を用いることもあるが，両極の回答分布が極端に少なくなる傾向があることが分かっている。
- 多くの場合は，5段階尺度を用いるのが一般的である。

(島崎・大竹，2013)

⑤ その他の回答形式

その他の回答形式として投影法（下記 ㈠ ～ ㈣）があげられる。

投影法は，調査対象者自身を自分以外の人やモノに投影させて，自身の姿をより自由に表明させる心理学の手法であり，以下の手法がある。

㈠ 文章完成法

途中に空白を設けた短い文章を調査対象者に提示し，空白を埋めてもらう方法

㈡ 略画完成法

略画を提示し，その一部を補完してもらう方法

㈢ 語句連想法

語句を提示し，連想する言葉やモノを答えてもらう方法

㈣ 推測法（ゲステスト）

調査対象者本人ではなく周囲の人の行動や動機を聴き，対象者の本

　　心を探り出す方法

　投影法は大量の標本を対象に定量的手法で実施する手法には向かず，設計・解釈を専門家以外が行うと結果の解釈が困難となる点に留意する必要がある。 (島崎・大竹，2013)

調査の実施

（1）面接調査の実施

　面接調査は，一般的に図Ⅱ－10－1のような手順にしたがって調査を実施する。

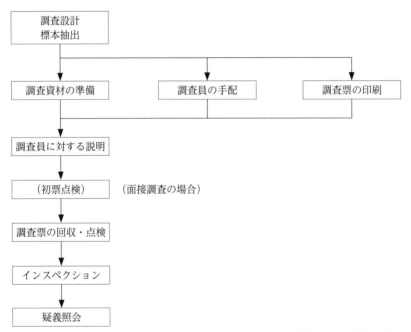

(島崎・大竹，2013に加筆)

図Ⅱ－10－1　面接調査実施の手順

① 調査資材の準備

　　面接調査では調査員ごとに担当する標本が異なるので，調査員別に資材を整える。

　　調査員単位での必要な資材は，以下のものである。

　　(イ)　調査票

　　　　・担当する標本の数＋予備（若干数）を調査員ごとに用意する。

　　(ロ)　調査対象者に提示する回答選択肢のカード

　　　　・調査員ひとりあたり１セットを用意する。

　　(ハ)　調査対象者一覧表

　　　　・事前に調査対象者の抽出を行っている場合は，調査員ごとに担当する調査対象者の一覧を用意する。

　　　　・割当抽出法を用いる場合は，調査員が担当する調査地点と標本の割り当てを指示する表，及び調査対象となった人の氏名，住所等を記入する表を調査員ごとに用意する。

　　(ニ)　調査協力証明書（面接証明書）

　　　　・調査対象者が調査に協力したことを証明する書類で，調査が完了した段階で調査協力者に記名・押印してもらう。

　　　　・事前に調査対象者を抽出している場合は調査対象者一覧表に押印欄を設けてもよい。割当抽出法を用いる場合は別途用意する。

　　　　・調査対象者一覧表等には，調査対象者の電話番号記入欄を設けておく（後にインスペクションを行うため）。

　　(ホ)　個人情報保護法に基づく調査対象者への告知状

　　　　・個人情報保護法の改定に伴い，調査対象者に告知が求められている下記項目を記載する。対象者の理解の下での調査協力が要求されている。

　　　　　a．事業者の名称

　　　　　b．個人情報保護管理者（若しくはその代理人）の氏名又は職名，所属及び連絡先

　　　c．利用目的

　　　d．個人情報を第三者に提供することが予定される場合の事項

　　　　　—第三者に提供する目的

　　　　　—提供する個人情報の項目

　　　　　—提供の手段又は方法

　　　　　—当該情報の提供を受ける者又は提供を受ける者の組織の種類，及び属性

　　　　　—個人情報の取扱いに関する契約がある場合はその旨

　　　e．個人情報の取扱いの委託を行うことが予定される場合には，その旨

　　　f．A．3．4．4．4～A．3．4．4．7に該当する場合には，その請求等に応じる旨及び問い合わせ窓口（A．3．4．4．4～A．3．4．4．7の内容は，「I−5−(3)　個人情報の取得」を参照）

　　　g．本人が個人情報を与えることの任意性及び当該情報を与えなかった場合に本人に生じる結果

　　　h．本人が容易に知覚できない方法によって個人情報を取得する場合は，その旨

(ヘ)　調査対象者に対する事前の調査協力依頼状

　　・調査対象者に対して，事前に調査協力の依頼状を郵送しておく。そのコピーを調査員向けに用意する。

　　・ただし，事前に告知すると調査結果に影響を及ぼすことが予想される場合は，事前に依頼状を送らないこともある。

(ト)　調査対象者に対する手持ちの調査協力依頼状

　　・調査員ごとに担当する標本の数だけ用意する。

(チ)　調査対象者が不在の場合に用いる挨拶状

　　・調査対象者が不在であった場合に，郵便受け等に投函しておく調査協力のお願いと再訪問予告を記載した挨拶状。

　　・調査員ごとに担当する標本数以上の数を用意する。

　㈪　地図
　　　• 調査員が担当する周辺の地図，または住宅地図などを用意する。
　㈫　調査対象者に対する協力謝礼（品）
　㈬　調査員に対する調査実施要項の説明書
　　　• 調査員に指示する以下の項目を記載する。
　　　　◦ 調査対象者に対する協力依頼の要点
　　　　◦ 調査票の内容と回答方法に対する理解に関する事項
　　　　◦ 調査実施上の禁止事項
　　　　◦ 調査対象者宅の訪問に関する注意事項
　　　　◦ 調査実施のスケジュールと事務的事項
　　　　◦ 交通費などの経費明細書の記入方法

② 調査員の手配

　面接調査の場合は，調査員ひとりあたりの担当は20〜30標本程度が妥当といえる。この基準を目安に，調査に必要な調査員数を算出し，手配する必要がある。

③ 調査員に対する説明会の実施

　調査員の質は，調査結果の品質を左右する重要な要素のひとつである。調査が的確な方法で実施できるように調査員教育を行い，同時に調査が期間内にスムーズに実施されるように手順やスケジュールを周知させるために行う。

　前述の「調査員に対する調査実施要項の説明書」を用いて調査の進め方について説明し，さらにロール・プレーイングを行った方がよい。

　調査員の都合などで特定の日に調査員全員を一堂に集めることが困難な場合，何度かに分けて説明会を行うこともある。その場合，各回とも同じ内容の説明を行わなければならない。

④ 初票点検

　面接調査で，各調査員が調査を実施した一票目の調査票を調査実施本部に持参させ，正しい方法で調査が実施されたかを確認・点検することをいう。

　調査実施の早い段階で，調査員の誤った理解や理解不足による質問方法の間違いを指摘し，その後の調査が正しく行われるように実施するものであり，調査実施過程で重要な意味をもつ。

⑤ 調査票の回収・点検

　調査が完了した調査票は調査員により点検が実施されているが，それでも誤答や回答漏れは残る。調査員が調査票を調査実施本部に持参した時点で，実施本部のメンバーにより再度点検を行い，誤答や回答漏れが発見された場合は調査員に再調査を指示する。

⑥ インスペクション

　後掲「Ⅱ－10－(7)　インスペクション」を参照

⑦ 疑義照会

　調査票の回収後，回収された調査票の内容を点検し，不備をただす作業をいう。この段階で誤記入，記入漏れ，不備，回答の矛盾が発見された場合は，再度調査対象者に電話などで再調査を行う。これを疑義照会と呼ぶ。

⑧ 調査スケジュール

　現在の調査環境では，首都圏50km圏の一般的面接調査の場合，土日を3回含む3週間をかけての調査でも回収率は60％程度であり，期間を短縮すると回収率は低下する。

　世論調査や選挙結果の予測調査では，調査実施期間中に調査対象者の意見や態度を変える突発的な事件等が起こる可能性もあり，2～4日程度の期間で実施される。

　新聞閲読調査の場合，翌日には次の新聞が発行されるのでその前には調査を終わらせる必要があり，この種の調査の場合は新聞発行直後から翌日までの1日間で調査を実施する。

　調査実施期間は調査の内容に規定されるので，調査の課題ごとに十分に検討する必要がある。

（島崎・大竹，2013）

(2)　留置調査の実施

　留置調査は自記式調査のため資材として調査対象者に提示する「回答選択肢のカード」は不要であるが，一般的な手順は面接調査とかわらない。

　初票点検は，留置調査の場合は省略する。

　調査対象者本人に会って調査協力の依頼をすることが望ましいが，本人が不在で家族が在宅している場合，家族を通じて対象者に調査協力依頼をすることが許される場合がある。

　ただし，調査協力依頼や説明がいい加減だと，調査対象者以外の者の代人記入が発生する可能性があり，「調査員に対する調査実施要項の説明書」に記載し，調査員に対する説明会で十分に説明しておく必要がある。

　調査スケジュールは，面接調査同様である。（島崎・大竹，2013）

(3)　郵送調査の実施

　郵送調査は，一般的に図Ⅱ-10-2のような手順にしたがって調査を実施する。

　調査実施に必要な資材として，次のものがあげられる。

　①　調査票
- 標本の数だけ用意する。
- 未返送の調査対象者に再度調査票を郵送する（リマインダー）場合はその分を含め，全標本数より多めに（全標本数から第1回目の発送での回答予測率を引いた数分だけ多めに）用意する。

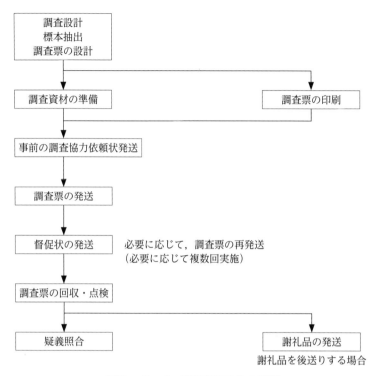

図Ⅱ-10-2　郵送調査実施の手順

- 郵送料をおさえるために，両面印刷，薄い用紙を使用することが多い。薄い用紙を使用する場合は，裏面が透き通らない程度のものを用いる。
② 調査対象者に対する調査協力依頼状
- 調査票と同封する依頼状で，調査の趣旨，対象者の抽出方法，調査結果の利用方法，調査実施主体（名称，所在地，電話番号，担当者氏名），謝礼，返送期限などを記載したものを用意する。
③ 個人情報保護法に基づく調査対象者への告知状
- 内容はⅡ-10-(1) の面接調査における告知状と同じ。
④ 調査票発送用封筒

- 調査票の数と同数，または未返送の調査対象者に再度調査票を郵送する場合はそれを含めた数だけ用意する。
- 標本数が多い場合は，料金別納郵便を利用することで切手を貼る作業が軽減できる。

⑤ 回答済み調査票の返送用封筒
- 発送用と同じサイズの封筒を，同じ数だけ用意する。
- 調査対象者の負担軽減のため，糊付きの封筒が望ましい。
- 一般的には回収率が低いので，料金受取人払いの郵便を利用する。

⑥ 調査対象者に対する事前の調査協力依頼状
- ② の内容を簡潔に記載したはがきを，全標本数分用意する。

⑦ 調査対象者に対する督促状
- 調査票の返送がない調査対象者に発送する協力依頼のはがきを用意する。
- 回収率を高めるため，発送からあまり日を置かずにすべての調査対象者に発送する場合もある。
- 既に投函済みで未着の調査対象者も含まれるので，文面に留意する。

⑧ 調査対象者に対する調査協力謝礼（品）
- 「Ⅱ－3－(3)　郵送調査」で述べたように，調査票と同封してすべての調査対象者に謝礼品を送る場合と，回答を返送してきた対象者のみに後日郵送する場合とがある。

⑨ 調査対象者一覧表

⑩ 調査進捗状況の管理表

通常，調査対象者の手元に金曜日までに到着するように発送し，翌週月曜日を投函締め切りとする。水曜日くらいまでに返送されてくるので，調査期間は最短で概ね1週間である。返送されてこない調査対象者に調査票を再発送（リマインダー）するならば，さらに概ね1週間，最短で合計2週間程度を要する。
　　　　　　　　　　　　　　　　　　　　　　　　　　（島崎・大竹，2013）

標本数が非常に多い公的統計等では，コールセンターを構築して督促電話

をかけたり，外部のコールセンターに外注して，長期にわたって督促を行うこともある。

(4) 電話調査の実施

調査実施に必要な資材として，次のものがあげられる。

① 調査票
- 標本の数だけ用意する。必要があれば若干の予備も用意する。

② 調査対象者一覧表
- 事前に電話番号まで調べ，氏名，電話番号を記載し，調査員ごとに分けて用意する。
- 電話を掛けた日時，結果，次回電話をかける予定時間，調査完了状況などを記載できる欄を設けておく。

③ 調査対象者に事前に郵送する挨拶文
- 事前に住所がわかっていれば，郵送する場合もある。

④ 個人情報保護法に基づく調査対象者への告知文
- 内容はⅡ-10-(1) の面接調査における告知状と同じ。

⑤ 調査対象者に対する協力謝礼（品）
- 電話調査では謝礼なしの場合が多いが，謝礼がある場合は後日郵送することになる。
- 事前に住所がわかっていない場合や不確かな場合は，調査完了時点で確認する必要がある。

⑥ 調査員に対する調査実施要領の説明書
- 基本的な内容は面接調査の場合と同様である。
- ただし，調査員と調査対象者は電話のみでつながっているので，さまざまな場面を想定した対応の方法を詳細に指示しておく必要がある。

(島崎・大竹，2013)

電話調査では実施管理者が機器を使用して，または録音により，調査員と

調査対象者の電話でのやり取りを聞く（モニタリング）ことで，調査員が指示どおりの質問をしているかを確認する手法も用いられる。

　少なくとも，土日を1回入れるスケジュールを組むべきである。調査員数と臨時電話の架設によって電話台数を多数確保すれば，比較的短期間で調査を完了できる。 　　　　　　　　　　　　　　　　　　　　　　（島崎・大竹，2013）

(5) 電子調査の実施

　電子調査にはさまざまな手法があり，それぞれの手法により準備する資材と作業の内容は異なる。ここでは，代表的な電子調査の手法であるインターネット調査（調査対象者にEメール等で告知し，表示されたアドレスから調査票のホーム・ページにアクセスする方式）について，調査票作成の留意点を述べる。

　インターネット調査に必要な資材として次のものがあげられる。

- 調査のための通信及びコンピュータ・システム
- 調査画面（個人情報保護法に基づく調査対象者への告知画面を含む。内容はⅡ-10-(1)の面接調査における告知状と同じ。）
- 調査対象者に対する協力謝礼（品）

前の質問の回答により次に提示する質問が分かれる場合，画面制御を誤らないよう十分に注意する。

　紙に印刷された文字を読む場合と異なり，PCやスマートフォンの画面ではじっくりと質問文が読まれるとは限らない。質問文，選択肢はより簡潔である必要がある。選択肢が多すぎて1画面の中に納まりきらず，画面をスクロールさせる場合，選択肢の並び順が回答傾向に影響を与えることが考えられる。選択肢の並び順を調査対象者によって変える，2つの質問にわけ1画面上に納まりきる選択肢の数にするといった工夫が必要である（島崎・大竹，2013）。

(6) 回収率と母集団推計
① 回収率の問題点

　調査では，調査対象のすべてについて調査が完了することは少なく，一部

調査不能標本が生じることが多い。調査完了標本と調査不能標本が均質であるならば，回収率は問題とならないが，異なる場合は調査結果に歪みが生じる。この問題は，悉皆調査でも同様である（島崎・大竹，2013）。

② 回収率による母集団推計の歪み

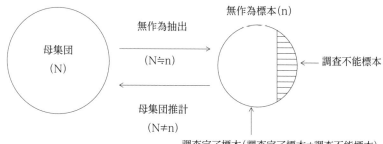

（島崎・大竹，2013）

図Ⅱ－10－3　標本調査における母集団と標本の関係と回収率の影響

　上記図Ⅱ－10－3に示すのは，標本調査における母集団と標本の関係である。母集団の調査単位（N）から無作為に標本（n）を抽出した結果，「$N ≒ n$」となる。そこで標本調査の結果から母集団の傾向を推計することが可能となる。「調査完了標本≒調査不能標本」であるならば，回収率が低くとも，標本調査の結果から母集団の傾向を推計するのに問題はない。実際には，調査完了標本のデータはあるが，調査不能標本のデータは調査不能故にないので，両者の関係は検証できない。

　住民基本台帳から標本を抽出した場合，調査完了の有無にかかわらず，性と年齢は判明している。その点を比較すると，面接調査の事例では若年層の回収率が低く，高回収率の中高年層との間に大きな差があることが判明している。郵送調査の事例では，回収率が極端に低く，調査完了標本が調査課題に関心がある層に偏ることが判明している（鈴木裕久・島崎哲彦，1995）。

　このように，「調査完了標本の特性≠調査不能標本の特性」であるならば，

「母集団の特性≠調査完了標本の特性」となり，調査完了標本から推計された母集団の傾向は，本来の母集団の傾向に対して歪みをもっていることとなる。この問題の解決には，回収率を高めることと，どのような層の回収率も均質になるように努力することが肝要である。　　　　　　（島崎・大竹，2013）

(7) インスペクション

　インスペクションは調査結果の品質を保持するため，調査が正しく行われたか，不正がなかったかを点検する作業である。

　（一社）日本マーケティング・リサーチ協会は，これまでインスペクションは担当した調査員ごとに回答済みの調査票から一定の比率（10％）で抽出した調査票の内容について，調査対象者に郵便や電話で問い合わせを行う方法で実施するという基準を設けてきた。

　（一社）日本マーケティング・リサーチ協会では，2019年からインスペクションの方法・内容に調査の国際標準ISO20252の基準を適用している（（一社）日本マーケティング・リサーチ協会マーケティング・リサーチ規格認証協議会，2019）。

　同基準では，まず調査員を調査機関が直接雇用し専属性が高いパートまたは契約社員扱いの「常用調査員」，調査機関に登録されている「登録調査員」，調査ごとに募集・雇用する「アルバイト調査員」に分類し，この分類に対応してインスペクションの規準を定めている。また，調査実施時に，品質管理を目的として調査員に管理者が同行するなどの方法によるモニタリングを要求している。「アルバイト調査員」では，75％についてモニタリングが実施された調査員は担当した調査対象の5％，モニタリングが実施されていない調査員については10％のインスペクションを実施するとしている。「常用調査員」と「登録調査員」については，調査員の熟練度によってインスペクションの頻度を調整するとしている。

　インスペクションの方法は対面，電話，郵送，電子メール等を用い，インスペクションの内容は調査所要時間，デモグラフィック項目，重要な質問の回答

等としている。

インスペクションの結果，1票でも不正票が発生した場合は，その調査員が担当したすべての調査票についてインスペクションを実施する。

不正票の主なものは，調査員が調査せずに調査票に記入してしまうメイキング，調査員が主な質問だけ調査を実施し，残りの質問を調査員が記入してしまうスキッピング，調査対象ではない他人が回答してしまう代人記入である。代人記入は，調査員の故意によるものと，無作為抽出を理解していない対象者によるものがある。

不正票については再調査の実施が原則であり，再調査が不可能であった調査票は集計から除外する。

　　　　　　　　　　　　　　　　　　　　　　　　（島崎・大竹，2017）

データの入力と修正

(1) エディティングから集計・解析への手順

集計作業は，一般的に図Ⅱ－11－1のような手順にしたがって実施する。

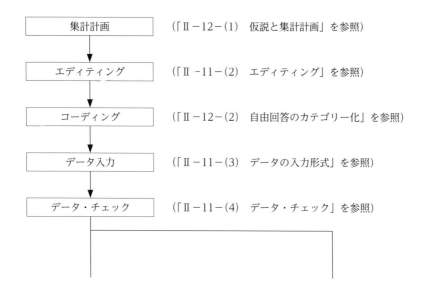

集計計画	（「Ⅱ－12－(1)　仮説と集計計画」を参照）
エディティング	（「Ⅱ－11－(2)　エディティング」を参照）
コーディング	（「Ⅱ－12－(2)　自由回答のカテゴリー化」を参照）
データ入力	（「Ⅱ－11－(3)　データの入力形式」を参照）
データ・チェック	（「Ⅱ－11－(4)　データ・チェック」を参照）

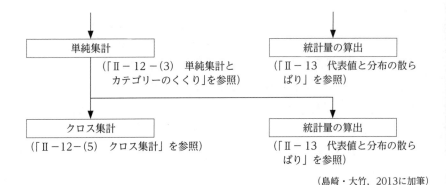

（島崎・大竹，2013に加筆）

図Ⅱ－11－1　集計作業の流れ

(2) エディティング

調査票の点検は，調査実施時の最終段階と，集計時の最初の段階の2回実施する。

調査実施段階での点検は，回答の誤記入，記入漏れ，不備，矛盾といった，記入された回答に直接かかわる点検である。

集計段階での点検（エディティング）は，データ入力に向けて読みにくい文字・記号や不明瞭な回答番号への○の付け方の修正，不揃いな回答単位の統一などの目的で行う点検である。エディティングの段階で，回答の誤記入，記入漏れ，不備，矛盾が発見された場合は，その再調査・修正も実施する。

（島崎・大竹，2013）

(3) データの入力形式

データを電子記憶媒体に入力する形式には，バイナリーとキャラクターの2つの形式がある。バイナリー形式とキャラクター形式では，複数回答（MA）の入力形式が異なる。バイナリー形式では，MA について，すべてのカテゴリーごとに 1/0 形式で入力する。キャラクター形式では，MA について，該当するカテゴリー（○の付いたカテゴリー）の番号を前詰めで入力する。

どちらの入力形式を採用するかは使用するプログラムによるので，入力作業

開始前にプログラムの条件を確認した上で，入力形式を決定する必要がある。

（島崎・大竹，2013）

＜バイナリー形式とキャラクター形式の事例＞

　ある質問（回答選択肢は1～5の5つ）で，1番目の対象者の回答は1，3，5に○印，2番目の対象者の回答は2に○印の場合，ふたつの入力形式は下記表Ⅱ－11－1のとおりである。

表Ⅱ－11－1　バイナリー形式とキャラクター形式の入力方法

バイナリー形式

カラム	1	2	3	4	5
質問・カテゴリー	Q1－1	Q1－2	Q1－3	Q1－4	Q1－5
1番目の対象者	1	0	1	0	1
2番目の対象者	0	1	0	0	0

キャラクター形式

カラム	1	2	3	4	5
質問	Q1				
1番目の対象者	1	3	5		
2番目の対象者	2				

（島崎・大竹，2013より）

（4）データ・チェック

　データ・チェックは，でき得る限りコンピュータ・プログラムを利用した方が経費を節減できる。

　データ・エラーには入力ミスのほか，調査実施段階の点検とエディティングで見逃したエラーが入り交じっている。

　主なチェック項目は，下記のとおりである。

　　①　回答個数チェック（例えば，SA質問でMA回答はないか）

　　②　カテゴリー・オーバー・チェック（例えば，カテゴリーが1～5であるのに，

　　　6以上の回答がないか）

　③ 該当チェック（例えば，スクリーニング質問の後の該当者のみに対する質
　　　問に，非該当者が回答していないか）

　④ 論理チェック（質問間の論理的思考に対する整合性が保たれているか）

　⑤ 異常値チェック（実数を記入する質問で，異常な値の回答が記入されてい
　　　ないか）

（島崎・大竹，2013）

(5) データ修正

　データ・チェックで発生した問題は，調査原票と照合するのが原則である。何が間違いかを究明せず，コンピュータ内で自動処理するのは，調査の品質を低下させることとなる。それでも判明しなかった事項については，調査対象者に再質問（疑義照会）を行い，データを修正（補定）する。

　集計・解析にあたっては，データ・クリーニングが完全に終了したデータ（ファイル）を用いる。一部の集計・解析に，クリーニング以前のデータ（ファイル）を使用すると，集計や解析の結果に不整合が生じるからである。

（島崎・大竹，2013）

(6) 欠損値の補定

　データに欠損値がある場合，欠損値を「不明」というカテゴリーとして処理して集計するのが一般的である。クロス集計（二次元集計）までは，このような対処方法を用いる。

　多変量解析のような多次元の解析では，分析対象となる項目に欠損値を含む標本を標本ごと分析から除外するか，欠損値の多い項目を除外する方法を採用する。標本ごと除外が一般的手法である。

　しかし，標本ごと除外を行うと，分析対象となる標本数が大幅に減少する場合もある。このような場合，欠損値に値を代入する方法を用いることもある。値の代入方法は，以下のとおりである。

① 平均値の代入

　　データの分散を小さくする恐れがある（「Ⅱ－13－(3)　分布の散らばりを示す測度」を参照）。

② 最悪のデータの代入

　　もっとも評価の低いデータを代入する。例えば，学歴不明にはもっとも低い学歴を代入する，評定尺度ではもっとも低い評価を代入するなどの手法である。この手法を用いると，分散を過大にする恐れがある。マーケティング・リサーチでは，マーケティング上のリスク回避の意味を持つ場合もある。

③ ホット・デック法（Hot Deck 法）による代入

　　欠測値のない標本の中から，欠測値のある標本の回答と類似している回答パターンの標本を見出し，そのデータを代入する手法である。公的統計などではよく用いられる手法である。

④ 回帰推定による代入

　　多重回帰を用いることが多い。

（島崎・大竹，2013）

 **集　　計**

(1) 仮説と集計計画

　仮説検証的アプローチの調査の集計計画は，仮説検証が基本である。例えば，ある態度が性別で異なるという仮説に対しては，下記の集計を行う。

ある態度に対する回答×性別

この集計結果で仮説を検証し，仮説を採択するか，棄却するかを選択する。

　調査票は仮説に基づいて設計するのであるから，調査票完成とともに基本的集計計画は立案可能である。そこで，通常基本的集計計画は，調査実施中に立案する。

　調査の実施終了後，単純集計の結果を吟味して，集計計画の詳細を決定する

（例えば，実数データのカテゴリー化やプリコード形式質問のカテゴリーの括りなど）
（「Ⅱ－12－(3)　単純集計とカテゴリーの括り」を参照）。

　集計計画時には，集計担当者に向けて，表Ⅱ－12－1と表Ⅱ－12－2のような集計計画表と付帯する指示書を作成する。

（島崎・大竹，2013）

表Ⅱ－12－1　集計計画表の事例

		アイテムNo.	1	2	3	4	～	50	51	52
		カードNo.	1				～			
		カラムNo.	1～3	4	5	6～11	～			
		質問No.		Q1	Q2	Q3	～	Q25	Q26	K1
		質問項目	サンプルNo.	新聞閲読有無	新聞閲読時間	閲読新聞	～	性別	年齢	性×年齢
		カテゴリー数		5	5	6	～	2		15
		質問形式		SA	SA	MA	～	SA	実数	
	質問No.	質問項目					～			
BD項目	K1	性×年齢	○	○	○	○	～	○	○	○
							～			
		統計量					～		M SD	
		基数					～			
		備考					～		5歳階級化	Q25とQ26で作成

注：M　平均値（Mean）
　　SD　標準偏差（Standard Deviation）

（島崎・大竹，2013より）

表Ⅱ－12－2　指示書の事例

				年　　月　　日　指示者
○○○調査　指示書				
Q26	年齢	15～19歳		
		20～24歳		
		25～29歳		
		30～34歳		
		35～39歳		
		40～44歳		
		┊		
K1	性×年齢	男性	計	
			15～19歳	
			20～24歳	
			25～29歳	
			30～34歳	
			35～39歳	
			40～44歳	
			┊	
		女性	計	
			15～19歳	
			20～24歳	
			25～29歳	
			30～34歳	
			35～39歳	
			40～44歳	
			┊	

（島崎・大竹，2013より）

(2) 自由回答のカテゴリー化

意見や態度を自由に記述する自由回答の集計処理には，2つの手法がある。

① ベタ書き：そのまま書き抜く。ただし，分析のために層別基準に用いる項目も同時に書き抜く。

② カテゴリー化：対象者の回答を要素別に書き抜き，出現頻度の多い項目をカテゴリー化し，対象者ごとの個個のデータ（生データ）にカテゴリー番号を入力する。集計はプリコード形式と同様に扱って実施する。

実数などの数値を自由回答で記入したデータは，とりあえずカテゴリー化して分布を吟味し，本集計に用いるカテゴリーに括る。当初のカテゴリーは，でき得る限り細分類で実施し，その後括りを行う。

カテゴリー化にあたっての原則は，下記のとおりである。

① 回答の全体をカバーしていなければならない。

② カテゴリーは，互いに排他的でなければならない。

③ カテゴリーの内容は，明確でなくてはならない。

④ カテゴリーの内容は，単一の内容を指し示していなければならない。

前掲 ① ～ ④ は，調査票設計時のプリコード形式による選択肢の設計にもあてはまる。

実数データのカテゴリー化では，次の点に留意すること。

① 分布が密な部分は階級値の幅を細かくし，疎な部分は大括りにする。

② 階級の幅は，互いに約数・倍数の関係になっていること。

③ 各カテゴリーの境界値が「～まで」か「～未満」かによって，各カテゴリーの分布と各カテゴリーに与えた階級値をもとに算出する平均値が大きく変化することに留意する。比較する他のデータがある場合には，そのデータのカテゴリー構成に合わせること。

(島崎・大竹，2013)

(3) 単純集計とカテゴリーの括り

データの入力とクリーニングが終了したら，まず単純集計を出力する。

単純集計は，質問ごとにそれぞれのカテゴリーに反応した頻度を出力する。同時に，通常回答者数を基数とした相対度数（比率）を出力する。複数回答（MA）の質問については，回答個数の合計を基数とした相対度数（比率）を出力する場合もある。間隔尺度または比例尺度を用いた質問の回答については，平均値と標準偏差も出力する（「Ⅱ−13．代表値と分布の散らばり」を参照）。

単純集計の結果から，各質問の全体的傾向を把握する。

各質問のカテゴリーごとの単純集計の結果から，頻度の少ないカテゴリーの括りなどを検討・実施する。　　　　　　　　　　　　　　　　（島崎・大竹，2013）

(4) 分　　布

各質問の回答データの特性を把握するためには，まずカテゴリーごとの分布を検討することが重要である。

分布を把握するためには，グラフ化で視覚的把握を試みるとよい。分布には，

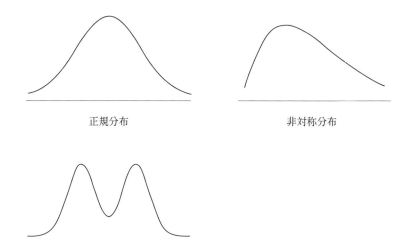

正規分布　　　　　　　　　　　　　　　　　非対称分布

双峰性分布

図Ⅱ−12− 1　分布の形状

さまざまな形状がある（「図Ⅱ－12－1」を参照）。 　　（島崎・大竹，2013）

　分布によって，どの代表値を採用して分析するかが異なる。正規分布では平均値を用いることができるが，非対称分布では最頻値や中央値を用いた方が妥当である（「Ⅱ－13．代表値と分布の散らばり」を参照）。

　双峰性分布では，平均値・最頻値・中央値を用いるのではなく，双峰となる要因を探索的クロス集計などを用いて検出することが重要である（「Ⅱ－12－(8)　仮説検証的集計と探索的集計」を参照）。 　　（島崎・大竹，2013）

(5) クロス集計

　仮説検証的アプローチの調査では，仮説において差異の要因となる項目を層別に採用して，他の質問項目を層に分割して集計し，層別の傾向を検討することとなる。

　相対度数の計算にあたっては，表Ⅱ－12－3に示すように3つの方法がある。

表Ⅱ－12－3　クロス集計の構成比（相対度数）の計算事例

(1) 横構成比（行構成比） (%)

		長い歴史と伝統	すぐれた文化や芸術	美しい自然	国民の人情味や義理がたさ	国民の勤勉さ・才能	高い教育水準	高い科学技術の水準	経済的繁栄	国民としてのまとまり	社会の安定	治安のよさ	自由で平和な社会	その他	ない・わからない	合計
性別	男性	45.1	46.6	50.3	35.0	44.4	28.3	34.0	15.4	11.6	20.8	58.6	29.3	0.1	2.1	100.0
	女性	46.8	52.1	57.4	38.9	40.6	18.9	25.7	8.5	9.8	13.6	55.2	31.4	0.1	2.6	100.0
総数		46.0	49.5	54.0	37.1	42.4	23.3	29.6	11.7	10.6	17.0	56.8	30.4	0.1	2.4	100.0

(2) 縦構成比（列構成比） (%)

		長い歴史と伝統	すぐれた文化や芸術	美しい自然	国民の人情味や義理がたさ	国民の勤勉さ・才能	高い教育水準	高い科学技術の水準	経済的繁栄	国民としてのまとまり	社会の安定	治安のよさ	自由で平和な社会	その他	ない・わからない	合計
性別	男性	45.9	44.1	43.7	44.2	49.1	56.9	53.9	61.7	51.3	57.3	48.4	45.2	50.0	41.0	46.9
	女性	54.1	55.9	56.5	55.7	50.9	43.1	46.1	38.5	49.1	42.5	51.6	54.9	50.0	57.6	53.1
総数		100.0	100.0	100.0	100.0	100.0	100.0	100.0	100.0	100.0	100.0	100.0	100.0	100.0	100.0	100.0

(3) 全体構成比（表構成比） (%)

		長い歴史と伝統	すぐれた文化や芸術	美しい自然	国民の人情味や義理がたさ	国民の勤勉さ・才能	高い教育水準	高い科学技術の水準	経済的繁栄	国民としてのまとまり	社会の安定	治安のよさ	自由で平和な社会	その他	ない・わからない	合計
性別	男性	21.1	21.8	23.6	16.4	20.8	13.3	15.9	7.2	5.4	9.7	27.5	13.7	0.0	1.0	46.9
	女性	24.9	27.7	30.5	20.7	21.6	10.0	13.7	4.5	5.2	7.2	29.3	16.7	0.0	1.4	53.1
総数		46.0	49.5	54.0	37.1	42.4	23.3	29.6	11.7	10.6	17.0	56.8	30.4	0.1	2.4	100.0

（内閣府大臣官房政府広報室，2015より作成）

　表Ⅱ−12−3(1) は，行側の性別を層別として，各層の標本数を基数に構成比（相対度数：比率）を算出している。表Ⅱ−12−3(2) は，列側のカテゴリーごとに，反応数（○を付けた標本数）を基数に構成比を算出している。表Ⅱ−12−3(3) は，この質問の回答者全体を基数に各セルの反応数（○を付けた標本数）の構成比を算出している。

　上記横構成比，縦構成比，全体構成比のいずれを利用するかは，分析の目的による。

　仮説検証型調査の集計では，一般的に表Ⅱ−12−3(1) のように横構成比

を用いて男女の態度の差異を比較し，仮説を検証する。この横構成比を比較する手法の背景には，行側（層別）を原因とし，列側の選択肢の反応を結果とする因果関係が想定されている。

　なお，行（層別）に複数回答（MA）の質問を用いてはならない。列側の質問の回答が複数の行（層）にカウントされ，集計結果が意味をなさなくなるためである。
（島崎・大竹，2013）

(6)　クロス集計とファインディング

　ファインディングとは，質問ごとに単純集計・クロス集計などの結果の検討を行い，知見を導出する作業をいう。

　クロス集計からファインディングを行う事例を下記に示す。「日本の誇り」と感じている事柄は性別で異なるという仮説の検証のためのファインディングである（前掲「表Ⅱ−12−3 (1)」を参照）。

　男女の反応が多い（○を付けた比率が高い）カテゴリー上位 5 位は，下記のとおりである。

		合計	男性	女性
1	治安のよさ	56.8%	58.6%	55.2%
2	美しい自然	54.0	50.3	57.4
3	すぐれた文化や芸術	49.5	46.6	52.1
4	長い歴史と伝統	46.0	45.1	46.8
5	国民の勤勉さ，才能	42.4	44.4	40.6

　上記の反応が多い 5 項目は男女で順位は若干異なり，反応の比率は男性が高い項目も女性が高い項目もあるが，項目自体は男女で変わりはない。男女の各カテゴリーの反応の差は，下記のとおりである。

		男性		女性		差異
1	高い教育水準	28.3	>	18.9		9.4　ポイント
2	高い科学技術の水準	34.0	>	25.7		8.3
3	社会の安定	20.8	>	13.6		7.2
4	経済的繁栄	15.4	>	8.5		6.9
5	国民の勤勉さ，才能	44.4	>	40.6		3.8
6	治安のよさ	58.6	>	55.2		3.4
7	国民としてのまとまり	11.6	>	9.8		1.8
8	長い歴史と伝統	45.1	<	46.8		−1.7
9	自由で平和な社会	29.3	<	31.4		−2.1
10	国民の人情味や義理がたさ	35.0	<	38.9		−3.9
11	すぐれた文化や芸術	46.6	<	52.1		−5.5
12	美しい自然	50.3	<	57.4		−7.1

　以上の結果についてファインディングを行うと，「『日本の誇り』と思う上位の項目では男女間で差異はみられず，ともに『治安のよさ』，『美しい自然』，『すぐれた文化や芸術』，『長い歴史と伝統』，『国民の勤勉さ，才能』の５項目が上位を占めている。男性は『教育』や『科学技術』の水準の高さ，『安定』，『繁栄』を誇りとする比率が相対的に高く，女性は『自然』，『文化・芸術』の美しさやすばらしさを誇りに思う比率が相対的に高い傾向がみられる」という知見が得られる。

　なお，男女の比率の差については，厳密には検定を行うべきである（検定は「Ⅳ－1　統計的仮説検定」を参照）。

(7) ウエイト・バック集計

　標本抽出時に層化確率比例抽出法を採用し，かつ層別に抽出率を変えた場合，集計で全体の傾向を推計するためには，ウエイト・バック集計が必要となる（「Ⅱ－7－(5)　層化抽出法」を参照）。

表Ⅱ－12－4　層化抽出法におけるウエイト・バックの事例

店舗名	母集団の 調査単位数	層化確率比例抽出法		ウエイト係数	ウエイト・ バック後の値
		抽出率	標本数		
A店	8,000	1/40	200	40	8,000
B店	6,000	1/30	200	30	6,000
C店	4,600	1/23	200	23	4,600
D店	1,000	1/5	200	5	1,000
計	19,600	＊	800	＊	19,600

　表Ⅱ－12－4に示すように，A・B・C・D店舗の標本抽出率が異なるため，各店舗の調査結果を足し上げた800標本を基数とした各質問の相対度数（比率）は，このスーパーチェーン全体の傾向を示していない。そこで，店舗ごとに抽出率に対応したウエイト付けを行うと，全体に占める4店舗の割合に等しくなる。それを足し上げると，調査結果の計に示される値は4つの店舗の全体に対する構成比を反映した結果となる。　　　　　　（島崎・大竹，2013）

(8) 仮説検証的集計と事実探索的集計

　仮説検証的集計は，前掲のとおりである（Ⅱ－12－(1)　仮説と集計計画」，「Ⅱ－12－(5)　クロス集計」，「Ⅱ－12－(6)　クロス集計とファインディング」を参照）。

　これに対して，例えば双峰性分布（「Ⅱ－12－(4)　分布」を参照）の発生要因を発見するためなど，幾つかの要因を想定しながらクロス集計を繰り返し，要因にアプローチするような手法を探索的集計という。探索的集計の試みは，データ分析の態度のひとつとして重要である。　　　　　　（島崎・大竹，2013）

代表値と分布の散らばり

(1) 代表値と分布の散らばりをを示す測度の種類

代表値等は，ひとつの値でデータの傾向を示す。

代表値等には，次のような種類がある。

① 分布の中心的傾向を示す測度

算術平均値，中央値，最頻値

② 分布の散らばりを示す測度

分散，標準偏差，四分位範囲

(2) 分布の中心的傾向を示す代表値

① 算術平均値 (M, $\overline{X}$, $\overline{x}$)

算術平均値の計算式

$$M = \frac{1}{n} \sum_{i=1}^{n} x_i \qquad (2.13.1)$$

x_i の説明

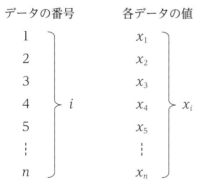

データが1，2，3，…，n個あるとする。データの値はxであらわす。1番目のデータの値はx_1，2番目のデータの値はx_2，3番目のデータの値はx_3，…，n番目のデータの値はx_nである。この x_1，x_2，x_3，…，

x_n のデータを 1 文字であらわす時，添字 1 ～ n を i と表現し，データの値を x_i と表現する。

$\sum\limits_{i=1}^{n}$ の説明

$\sum$ は，$\sum$ の右側の値（右側が計算式である場合は計算結果）を加算せよという意味である。$\sum$ の下部の $i=1$ は添字 1 番目のデータから，$\sum$ の上部の n は添字 n 番目のデータまで加算せよ，との意味である。

$1/n$ を乗算，すなわちデータ個数で除算せよとは，データ $x_1 \sim x_n$ を加算した結果を，データ 1 個あたりの数値に換算せよ，との意味である。

② 中央値（メディアン）（Me）

すべてのデータを大小などの規準を用いて並べた時，真ん中に位置するデータをいう。中央値の例は，下記のとおりである。

データの番号	1	2	3	4	5
データの値	1	5	⑦	8	9

↑
中央値

データの番号	1	2	3	4
データの値	1	5	7	8

↑
中央値 ＝ 6

$$Me = \frac{5+7}{2} = 6$$

③ 最頻値（モード）（Mo）

もっとも頻度が多い値である。

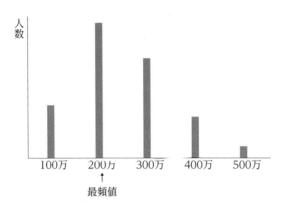

最頻値

(3) 分布の散らばりを示す測度

① 分散

分散の計算式

$$\sigma^2 = \frac{1}{n} \sum_{i=1}^{n} (x_i - \bar{x})^2 \qquad (2.13.2)$$

$(x_i - \bar{x})^2$ の説明

x_i は個個のデータの値，$\bar{x}$ は平均値。したがって，$(x_i - \bar{x})$ は平均値からの個個のデータの値の差（平均からの偏差）。偏差の総和は 0 になる。

$\sum_{i=1}^{n} (x_i - \bar{x})^2$ の説明

そこで，＋－の符号を消すため，二乗する。$\sum_{i=1}^{n}(x_i - \bar{x})^2$ は，偏差の二乗和。

$1/n$ を乗算

上記の計算で算出された値の大きさは，データ数に左右される。そこで，算出された値をデータ 1 個分に換算するために，データ数で除算する。

計算例

データの番号	データの値	$(x_i - \overline{x})$	$(x_i - \overline{x})^2$
1	$x_1 = 3$	$3 - 5 = -2$	$(-2)^2 = 4$
2	$x_2 = 4$	$4 - 5 = -1$	$(-1)^2 = 1$
3	$x_3 = 5$	$5 - 5 = 0$	$(0)^2 = 0$
4	$x_4 = 6$	$6 - 5 = 1$	$(1)^2 = 1$
5	$x_5 = 7$	$7 - 5 = 2$	$(2)^2 = 4$
	$\overline{x} = 5$	$\Sigma(x_i - \overline{x}) = 0$	$\Sigma(x_i - \overline{x})^2 = 10$

$$\sigma^2 = \frac{1}{n}\sum_{i=1}^{n}(x_i - \overline{x})^2 = \frac{1}{n} \times 10 = \frac{1}{5} \times 10 = 2$$

　もとのデータの単位が同じでなければ，比較できない。もとのデータの単位が同じであり，分散の値が大きければデータは散らばっており，小さければ平均値のまわりに集まっていると解釈される。

② 標準偏差（*SD*）

　標準偏差の式

$$SD = \sqrt{\frac{1}{n}\sum_{i=1}^{n}(x_i - \overline{x})^2} \qquad (2.13.3)$$

分散と標準偏差の関係は，下記のとおり。

　　$\sqrt{分散}$ ＝標準偏差

　　分散＝(標準偏差)^2

　　　分散は，偏差の二乗を行っている。そこで，標準偏差は，平方根をひらくことで，もとの単位に戻している。

分散の計算例では，$\sigma^2 = 2$ であった。その標準偏差は，下記のとおり。

　　$SD = \sqrt{2} \fallingdotseq 1.4$

標準偏差も，分散同様，もとのデータが同じ単位の時のみ，比較に使用できる。

③ 四分位範囲

　データを値の小さい順に並べ，小さい値の方から4分の1ずつの箇所の値を「第1四分位数」（Q_1），「第2四分位数」（Q_2），「第3四分位数」（Q_3）と呼ぶ。このうち，「第2分位数」（Q_2）は「中央値」（Me）である。

　この「第1四分位数」（Q_1），「第2四分位数」（Q_2），「第3四分位数」（Q_3）に「最小値」（Min）と「最大値」（Max）を加えた5つの値を「5数」と呼び，これら5つの値によって分布の特徴をあらわすことを「5数要約」という。

　「第3四分位数」（Q_3）の値から「第1四分位数」（Q_1）の値を減算したものを，「四分位範囲」（IQR：Interquatile　Range）を呼ぶ。

$$IQR = Q_3 - Q_1 \qquad (2.13.4)$$

「四分位範囲」（IQR）に含まれるデータ数は，全体の約半数となる。

　「四分位範囲」（IQR）と同様の考え方で，データの値の小さい方から10分の1，大きい方から10分の1の値を計算し，この2つの値に含まれる区間を「十分位範囲」と呼ぶ。「十分位範囲」に含まれるデータ数は，全体の約80％である。

　例えば，収入の第1〜第4四分位を層別に，属性，モノの所有，行動，意見・態度などの他の質問をクロス集計すると，各層の特性が判明する。

(4) 代表値と分布の散らばりを示す測度の利用

① 分布と中心的傾向

　分布が正規分布ないしは正規分布に近似している時は，平均値を利用する。

　分布が非対称分布の時は，最頻値や中央値を利用する。四分位範囲を利用してもよい。

　分布が双峰性分布の時は，中心的傾向を示す代表値を利用せず，双峰性分布となる要因を探索する。

（島崎・大竹，2017）

② 中心的傾向と散らばり

　分散・標準偏差は，平均値からの偏差を基に算出している。したがって，平均値とセットで用いる。

　平均値のみで分析するより，平均値と分散ないしは標準偏差をセットで分析した方が，より詳細なデータの特徴の知見を得ることができる。

＜テストの成績を平均値＋標準偏差で分析した事例＞

	平均点	標準偏差
国語のテスト	5点	2
英語のテスト	4点	4

　英語は国語に比べて成績が悪く，できる者とできない者に分かれる傾向がある。

⑭ グラフ化

(1) グラフ化の目的

　報告書や論文で，分布や平均値等をグラフで示すのは，分析結果における差異を一目で認識しやすくするためである。グラフで表示する内容は，見る者に何を示したいかによって，度数（頻度）を用いるか，相対度数（比率）を用いるか，平均値を用いるかなどの選択を行う。

　選択した表示内容によって，使用できるグラフの種類に制限が生じる場合もある。

　項目数の多い2次元のクロス集計結果や，3次元以上の複雑な集計結果では，グラフで示すよりも数表で示した方が見る者が理解しやすい場合もある。

(2) 円グラフ

　円グラフは，回答がひとつ（single choice，日本では single answer：SA）の場合に用いる。性別などの属性グラフ表示に用いられることが多い（「図Ⅱ－14－1」を参照）。

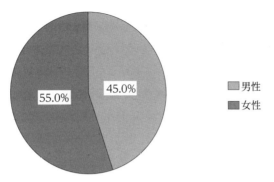

図Ⅱ－14－1　円グラフの事例（$n=100$）

(3) 帯グラフ

　帯グラフは，SA の場合に用いる（「図Ⅱ－14－2」を参照）。

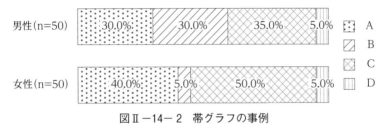

図Ⅱ－14－2　帯グラフの事例

(4) 棒グラフ

　棒グラフは，基準線からの棒の高さのみで該当項目の量をあらわす。棒グラフは，棒に幅を持たせて描くことも多いが，この幅は何の意味もなく，高さのみが量をあらわしている。なお，幅を持たせて描く時は，その幅は同一グラフ内のすべての棒で同じ幅でなければならない。

　棒グラフは SA で用いてもよいが，一般的には回答が複数（multiple choice, 日本では multiple answer：MA）で用いるグラフである（「図Ⅱ－14－3」，「図Ⅱ－14－4」を参照）。

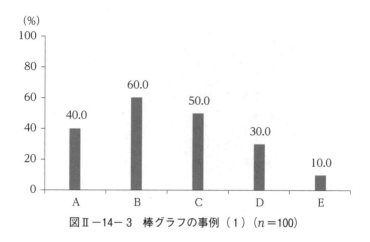

図Ⅱ－14－3　棒グラフの事例（1）（n＝100）

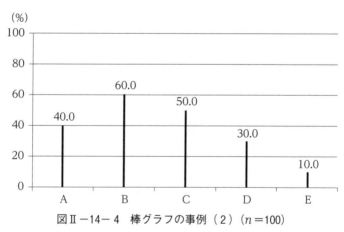

図Ⅱ－14－4　棒グラフの事例（2）（n＝100）

(5) ヒストグラム

　ヒストグラムは，棒の高さで量を表わす棒グラフとは異なり，面積で量をあらわす。

　ヒストグラムは SA，MA どちらでも用いることができる。

　A，B，C 3つの量が3：2：1である場合，次の3つの図のどのあらわし方をしても良い（「図Ⅱ－14－5」を参照）。

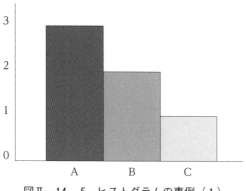

図Ⅱ－14－5　ヒストグラムの事例（1）

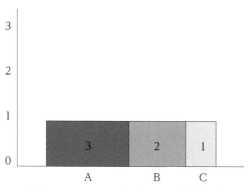

図Ⅱ－14－6　ヒストグラムの事例（2）

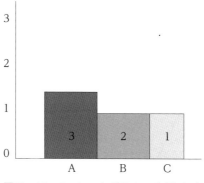

図Ⅱ－14－7　ヒストグラムの事例（3）

(6) 折れ線グラフ

折れ線グラフは，時系列データなどの連続量で用いることが多い。SA でも MA でもよい（「図Ⅱ−14−8」を参照）。

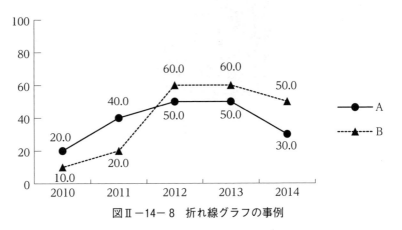

図Ⅱ−14−8　折れ線グラフの事例

(7) 蜘蛛の巣グラフ（レーダーチャート）

複数の項目の比較などに用いる。例えば評定尺度で計測した項目の平均値の比較など（「図Ⅱ−14−9」を参照）。

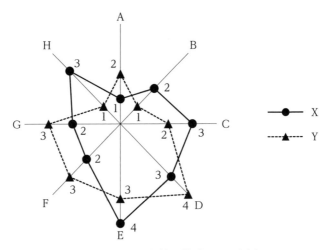

図Ⅱ−14−9　蜘蛛の巣グラフの事例

(8) 散布図

　2次元の値のプロット図である。多変量解析では構造分析の結果をあらわす図に用いられる（「図Ⅱ－14－10」を参照）。

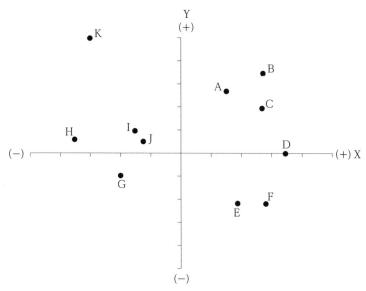

図Ⅱ－14－10　散布図の事例

(9) 箱ひげ図

　箱ひげ図は，5数要約（下側ヒゲ，第一四分位数，中央値，第三四分位数，上側ヒゲの5つ）に基づくグラフである。箱ひげ図は，間隔尺度や比例尺度といった定量的尺度で計測した連続的データの図示に用いられる。

　経済的データの図示等で用いられることが多い。

① 箱ひげ図作成の過程

　ここに9個の比率データがあり，その値の小から大に従って並べ替えたところ，次のようになったとする。

X_1	X_2	X_3	X_4	X_5	X_6	X_7	X_8	X_9
40	40	50	50	55	60	60	70	80

　上記データは9個で，データ間の幅の数は8である。データ間の幅の数を4等分すると，2となる。4等分するための境界値である四分位数は，下記のように計算される（「図Ⅱ-14-11」参照）。

- 第一四分位数（Q_1）：

　　下位半分の40，40，50，50の4つのデータの中央値（Me）であるので，下記の計算で算出される。

　　$(X_2+X_3)/2=(40+50)/2=45$

- 第二四分位数（Q_2）：全データの中央値（Me）であり，$X_5=55$である。

- 第三四分位数（Q_3）：

　　上位半分の60，60，70，80の4つのデータの中央値（Me）であるので，下記の計算で算出される。

　　$(X_7+X_8)/2=(60+70)/2=65$

ひげの計算は，下記の式に従う（「図Ⅱ-14-11」参照）

- 四分位範囲（IQR）：

　　四分位範囲（IQR）＝第三四分位数（Q_3）－第一四分位数（Q_1）

　　　　　　　　　　＝65－45＝20

- 下側のひげ（L）

　　下側のひげの値（L）＝第一四分位数（Q_1）－（1.5×四分位範囲（IQR））

　　　　　　　　　　＝45－（1.5×20）＝15

- 上側のひげの値（H）

　　上側のひげの値（H）＝第三四分位数（Q_3）＋（1.5×四分位範囲（IQR））

　　　　　　　　　　＝65＋（1.5×20）＝95

（ボーンシュテット＆ノーキ，1988=2013）

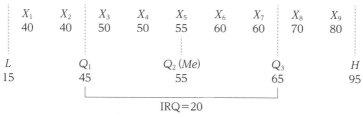

図Ⅱ－14－11　5数要因の値

② 箱ひげ図の図示方法

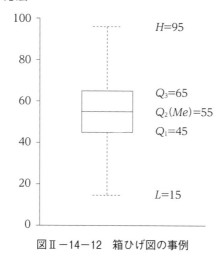

図Ⅱ－14－12　箱ひげ図の事例

　下側ひげ以下のデータや上側ひげ以上のデータ（異常値）は，図Ⅱ－14－12の図の値の位置にプロットで示すのが一般的である（「図Ⅱ－14－12」を参照）。

⟨15⟩ 調査報告書の作成

（1）調査報告書の構成

　報告書は，一般的に表Ⅱ－15－1の項目，並び順で構成する。

表Ⅱ－15－1　調査報告書の構成

1．調査実施要領
　（1）調査目的
　（2）調査仮説（仮説・作業仮説）
　（3）調査項目（5.調査票で代替可）
　（4）調査対象（母集団の規定，調査対象（標本）数，調査対象標本の抽出方法）
　（5）調査地域
　（6）調査方法
　（7）調査回収状況（調査計画時における調査対象（標本）数，調査依頼（標本）数，
　　　　回収（標本）数，回収率，調査不能理由別調査不能（標本）数・比率）
　（8）調査実施期間
　（9）調査企画・実施機関，レターヘッド
　（10）（標本調査の場合）回収数に基づく回答比率50％時の標本誤差

2．調査結果のまとめ

3．調査結果の概要
　（1）標本構成
　　　　　　　　① 性
　　　　　　　　② 年齢
　　　　　　　　┊

　（2）調査結果の分析
　　　　　　　　① ○○○
　　　　　　　　② ○○○
　　　　　　　　┊

4．集計結果（5.単純集計結果を記載した調査票で代替可）
　　　　　　　　① ○○○
　　　　　　　　② ○○○
　　　　　　　　┊

5．調査票（単純集計結果を記載）

（島崎・大竹，2013に加筆）

(2) 調査報告書の内容

　「調査実施要領」は，報告書を読む者が最初に理解するべき調査の枠組みを記載する。報告書を読む者は最初に実施要領を閲読し，記載された調査結果の内容やデータが自分が求めるものと合致するか，判断するべきである。

　研究調査では，調査手法の妥当性と結果の信頼性，さらには他の研究者による再現性，即ちその研究調査から導出された仮説・理論の信頼性の保証のために，「調査実施要領」を詳細に記述しておく必要がある。このことは，産業界におけるマーケティング・リサーチにおいても，本質的には同様である。

　「調査結果のまとめ」では，仮説に対する検証結果をとりまとめる形で記述し，その他の新しい知見はその後に記述する。

　「調査結果の分析」では，先に調査対象者の属性を記述し，その後に，質問ごとのファインディングを質問順に記述する。

　報告書を読む人の理解を助成するため，適宜，グラフや数表を利用する。

　調査報告書の内容は，調査で検証あるいは検出された知見にとどめるべきである。

（島崎・大竹，2013）

第Ⅲ部

テスト・実験調査の手法

テスト・実験調査とは

(1) 用語の整理

　テスト／実験調査ではさまざまな用語が使用される。そこで最初に用語を整理，定義しておく。以下，本テキストはこの整理，定義に従っている。

　例えば次のような調査課題を考える。

　コーヒー飲料の試飲テストをする。テスト品は3種類（ブルーマウンテン，キリマンジャロ，コナ）のフレーバーである。

　実験変数と条件あるいは水準という用語で整理すると，実験変数はコーヒー飲料のフレーバーであり，水準あるいは条件は3種類それぞれのフレーバー，つまり3水準あるいは3条件ということになる。また，評価をするパネルの反応（評価）は実験変数に依存して変化することから，従属変数と呼ぶ。実験変数は独立変数という呼び方もある。

　テストを実施するにあたって，評価に影響を与えるであろうさまざまな要因が考えられる。例えば，次のような例を用いて，要因をあげてみる。

　　テスト飲料の入れ物：カップのデザイン，色，素材等

　　テスト飲料自体：温度，砂糖の有り無しと濃度等

　　テスト飲料を飲む部屋：温度，湿度，ＢＧＭ，内装等

　　テスト飲料を飲む人（パネル）の属性：性×年齢，コーヒー飲料への態度，
　　　　　　　　　　　　　　　　　　　　　　　飲用経験等

　　テスト飲料を飲む人（パネル）への刺激：教示等

　こうした影響を与えるであろう要因を，剰余変数という。内容を整理してみると，テスト品の状態，テスト環境，パネル条件（属性），パネルへの刺激に分けることができる。

　　テスト品状態：テスト品の入れ物や温度などテスト品自体の状態

　　テスト環境：テストを実施する場所の状態，環境

　　パネル条件（属性）：パネルの設定条件，パネルの個人属性

パネル刺激：教示の与え方

剰余変数は統制（コントロール）する必要があり，その統制法として，

　　恒常化：剰余変数の値を一定に保つ（恒常化は実験結果の一般化に問題がある）。

　　無作為化：剰余変数の値を積極的に統制せず，実験変数の各水準ごとに剰余変数の値をランダムに配置する。

　　ブロック化：パネルを剰余変数の値が等しいいくつかのブロックに分け（通常は実験変数の水準数），ブロック内で実験変数の各水準のデータを取る。

といった3種類の方法がある。統制法のうち，恒常化はテスト品状態，テスト環境での統制，無作為化，ブロック化はパネル条件（属性）にかかわる統制であることが多い。

　　交互作用：実験変数の水準（条件）の効果が，他の要因（変数）によって変化することをいう。コーヒー飲料の例では，全体の選好度はブルーマウンテン，キリマンジャロ，コナの順に高い。しかし，男女別にみると男性ではブルーマウンテン，キリマンジャロ，コナの順であるが，女性はブルーマウンテン，コナ，キリマンジャロの順であったとする。この場合，コーヒーフレーバーの効果（選好度）が性別によって異なるということになる。こうした状態を交互作用という。

　　交　　絡：評価におよぼす2つ以上の要因（変数）自体が互いに共変している状態で，それぞれの要因（変数）による効果が分離できない状態をいう。例えば，コーヒー飲料のテストの場合でいうと，実験変数がコーヒーフレーバー，主飲料品を剰余変数（パネル条件）と考える。男性ではコーヒー，女性では紅茶をほぼ全員が主飲料品としており，男女別あるいは主飲料品別に評価差があった場合，その評価差に性が影響しているのか，主飲料品が影響しているのかの効果が分離できない。これを交絡という。

　　　　　　　　実験変数と剰余変数の交絡は，本来検討したい実験変数の効果
　　　　　　　　が，実験変数の効果なのか，交絡している剰余変数の効果によ
　　　　　　　　るものなのか分からないということになる。

(2) データ収集法

　マーケティング・リサーチでのデータ収集法は調査，実験，観察に大別でき，
実験は実験室実験，フィールド実験，テストに大別することができる（データ
収集法全体については，「Ⅰ－4　調査手法の種類と定量調査，定性調査」を参照）。
実験とは，実験変数（あるいは独立変数という）を操作することで，パネルの反
応（従属変数）がどのような影響を受けるかを測定することである。

　　実 験 室 実 験：教示の与え方，部屋の明るさ，温度，湿度などのテスト
　　　　　　　　　　環境を一定に保った状態で，実験変数の各水準（条件）
　　　　　　　　　　間でのパネルの反応（従属変数の値）の差を測定する。
　　　　　　　　　　例えば購買実験として，パネルにある教示を与えた上で
　　　　　　　　　　価格を変化させる，あるいはエンド陳列の有り，無しと
　　　　　　　　　　いった実験変数を操作した上で購買を行ってもらう。こ
　　　　　　　　　　の時部屋の明るさ，温度，湿度，流すＢＧＭなどのテス
　　　　　　　　　　ト環境を同じにした上で実験を行う。

　　フィールド実験：日常生活の中で行う実験であり，実験室実験で行うよう
　　　　　　　　　　なテスト環境の統制を行わずに（実際には行えない）実
　　　　　　　　　　施する実験である。マーケティング・リサーチでは，購
　　　　　　　　　　買実験として，実際の店舗で価格を実験変数とし，水準
　　　　　　　　　　（条件）を定価の店，30円引きの店，50円引きの店と設
　　　　　　　　　　定し，期間中の売上を比較するといった実験を行うこと
　　　　　　　　　　がある。フィールド実験でも，実験変数の水準（条件）
　　　　　　　　　　の操作は正確に行う必要がある。

　　テ　ス　ト：JIS 規格に官能検査という規格がある。JIS Z 8101「品
　　　　　　　　　　質管理用語」では，「品物をなんらかの方法で測定した

結果を判定基準と比較して，その品物の良，不良，又は
ロットの合格，不合格を判定すること」（（一財）日本規
格協会，2017a）とされており，テストとは製品の品質
を判定することとしている。マーケティング・リサーチ
でも，品質を判定するという調査課題はさまざまなス
テージで求められる。マーケティング・リサーチでは検
査という呼び方に多少の違和感があるが重要な調査課題
であり，テストあるいは評価調査といった呼び方をされ
ている調査である（本稿ではテストとしておく）。

　本書はマーケティング・リサーチでのキャリア2〜3年程度のリサーチャー
を対象にしていることから，マーケティング・リサーチの実験，テストの知識，
留意点についての基礎を簡潔に整理するにとどめている。さらに詳しい内容に
ついては他の文献などを参照されたい。

(3) マーケティングのプロセスとテスト・実験調査

　マーケティングのプロセスについて，新商品開発から市場導入までの例でみ
ると，「ステージⅠ　市場分析／競合分析」→「ステージⅡ　市場の問題点と仮
説の抽出」→「ステージⅢ　製品コンセプトの具体化」→「ステージⅣ　消費者
の受容性評価」→「ステージⅤ　市場導入計画の立案」→「ステージⅥ　市場導
入」の段階を踏むこととなろう（詳細は，「Ⅱ−4−（1）マーケティングのプロ
セスとマーケティング・リサーチ」を参照）。

　テスト・実験調査は，このマーケティングのプロセスのうち，「ステージⅢ
製品コンセプトの具体化」，「ステージⅣ　消費者の受容性評価」，「ステージⅤ
市場導入計画の立案」を中心に，多用されている。

- ・「ステージⅢ　製品コンセプトの具体化」：コンセプトの受容性検証，プロ
　ダクトの使用評価検証，デザインの受容性検証，製品名の適合性検証，
　ネーミングの受容性検証，価格の受容性検証等
- ・「ステージⅣ　消費者の受容性評価」：コンセプト＆プロダクトのマッチン

　　グ検証，表示理解度評価，製品＋ブランド資産評価等
　・「ステージⅤ市場導入計画の立案」：広告評価等

 テスト（評価調査）の概要

（1）官能評価法とは

　マーケティング・リサーチで実施されるさまざまなテストは，人間の感覚に基づいて測定する。例えば，デザインであれば視覚，音質であれば聴覚，飲料・食品の味であれば味覚，香りであれば嗅覚，衣料品の肌触りであれば触覚，座席の座り心地や部屋の居心地であれば総合感覚といったように，人間の感覚器官を使って評価をしてもらう。

　これを整理すると，以下のようになる。

　　視覚：デザイン，色等
　　触覚：肌触り等
　　味覚：香味等
　　嗅覚：香り等
　　聴覚：音質等
　　５感を総合した総合体感：居住性，座り心地等

また官能評価は，次の領域の知識が求められる。

　・心理学，生理学等
　・テストする商材等
　・調査法，実験計画法，統計学等

産学を含めた極めて学際的領域の方法といえる。

　テストを実施する際，優劣を判断する比較対象が明確な場合，例えば既存品の改良であれば，既存品が比較の相手となる。こうした比較対象をコントロール品（対照品）という。この場合，コントロール品と改良品の２つのテスト品を使用して評価をしてもらうことになる。評価はそれぞれの絶対的な好みなどの評価（絶対評価）と，２品の相対的な好みなどの評価（相対評価）を測定す

ることになる（「Ⅱ－9－（10）－④－㈹評定尺度型」を参照）。

　一方，比較対象がなくテスト品がひとつということもある。この場合は絶対評価だけの測定ということになり，そのテスト品の評価だけを検討する（こうした場合でも現使用品との相対評価を測定することもある）。

　絶対評価では，過去の評価調査結果の蓄積から自社で評価の判断基準となる基準値（norm 値）を設定している場合がある。

　テストは，人間が評価をする，あるいは複数のテスト品を評価してもらうといったことから生じるさまざまな問題があり，テストの実施，分析にあたって注意を要する事項がある。こうした技術やノウハウは，官能検査法として蓄積されている。そこで，テストの基礎となっている官能検査法について，若干その内容に触れ，その上でマーケティング・リサーチのテストについて解説する。

① 用語としての官能評価

　製品やサービスは，さまざまな品質をもっている。使いやすさ，見栄え，快適性，操作性，味覚など，消費者が5感で感じる品質もそのひとつである。こうした品質を感性（官能）品質という。感性（官能）品質への評価は，例えば味噌汁の味であれば，全く同じ味であっても日によって評価は異なるであろうし，人によっても異なるであろう。また，評価の際にも，「まあ美味しい」，「美味しいような気がする」といったあいまいな評価をすることがある。このように判断が異なったり，あいまいだったりといった人間の主観的な判断に基づく品質の判定や評価は，「官能検査」という分野で研究が蓄積されてきた。「官能検査」という用語は，JIS（日本工業規格）では，「官能検査とは人間の感覚を用いて品質特性を評価し，判定基準に照合して判定を下す検査をいう」（JIS Z 9080：官能検査規則および同解説）と規定している（（一財）日本規格協会，2017a）。

　JIS では，「官能検査」の対応英語として「sensory test」をあてている。しかし，アメリカ材料試験協会（ASTM）の規格では「sensory evaluation」を用いている。また，国際標準化機構（ISO）の規格では「sensory analysis」

を用いている。ASTM や ISO の規格からも分かるとおり,「官能評価」という用語の方が広義であるとともに,国際的用語であるといえる。本稿では一般性を考慮し「官能評価」という用語で統一しておく((一財)日本規格協会,2017a)。

② 分析型官能評価と嗜好型官能評価

官能評価は目的によって,分析型官能評価と嗜好型官能評価に分けられる(日科技連官能検査委員会,1973)。分析型は,「検査」を主目的とする官能評価であり,良不良,合否判定といった品質の判定を主目的とし,特性の記述・評価も含まれる。一方,嗜好型官能評価は,消費者の嗜好を調査・研究する目的で行われる官能評価とされている。

整理すると,以下のとおりである。

・分析型:製品・テスト品の品質判定や差の検出,特性の記述・評価

　　　　パネル:専門家,訓練された(識別力の高い)パネル

・嗜好型:消費者の受容性(嗜好と合っているのか)

　　　　パネル:一般消費者パネル

分析型は,製品・テスト品の品質判定および差の検出,特性や性能を記述する,あるいは評価するといった目的で実施される。このため,パネルの嗜好は問題とされない(パネルはテスト品特性の記述のための道具として用いられる)。パネルは,専門家や訓練されたパネルで構成される。

一方嗜好型は,パネルの特性,つまり消費者の嗜好を知るのが目的であり,テスト品の性質は問題とされない(テスト品はパネル特性の記述のための道具として用いられる)。そのため,パネルは一般消費者で構成される。

冒頭で「検査」という用語がマーケティング・リサーチでは違和感があるとしたが,この違和感は,分析型と嗜好型についてマーケティング・リサーチで適用されるときはどのように適用されるかという点から生じる。

マーケティング・リサーチでテストが計画されるのは,テスト品が目標品質をクリアしているか,競合品に対し優位かといった評価(消費者の嗜好と合っ

ているか）を測定したい，あるいは作成した官能・特性用語により構成される空間での品質特性の記述や品質の差を記述したい，といった調査課題を解明する場合である。この場合，前者は嗜好型であるが，後者は分析型が調査課題である。設定されたパネルで考えてみると，前者，後者共に一般消費者により構成されたパネルであれば嗜好型ということになる。一方，後者について専門家や訓練されたパネルであれば，分析型ということになる（前者は，消費者の嗜好に合っているかが調査課題であるから，専門家や訓練されたパネルを評価者として設定することは考えられない）。

　このように，マーケティング・リサーチでは調査課題とパネル設定という面から分析型と嗜好型を分けたとき，一対一で対応せず，たすき掛けになることがある。これが混乱を招く原因と考えられる。

　そこで，テスト品の品質特性の記述／差の記述，消費者の受容性（嗜好との適合）という調査課題とパネル特性から，表III－2－1のように分類しておく。

表III－2－1　分析型官能評価と嗜好型官能評価

	パネル	調査課題	調査課題
分析型	専門家や訓練されたパネル	テスト品特性の記述	－
嗜好型	一般消費者	パネル・テスト品特性の記述	嗜好性

　マーケティング・リサーチで重要なことは，調査課題がテスト品特性の記述にあるのか，消費者の嗜好性評価にあるのかを明確にした上で，パネルをどのような属性の人びとで構成するのかを明確にすることである。

　分析型，嗜好型のパネル設定にあたってどのように標本抽出を行うかについては，分析型は専門家あるいは訓練されたパネルであるので，有意抽出である。一方嗜好型は消費者の嗜好研究であることから，無作為抽出が基本となる。特に開発ステージからは，市場導入に近くなれば近くなる程パネルの無作為性が重要となる（標本抽出については，「II－7　無作為抽出法と有意抽出法」を参照）。

（2）主観的（あいまいな）判断と感覚による錯誤

① 主観的（あいまいな）判断

　官能評価は人間の感覚器官を使い，製品やテスト品を評価・判定しようとするものである。人間の主観的判断に基づくので，その評価や判定はあいまいである。人間のあいまいさには以下のようなものがある（日科技連官能検査委員会，1973；佐藤信，1985）。

(イ)　ウソをつく

　ウソは，評価するものに対し利害関係がある場合にみられることが多い。例えば水質汚染や空気汚染の程度を判定しようとする時，地域住民をパネルとした場合などである。意図的にウソをつくということだけでなく，ある方向にバイアスが掛かることは容易に想像できる。

(ロ)　矛盾した判断

　人間は矛盾した判断をすることがある。判断の矛盾における顕著な例として，一巡三角形がある。例えばO，P，Qと3つのテスト品があるとする。一対比較法で好きな方を答えてもらう場合，O対PではPが好き，P対QでQが好きといった判断がなされれば，O対Qは判断を聞くまでもなくQが好きということは自明である。しかし，往々にしてO対QでOが好きと判断されることがある。これを一巡三角形と呼ぶ。

② 感覚による錯誤（心理的・生理的効果）とその統制

　感覚による錯誤は，対比効果，順序効果，記号効果などのさまざまな心理的，生理的な効果や錯誤として知られている。ミューラー・リヤーの図形やだまし絵なども，感覚による錯誤の代表的な例である。

　このような効果，即ち錯誤は，官能評価を実施する上で大きな問題であるとともに，こうした錯誤を統制することが極めて重要となる。官能評価は，人間という測定器を使用するため，大きな誤差変動を伴うのは避けがたい。そこで，統計的方法を採用することにより，誤差を確率的に扱うことで信頼性を確保しようとする。ただし，いかに洗練されたデータ解析法を駆使しても，分析対象

であるデータが信頼性の高いものでなければ，意味のある結果は期待できない。そのためには，信頼性の高いデータを収集する必要がある。官能評価は，質問紙法による測定が中心であることから，尺度構成や調査票の作成が重要となる。さらに，測定器である人間（パネル）の管理・設定とともに，人間が測定器であることから生じるさまざまな錯誤を統制する必要がある。なかでも，感覚による錯誤の統制は，極めて重要なポイントとなる（日科技連官能検査委員会，1973；佐藤，1985；森敏昭・吉田寿夫，1990）。このような錯誤について，以下に整理しておく。

(イ)　順序効果

　2つのテスト品を比較する時，客観的基準に関係なく，最初あるいは後のテスト品を過大に評価する傾向を順序効果という。先のテスト品を過大評価する場合を正の順序効果，後のテスト品を過大評価する場合を負の順序効果という（「Ⅱ－9－③－(ヘ)（順序バイアス）」を参照）。

　順序効果を統制するために，テスト品がOとPであれば提示順をO→PとP→Oの両方の組み合わせで提示する必要があり，両方の提示回数を同一にする必要がある。また，1パネルに対し判断を複数回求める場合がある（繰り返しという）。この場合は，各組合わせごとの提示回数を同一にし，提示順は無作為化する，あるいはつり合い計画とする（つり合い計画の方がテスト計画を組みやすい）。1パネルの判断回数が1回で，100人にテストをするといった場合でも，パネルを繰り返しと考えて，テスト品の組合せごとの提示回数を同一とし，つり合い計画とする必要がある。

<つり合い計画の例>

繰り返し回数	1	2	3	4	5	6	7	8	9	10
先の提示	O	P	P	O	O	P	P	P	O	O
後の提示	P	O	O	P	P	O	O	O	P	P

　順序効果については，味覚評価では，同時提示では正の順序効果が認められる。時間を置いて提示した場合負の順序効果が認められ，時間をおくほど強い効果が認められるとされている（Schwartz and Pratt, 1956）。

㈹　記号効果

　テスト品の評価に関係なく，テスト品につけた記号のみの好みが判断に影響することを記号効果という。この効果に関する研究はいくつかあるが，研究結果が定まっているわけではない。

　記号効果を統制するためには，数字や記号のはじめの部分（1，2，3，……，A，B，C，……，イ，ロ，ハ，……など）と終わりの部分（8，9，10，X，Y，Z，セ，ス，ンなど）は使用しない。特別な意味を持つ数字や記号も使わない。例えば「ラッキー7」，「高いことを表すHや低いことを表すL」などである。また，記号を使わなくてもよい場合は，極力使用しない方がよい。テスト品が多い場合は，ランダムに記号を選択するといった方法をとる必要がある。

　比較的ニュートラルということから使われる記号は，M，N，O，P，Q，R，S，Tといったアルファベットである。あるいは，2文字の組合せにするという方法も考えられる。

㈺　位置効果

　テスト品の評価に関係なく，ある特定の位置に置かれたものが選ばれることを位置効果という。位置効果は，テスト品を並べて提示するときにみられる効果であり，識別法，カラーテスト，デザインテストで多くみられる。2点提示では，向かって右側，3点提示では中央，4点ないし5点提示では両サイドのテスト品がよく選ばれることが認められている。

　位置効果を統制するためには，テスト品が3点以上であれば円形に配置する。円形に配置できないのであれば，無作為に配置する。この場合，繰り返しが無い場合でもパネルを繰り返しとみなして，テスト品の組合せごとの提示回数を同一にするつり合い計画とする必要がある。

㈼　初期効果と練習効果

　連続してテスト品を評価する場合にみられる効果であり，判断を繰り返すごとに判断が変化することをいう（判断が一定して上昇したり，下降したりする）。これは，順序効果と同様に提示順による偏りである。初期効果は，判断に慣れ

ていない，あるいは自信が持てないことから，中間的な判断をすることをいう。

　初期効果を統制するために，最初に練習用としていくつかのテスト品を提示する方法がある。基本的に順序効果と同じ方法により統制する。

　練習効果は，同一パネルに複数回テストを行うことにより生ずる効果である。このため，テスト回数を制限する必要がある。

㈱　疲労効果

　テスト品数が多い，あるいは1回のテストに時間がかかるといった場合にみられる効果である。疲労には身体的疲労と精神的疲労があるが，どちらも注意力や意欲の低下が判断に影響する。

　疲労効果を統制するためには，提示するテスト品数を制限する，テストの途中で動機付けをする，テスト環境を変える，休憩を入れるといった方法が考えられる。

　ひとつの刺激を長く受けていると次第に知覚が弱くなり，しまいに感じなくなってしまう。これを順応という。順応は，人間が環境条件に自らの特性を合わせようと調整することをいう。

㈠　対比効果

　強い刺激を与えた後に弱い刺激を与えると，その弱い刺激がより弱く感じられるというような，対比する刺激を与えた時その特徴が強調される現象を対比効果という。2つの刺激を同時に与えた時に生じる現象を同時対比，ひとつの刺激を提示した後に次の刺激を提示した時に生じる現象を，継時対比という。対比効果を統制するためには，次のような方法がある。

　　色 対 比：テスト品間の距離を十分にとる。グレーマウスをかける。テスト品の色よりも若干周りの明るさを暗くする。提示順を無作為化，あるいはつり合い計画化する。

　　味覚対比：テスト間隔をあける。食品・飲料等の場合，テスト間に口のすすぎを行う。提示順を無作為化，あるいはつり合い計画化する。

　対比効果と似た効果に，残存効果がある。これは，味覚や嗅覚テストで，最初の刺激が味覚や嗅覚に残って，次の刺激に影響を与える効果である。

(ト)　期待効果

　パネルがテスト品に対し何らかの先入観を持っている時，その先入観が判断に影響を与えることを期待効果という。

　期待効果を統制するためには，テスト前にテストに関わる情報を一切与えない，テスト品のメーカー，ブランドをブラインド（目かくし）にするといった方法が考えられる。

(チ)　実験者効果

　心理実験でいわれる効果であり，実験者の表情の変化や仕草によってパネルに情報を送ってしまうことにより，実験結果にバイアスがかかることを実験者効果という。

(リ)　偽薬効果

　偽薬効果とは，暗示効果である。例えば，睡眠薬の代わりにただの砂糖を与えただけで，よく眠れるようになったという人がいる。これは，薬を飲んだという一種の暗示にかかり，眠れるようになったということである。

(ヌ)　心理的効果の統制としての教示

　これは感覚による錯誤ではないが，パネルが実験や評価に対し協力しようという意思をどの程度もっているか，実験や評価の目的を正しく理解しているかは重要である。そのための手段に教示を用いる。

　さまざまな統制が十分であるにもかかわらず，個人差によるバラツキが大きいといった時，教示による心理条件の統制が十分でないことがある。教示で重要なのは，意欲づけ，目的への理解とともに，手順や判断の基準や要領を理解させることである。特に，判断基準を明確に指示することは極めて重要となる。判断基準のバラツキは，個人差によるバラツキを大きくする原因となる。

テストの企画

（1）偏りのない計画
① テスト品の提示（使用）順

　順序効果，位置効果，初期効果と練習効果，疲労効果，対比効果の統制方法として，テスト品の提示順序が重要となる。この効果の統制を，効果を相殺（カウンターバランス）するという（日科技連官能検査委員会，1973；森・吉田，1990）。前述のつり合い計画もそのひとつである。

　ここでは，テスト品が多い場合のテスト品の提示順について解説する。

　テスト品が2種類の場合は，2種類の実施順だけであるが，テスト品数が多くなると順列は飛躍的に多くなる。例えば，1パネルがいくつかのテスト品を判断するケースがある。この場合，テスト品の提示順が問題となる。O，P，Qの3種類のテスト品がある場合で考えてみる。

提示順

	提示順
実施順1	O→P→Q
実施順2	P→Q→O
実施順3	Q→O→P

　この場合，各テスト品が何番目に判断されたかは，カウンターバランスされている。しかし，Pは常にOのあと，QはPのあと，OはQの後であり，カウンターバランスされていない。このような場合，循環法が用いられる。テスト品が6品（仮にOからTまでをテスト品記号とする）の場合で考えてみる。

　実施順序は6とおりである。まず，実施順1を無作為に設定する。実施順2の1番目は，実施順1で1番目に指定されたテスト品の次のテスト品とする（最後のテスト品の場合は最初のテスト品に戻る）。以下この繰り返しで6とおりの実施順を決める。

　実施順をそれぞれのパネルとみると，6人のパネルにテストする際のパネルごとのテスト品提示順ということになる。

提示順

実施順1	O	P	S	R	T	Q
実施順2	P	Q	T	S	O	R
実施順3	Q	R	O	T	P	S
実施順4	R	S	P	O	Q	T
実施順5	S	T	Q	P	R	O
実施順6	T	O	R	Q	S	P

　例からも分かるとおり，各テスト品の次のテスト品は無作為であり，カウンターバランスされていることが分かる。例の提示順をみると，各行には必ずOからTまでの各テスト品が1回だけ判断され，各列でも必ずOからTまでの各テスト品が1回だけ判断されており，各テスト品が6回判断されていることが分かる。このような方法をラテン方格と呼ぶ。このラテン方格は，テスト品の配列がカウンターバランスされている特殊なラテン方格である。

　この例では，1パネルが6つのテスト品を判断することになる。これでは，疲労効果が高すぎると判断した場合，判断回数を削減する必要がある。こうした場合に採用されるのが，つり合い不完備型計画（B.I.B.D）である。これまで解説してきた方法は，つり合い計画である。テスト品が，O，P，Q，Rの4種類の場合で考えてみる。まず，つり合い計画で使用順を組んでみる。

実施順1	Q	O	R	P
実施順2	R	P	O	Q
実施順3	O	Q	P	R
実施順4	P	R	Q	O

　この例からどこかの列を1列抜けば，つり合い不完備型計画となる。例えば最後の列を抜いた場合でみると，次のようになる。

実施順1	Q	O	R	P
実施順2	R	P	O	Q
実施順3	O	Q	P	R
実施順4	P	R	Q	O

　この場合，各テスト品は３回ずつ判断されており，各列，各行ともにいずれのテスト品も１回ずつ判断されている。これは，各行ごとにみた場合，QとOなどといった任意の組み合わせが２つずつ含まれている（QとOは実施順１と３にある）ことになる。これを会合数という。具体的には，テスト品数（O，P，Q，R）は４である。組合せはOP，OQ，OR，PQ，PR，QRの６種類である。つり合い計画では，各テスト品の判断回数は３回であり会合数は３（実施順１は，Q−O，O−R，R−Pの３つの組合せ）である。一方，つり合い不完備型計画では，各テスト品の判断回数は３回であり，会合数は２（実施順は，Q−O，O−Rの２つの組合せ）である。

　このように，つり合い不完備型計画は，判断回数と会合数が一定であるという条件を満たしたものをいう。つり合い不完備型計画では，実施順４までを実施しないとつり合い不完備型計画の条件を満たさない。そこで，つり合い不完備型計画の方が多くのパネル人数を必要とする。これは，判断回数を減らした分をパネルの人数により補っていることを示している。つり合い不完備型の究極的な計画が，一対比較法である。可能な組合せ数は，$m(m-1)/2$で計算でき，テスト品４の例では$4×(4-1)/2=6$，各テスト品の判断回数は３回，会合数は１（一対比較なので組合せは１組のみ）である。

② 実験変数と剰余変数（交互作用の検討）

　「Ⅲ−１−（１）用語の整理」で簡単に説明したが，重ねて説明しておく。評価を測定する際，意図的に操作する（変化させる）要因を実験変数という。例えばコーヒー飲料を開発し，その際砂糖量を砂糖無し，砂糖２％，砂糖５％と変化させたコーヒー飲料で，どのコーヒー飲料の受容性が高いかを知りたいという課題があったとする。この場合，砂糖量が実験変数である。あるいはコーヒーフレーバーがブルーマウンテン，キリマンジャロ，コナの３種類あり，どのフレーバーの受容性が高いかといったようなケースでも同様であり，コーヒーフレーバーが実験変数である。

　そのほか，パネルの反応（評価）に規則的な影響を及ぼす変数がある。こう

した変数を剰余変数（結果に影響を及ぼす変数）という。こうした剰余変数も，適切にコントロールする必要がある。剰余変数をコントロールすることにより，高い精度をもって有意味な情報を抽出することができる。例えば，前述のコーヒー飲料の場合，性や年齢により評価や嗜好が異なるかもしれない，甘党か辛党かにより評価や嗜好が異なるかもしれない，普段よく飲む飲料により評価や嗜好が異なるかもしれないといった先験的知見で，テスト品の評価や嗜好に影響を与える変数が剰余変数である。

　また，余剰変数に関して，よく問題にされるのは交互作用である。例えば，2品のテスト品NとPがあるとする。それぞれの評価の平均値を折れ線グラフ化したとき，図Ⅲ－3－1のように評価差はあっても，グラフが平行であれば交互作用はない。一方，図Ⅲ－3－2や図Ⅲ－3－3のようにグラフが交差している場合は，性とテスト品間に交互作用がみられるということになる。これは1次の交互作用である。このグラフを主飲料品ごとに作成し，同様に折れ線グラフが交差すれば2次の交互作用があるということになる。交互作用は，2次より高次の交互作用については解釈が難しく，あまり現実的ではない。

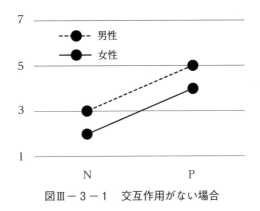

図Ⅲ－3－1　交互作用がない場合

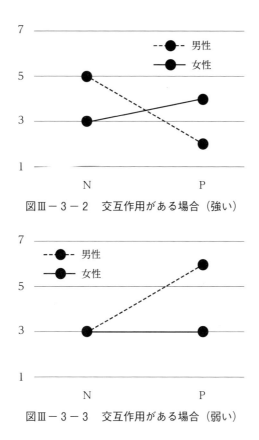

図Ⅲ－3－2　交互作用がある場合（強い）

図Ⅲ－3－3　交互作用がある場合（弱い）

　剰余変数のコントロールとは，この交互作用を検出するということにほかならない。テストでは交互作用の検出は重要であり，できるだけ多くの交互作用を推定することが分析上有効である（森・吉田，1990）。

　交互作用と混同されやすい効果に，交絡がある。交絡は，評価に及ぼす2つ以上の変数自体が互いに共変している状態で，それぞれの変数による効果が分離できない状態をいう。例えば，コーヒー飲料のテストの場合でいうと，実験変数が砂糖量，主飲料品を剰余変数と考える。男性ではコーヒー，女性では紅茶をほぼ全員が主飲料品としており，男女別あるいは主飲料品別に評価差があった場合，その評価差に性が影響しているのか，主飲料品が影響しているの

かという 2 つの効果が分離できない。これを交絡という。このような実験変数と剰余変数の交絡は，本来検討したい実験変数の効果の測定結果が，実験変数の効果なのか，交絡している剰余変数の効果なのか分からないということになる。

　このように，剰余変数のコントロールは，テストにおいて極めて重要な問題である。コントロール方法は，次の 3 種類の方法がある。

　(イ)　恒常化

　(ロ)　無作為化

　(ハ)　ブロック化

　また，実験調査（実験調査については「Ⅲ－4実験調査」を参照）の場合，同一のパネルがすべてのグループに参加することはできないが，テストでは同一のパネルがすべてのテストに参加することができる。例えば，歯ブラシのテスト品 2 品をテストするとき，テスト品ごとにパネルを無作為に割り付けるとする。この場合は，各テスト品に異なるパネルが割り付けられることになる。一方，同一のパネルが 2 品両方のテスト品の評価に参加するように割り付ける方法がある。この場合， 2 品のテスト品は同一のパネルにより評価されることになる。

　実験計画法では，前者の割り付け方法を完全無作為化法，後者の割り付け方法を乱塊法と呼んでいる。テスト品ごとにパネルを無作為に割り付ける方法は，パネル対応がないデザインであり，同一のパネルが 2 品両方のテスト品の評価に参加する方法は，パネル対応があるデザインということになる。パネルに対応があるかないかは，検定統計量の計算に際し計算式が異なるので，注意を要する。なお，このテストで歯茎の疾患程度を剰余変数として考えるとする。例えば，歯茎の疾患程度により，重傷，中傷，軽傷，疾患なしといったように分類する。 2 品のテスト品間で，歯茎の疾患程度が同質になるように割り付ける。実験計画法では，剰余変数の値でブロック化し無作為に割り付けた場合も乱塊法，パネル対応ありとして取り扱う。剰余変数のコントロールは個人差のコントロールであり，無作為化により個人差をコントロールするのか，すべ

てのテストに同一のパネルを参加ささせることでコントロールするのかということになる。

(2) マーケティング・リサーチにおけるテスト・実験調査の計画
① テスト品の使わせ方とパネルの割り付け

マーケティング・リサーチで利用されるテスト方法と，パネルの割り付け方法の関係について解説する（（社）日本マーケティング・リサーチ協会，1995）。

(イ)　モナディック・テスト

1パネルに1種類のテスト品を割り付ける方法をいう。テスト品が2種類ある場合，パネルを2分割し，それぞれのグループごとに1種類のテスト品を割り付ける方法である。

パネルの割り付けは，剰余変数が2品のテスト品間で同質になるように割り付ける必要があり，割り付けに際して無作為に割り付けることになる。パネル対応がないデザインであり，実験計画法では，完全無作為化計画ということになる。このテスト方法は，テスト品が何品であってもテスト期間は一定であり，テスト期間という点からは，もっとも時間的コストのかからない方法である。

(ロ)　逐次モナディック・テスト（シーケンシャル・モナディック・テスト）

テスト品が2種類（テスト品記号はM，N）ある場合，ある一定の期間Mを使用し，その後ある一定の期間Nを使用する。一時に使用するのは1テスト品であり，2つのテスト品を同時に使用することはない。期間によってテスト品の入れ替えを行う方法である。このため，相対評価では判断の往復（Nを基準にMを評価する，その時Nを再評価させることがない）をともなわない。

パネルの割り付けは，同一のパネルが2品両方のテスト品の評価に参加するように割り付ける方法である。このため，2品のテスト品は同一のパネルにより評価されることになる。この方法はパネル対応のあるデザインであり，実験計画法では乱塊法ということになる。テスト品が3種類以上あっても，テスト品の提示方法は同じである。

　逐次モナディック・テストは，パネルの手元には常にテスト品が1品だけしかない状態である。このため，同時に使用させると混乱を起こすといった条件をコントロールしやすいことから，テスト品の使用順序を厳格にしたい場合に適用される。ただし，この方法はテスト品を1品ずつ入れ替えて使用させるため，テスト期間という点からはもっとも時間的コストの掛かる方法であり，入れ替え費用も必要となる。この方法を利用するときは，順序効果（「Ⅲ－2－（2）主観的（あいまいな）判断と感覚による錯誤」を参照）を相殺する必要がある。

(ハ)　一対比較テスト

　1パネルに，2種類のテスト品を同時に渡して，比較しながら評価してもらう方法である。パネルは2種類のテスト品を比較しながら評価ができるため，詳細に違いを評価したり，細かい違いの評価をしたりといった場合に向いている方法である。相対評価は，判断の往復をともなう方法ということになる。

　例えばM，N，Oと3品ある場合は，M，Nの組合せ，M，Oの組合せ，N，Oの組合せというように，総当たりの3組の組合せを作成する。パネルについても，3群の同質なグループを作成し，1組ずつのテスト品を割り付ける。あるいは，1人のパネルに3種類のテスト品を渡し，M，Nの組合せ，M，Oの組合せ，N，Oの組合せといったように，2つのテスト品を1組ずつ取り出して相対比較させる。このようないずれかの方法をとることができる。一対比較テストでは，順序効果は考慮されていない。

②　メーカー・ブランドのオープンテスト，ブラインドテスト，C／Pテスト

　テストを実施したとき，テスト品の状態はテスト結果に重要な影響を与えることから，テスト品がどのような状態であるかは重要である。

　テスト時，メーカー名やブランドがオープンにされた状態（メーカー名やブランド名が分かる状態）でテストされたか，ブラインド（メーカー名やブランド名が分からない状態：目かくし）でテストされたかは重要である。メーカー・ブランドオープンテストとメーカー・ブランドブラインドテストと呼ばれる。

　それぞれのテストを簡単に説明しておく（「Ⅱ－4－(2) マーケティング・リサーチで用いられる調査等の内容」を参照）。

メーカー・ブランドブラインドテスト：純粋にテスト品の品質や性能を知るために，メーカー名やブランド名を隠して行うテストである。

メーカー・ブランドオープンテスト：ブラインドテストとは異なり，メーカー名やブランド名を示して行うテストであり，テスト品の品質・性能とメーカーやブランドの力を併せた評価を測定している。

　マーケティング・リサーチで行われるテストは，製品開発のステージによりテスト品の状態が異なる。また，競合品の分析でも，その目的によりテスト品の状態は異なる。製品開発の初期段階ではブラインドテストが中心であり，最終段階でオープンテストが用いられることが多い。

　ブラインドテストは，製品の本来的な性能が評価される。一方オープンテストは，メーカーやブランドがオープンであり，評価はメーカー力やブランド力が反映された結果となる。目標品質の達成度や，競合商品との相対的な製品力は，ブラインドテストによる方が客観的な評価を得ることができる。ただし，最終評価はできる限りオープンブランドでの評価を測定することが望ましい。これは，ブラインドテストでは十分な性能を有し，競合品に対しても有意な優れた評価を得ていても，メーカー力やブランド力が反映すると，市場で十分な受容性を確保できないといったケースがみられるからである。ブラインド評価よりもオープン評価が著しく悪いといった場合もみられるので，最終確認はオープンテストによる評価を考慮するべきである。

　そのほかC／Pテスト（コンセプト／プロダクトテスト）といわれる，コンセプトを伴ったテストがある。これは製品評価の単純な記述・評価から，コンセプトとのマッチングの問題を含めた測定という測定範囲の拡張・拡大を意味している。また，テストをする際，どのようなパッケージを使用するかも重要で

ある。ブラインドテストでは，テスト品が2品以上ある場合，パッケージの影響をコントロールして評価を得る必要がある。このため，デザイン，色を含めて同じパッケージを使う必要がある。オープンテストのように，パッケージのデザイン，使用性を含めた総合的な評価を得る必要がある場合はこの限りではない（「Ⅱ－4－（2）マーケティング・リサーチで用いられる調査等の内容」を参照）。

③ データ収集法（調査方法）

㈵　会場テスト（ＣＬＴ，ホールテスト）

　実験室実験を指す。実験環境をコントロールしたい場合に利用される。この調査方法では，実験環境（室内の明るさ，温度や湿度，雰囲気など），テスト品条件（テスト品の温度，見た目などのテスト品の状態），テスト品の使用条件（テスト品の使用方法や使用順序など）をコントロールしやすい。また心理的効果の統制としての教示により，個人差によるデータのバラツキの統制が期待できる。剰余変数の統制の恒常化が行いやすいということになる（「Ⅱ－4－（2）マーケティング・リサーチで用いられる調査等の内容」を参照）。

㈼　ホームユーステスト（ＨＵＴ）

　フィールド実験を指す。パネルにテスト品を手渡し，日常生活の中で一定期間使用してもらい，評価を得る方法である。使用する場所は，自宅使用の商品であれば自宅で使用してもらい，旅行時に使用する商品であれば旅行中に使用してもらう。このテストの主たる目的は，実際の使用状況下で評価を得ることにある。評価を測定するという目的以外に，普段の使用の中での不具合や，思いもよらない何かを抽出するという目的もある。ＨＵＴは，実験環境やテスト品条件，テスト品の使用条件が十分にコントロールできないことを考慮した上で，コントロール不足によって生じる個人差によるデータのバラツキを最小限に抑える工夫が必要である。また，秘密の保守も重要な検討課題である（「Ⅱ－4－（2）マーケティング・リサーチで用いられる調査等の内容」を参照）。

実験調査

（1）実験調査の概要

　マス・コミュニケーション研究での態度変容や効果研究で利用される実験法に，事前／事後調査実験（このタイプの実験デザインは3タイプあるが，総称として事前／事後調査実験としておく）という方法がある。この方法はマーケティング・リサーチでも利用可能な方法であることから，ここで概要を解説する。また，この方法では実験変数が増えた場合，実験計画法の直交計画を応用することで効率的な実施ができるため，直交計画の応用についても解説する。

① 実験調査の計画

　事前／事後調査実験の典型例は，測定と実験変数の操作を組合せ，そのデータの比較から因果関係を同定する方法である。事前／事後調査実験は，3タイプの実験に整理される（鈴木裕久・島崎哲彦，2006）。鈴木・島崎（2006）を参考に整理しておく（「表Ⅲ－4－1」を参照）。

表Ⅲ－4－1　実験調査法の分類

	グループ	事前調査	実験変数の操作	事後調査
事後調査実験	G1		○	○
	G2			○
事前／事後調査実験	G1	○	○	○
	G2	○		○
事後調査事前／事後調査実験	G1		○	○
	G2			○
	G3	○	○	○
	G4	○		○

　事後調査実験のG1は実験群あるいは処理群（トリートメント群）と呼ばれ，実験目的である実験変数に操作を加えた刺激を提示する群である。G2は対照

群あるいは統制群（コントロール群）などと呼ばれ，交絡要因の影響を評価するための群である。この群では，実験変数に何の操作も加えない。対照群を設定する目的は，以下のとおりである。実験（調査）期間中に，実験とは直接関係ないが，実験結果に影響を与えるような事象や事件（以下事象・事件）が起こったとする。この場合，両群ともに同時にその事象，事件の影響を受けるため，両グループともほぼ等しく変化する。このことから，実験群と対照群の結果の差は，実験変数に操作を加えた刺激提示によってもたらされたものと考えることができる。対照群が設定されていない１グループでの事前／事後調査実験の場合，事前調査と事後調査の結果の差が実験変数に操作を加えた刺激によってもたらされたものなのか，事象・事件など実験要因以外によりもたらされたものなのかを判断することができない。

　直交計画による実験は，例えばエンド陳列の有り無しと売上額の関係ということであれば，上記事前／事後調査実験を行うことでエンド陳列の効果を推定することができる。このとき実験変数は，エンド陳列の有り無しという１要因２水準である。しかし，実験変数をエンド陳列の有り無しと折り込みチラシの有り無しという２要因（各２水準）で実験する場合は，４通りの実験が必要になる（「表Ⅲ－４－２」を参照）。この場合，実験回数はパネル数（店舗数）と考えている。

表Ⅲ－４－２　２要因各２水準

エンド	有り	無し
折り込みチラシ	有り	無し

	エンド	チラシ
1	有り	有り
2	無し	有り
3	有り	無し
4	無し	無し

　ところが，値引きを加えて３要因でそれぞれ２水準，２水準，４水準とす

ると，表Ⅲ－4－3のようになる。

表Ⅲ－4－3　　3要因（2水準，2水準，4水準）

エンド	有り	無し	－	
折り込みチラシ	有り	無し	－	
値引き	無し	5 %	10%	15%

	エンド	チラシ	値引き
1	有り	有り	0 %
2	無し	有り	0 %
3	有り	無し	0 %
4	無し	無し	0 %
5	有り	有り	5 %
6	無し	有り	5 %
7	有り	無し	5 %
8	無し	無し	5 %
9	有り	有り	10%
10	無し	有り	10%
11	有り	無し	10%
12	無し	無し	10%
13	有り	有り	15%
14	無し	有り	15%
15	有り	無し	15%
16	無し	無し	15%

　表Ⅲ－4－3のように，16とおりの実験を行う必要がある。これでは実験回数が多い。こうした時直交計画により実験を計画すると，8とおりの実験で済むことになる（「表Ⅲ－4－4」を参照）。実験計画法はR．A．フィッシャーにより体系化された統計的方法論であり，簡単にいうと実験を効率的に行い，統計的に解析する方法論である。実験を効率的に行うということは，実験回数を減らすということにほかならない（フィッシャー，R. A., 1935=1971）。

表Ⅲ－4－4

	エンド	チラシ	値引き
2	無し	有り	0％
3	有り	無し	0％
5	有り	有り	5％
8	無し	無し	5％
9	有り	有り	10％
12	無し	無し	10％
14	無し	有り	15％
15	有り	無し	15％

② 実験調査のパネル設定

　実験調査のパネル設定では，同一のパネルをすべてのグループに参加させることができないケースが大半である。そこで，剰余変数（パネル条件）をコントロールした上で，どのようにパネルを設定するかが重要となる。剰余変数の統制法には，3種類の方法（恒常化，無作為化，ブロック化）があるが，パネル設定では，無作為化ないしブロック化を利用するのが一般的であり，なかでもブロック化が利用されることが多い。

　例えば店舗で，購買のフィールド実験を行う場合で考えてみる。実験変数はエンド陳列の有り／無しとする。この場合価格意識（価格コンシャスか否か）と購買傾向（ブランドロイヤリティ型かバラエティーシーカー型か）を剰余変数とした場合，無作為化計画では実験変数2水準（条件）にパネルを無作為に割り付ける。ブロック化では4ブロックに分けた上で価格コンシャスとブランドロイヤリティに分類されたパネルをそれぞれの水準（条件）に無作為に割り付ける。もちろん，同一のパネルがすべての水準に割り付けられるのもブロック化であるが，店舗実験では同一のパネルがすべての水準の実験に参加することはできない。なお，パネルの割り付けで，無作為化により割り付ける場合を完全無作為化法，同一のパネルをすべての水準に割り付ける，ないしブロック化で割り付ける場合を乱塊法と呼ぶ。

(2) 実験の効果推定

　実験調査法での効果の推定は，以下のように行う（林・上笹・種子田・加藤，1993；マルホトラ，2004＝2006）。

　事後調査実験での効果の推定は，以下の計算による。

$$効果＝（G1事後調査結果）－（G2事後調査結果）　　　（3.4.1）$$

　事後調査実験は，他の調査実験方法と比較して，調査が１回しか行われないため，時間がかからない，調査コストがかからないといったメリットがある。事後調査実験では，パネル設定を剰余変数（パネル条件）をコントロールした上で設定している場合，実験群とコントロール群の均質性をコントロールしていると考えており，G1とG2は同質であると仮定している。しかし，実験変数にかかわる態度や意識が両群で同質という補償はない（測定していない）。

　そこで，事前の実験変数に対する態度や意識の変化の測定を行う方法が，事前／事後調査実験である。実験対象となる変数（例えば認知，商品への態度など）について，パネルは剰余変数により統制されており，実験群とコントロール群の実験対象となる変数の値を確認することができる。事前／事後調査実験の効果の推定は，以下のように行う。

$$効果＝（G1事後調査結果－事前調査結果）　　　　（3.4.2）$$

$$効果＝（G1事後調査結果－事前調査結果）－（G2事後調査結果－事前調査結果）　　　　（3.4.3）$$

　事前／事後実験調査では，それぞれのグループでの効果を事前調査と事後調査の結果の差とすることで，事前の実験変数に対する値を考慮している。しかし，事前／事後調査実験では，G2に関して事前調査を行うことがパネルに影響を与え，事後調査の結果にも影響を与えることがある。こうした効果を交互作用テスト効果という。事前／事後調査実験での効果は，例えばキャンペーン効果の推定であれば，キャンペーン効果（こうした，本来推定したい効果を主効果という）と交互作用テスト効果を含んだ効果ということになる。

　事後調査，事前／事後調査実験（この実験方法はソロモンの４群デザインとも呼ばれている）は，事後のみ調査実験と事前／事後調査実験を組み合わせた方

法であり，交互作用テスト効果を統制することができる。

事後調査，事前／事後調査実験の効果の推定は以下のように行う。

$$効果＝（G1事後調査結果）－（G2事後調査結果） \quad (3.4.4)$$

$$効果＝（G1事後調査結果）－（G4事前調査結果） \quad (3.4.5)$$

$$効果＝（G3事後調査結果）－（G3事前調査結果） \quad (3.4.6)$$

$$効果＝（G4事後調査結果）－（G4事前調査結果） \quad (3.4.7)$$

$$効果＝（G3事後調査結果－事前調査結果）－（G4事後調査結果－事前調査結果） \quad (3.4.8)$$

ただし，この調査実験方法には時間，調査コストがかかるというデメリットがある。

これらの方法以外に，１グループによる事前／事後調査実験という方法がある。これは，対照群を設定せずひとつのグループに対し事前調査→刺激提示→事後調査を実施し，事前調査と事後調査の実験変数の値の差から効果を推定する方法である。しかし，この方法では事後調査の結果と事前調査の結果の差は，主効果によるものなのか交互作用テスト効果によるものなのか，あるいは事象・事件の実験要因以外の影響によるものなのかは分からず，問題がある方法である。

実験調査法では，得られた結果の妥当性を次の２点から行う。

内的妥当性：例えば，商品の認知率の変化（従属変数）が広告の出稿（独立変数）に帰すことができる度合い（独立変数の操作が，従属変数の効果を生じさせたか）。均質な実験群とコントロール群を設定することは，内的妥当性をコントロールしていることになる。

外的妥当性：実験結果が一般化できるかどうか。

また，表Ⅲ－４－１では，提示される刺激は１種類であるが，刺激が２種類であれば，事前／事後調査実験では３群を表Ⅲ－４－５のように設定する（刺激ＡとＢ）。

表Ⅲ－4－5　刺激が2種類の場合

グループ	事前調査	実験変数の操作	事後調査
G1	○	A	○
G2	○	B	○
G3			○

　例えば，店舗実験でエンド効果を推定したい場合も，上記の実験調査の計画を利用することができる。エンド効果であれば，エンド有りとエンド無し店舗を設定し，実験期間内の売上高を測定し，効果を推定するという手順をとる。

　実験計画での効果の推定は，分散分析により行う（分散分析は『マーケティング・リサーチに従事する人のためのデータ分析・解析方法－多変量解析法と継時調査・時系列データの分析－』の「分散分析」の項を参照）。

調査票の設計

(1) 調査票作成に関する一般的注意点

① ワーディング

　ワーディングとは，調査票の言葉違いのことである。ワーディングにおける留意点は，すべての対象者が理解できる言葉の使用，多様な解釈が成り立つ言葉の禁止，ステレオタイプ（絞切型，固定観念，先入観）の言葉の使用禁止などである（詳細は「Ⅱ－9－(6) 調査票の設計態度と留意事項」を参照）。

② 質問内容

　ダブル・バーレル質問の禁止，バイアス質問の原則禁止と利用，間接的に聞く間接法の利用などの留意事項がある（詳細は「Ⅱ－9－(6) 調査票の設計態度と留意事項」を参照）。

③ 質問・選択肢の配列

　導入しやすい質問から開始し，対象者が考えないで回答できる質問を前に，個人属性の質問は最後に，選択肢は対象者が回答しやすい配列といった原則のほか，キャリーオーバー効果の排除，順序効果の排除といった留意点がある（詳細は「Ⅱ－9－（6）調査票の設計態度と留意事項」を参照）。

④ 回答形式

　各質問は，選択肢を与えて対象者から回答を得る第1種測定法か，選択肢を与えずに対象者に自由に回答してもらう第2種測定法のいずれかの回答形式を用いる。第1種測定法では，名義尺度，順序尺度，間隔尺度，比例尺度のいずれかを用いて選択肢を構成する（詳細は「Ⅱ－9尺度構成と調査票の設計」を参照）。

　第1種測定法では，選択肢を互いに排他的な2つの選択肢で構成する二項分類型，3つ以上の選択肢で構成する多項分類型，数量などの大小，強弱等によって構成・配列した尺度型，尺度型の中でもテスト・実験調査で多用される評定尺度型といった選択肢の構成方法がある（詳細は，「Ⅱ－9尺度構成と調査票の設計」を参照）。

　多項分類型の選択肢の選択方式には，3つ以上の選択肢からひとつの選択肢を選ぶシングル・アンサー（SA）と，複数の選択肢を選ぶマルチプル・アンサー（MA）がある（詳細は，「Ⅱ－9尺度構成と調査票の設計」を参照）。

　評定尺度型では，両極尺度と単純尺度，バランス尺度とアンバランス尺度，強制選択尺度と非強制選択尺度，絶対尺度と相対尺度といった手法の違いのほか，選択肢数の構成，ワーディングの違いなどがあり，この手法の利用にあたっては，テスト・実験調査の目的に即して詳細な検討が肝要である（詳細は「Ⅱ－9尺度構成と調査票の設計」を参照）。

（2）絶対評価と相対評価／総合評価と項目別評価

　評価調査での評価の測定には，絶対評価と相対評価がある。絶対評価は，評

価対象に対し，個人に内在化されている判断基準に照らして評価をしてもらう方法である。一方相対評価は，基本的には2品のテスト品を比較して評価してもらう方法であり，一方を基準に，他方はその基準に比較してどの程度評価できるかを確認する方法である。相対評価は，2品間の相対的な評価である。このため評価者にとって，2品とも本来的には評価していない（好まない）場合がある。テスト品の本来的な評価（好嫌度）は，絶対評価により確認する必要がある。

　絶対評価と相対評価を比較すると，相対評価の方が判断しやすく，絶対評価の方が判断が難しいとされている。特に，初期効果（「Ⅲ－2－(2)－②－㈡初期効果と練習効果」を参照）もあり，最初に行う絶対評価は難しいとされている。

　絶対評価と相対評価の測定には，総合評価と項目別評価とがある。総合評価は，具体的な評価すべき対象（基準）を与えずに測定する。項目別評価は，評価すべき対象（基準）を与えて評価を測定する。例えば，清涼飲料水であれば，清涼感，味，香りなどといった製品属性一つひとつについて確認をすることになる。

　総合評価と項目別評価は，どちらを先に聴くかにより評価や評価構造（相関構造）に違いが出る。先に聞いた評価が後に聴く評価に影響を与えている（影響という意味ではキャリーオーバー効果ともいえる）といえる。このため質問の順番は重要である。

　これ以外に，評価調査では方向性評価を確認することがある。これは，例えば清涼感について，良し悪しを確認した時，良くないという評価だったとする。この時，清涼感が強くて良くないのか，弱くて良くないのかが，絶対評価からだけでは判断ができない。このため方向性評価を確認する。方向性評価は，例えば清涼感であれば以下のような質問を行うことになる。

　質問）清涼感はどの程度にお感じになりましたか。

　　　　1．強すぎる　　　　　　　　4．やや弱すぎる
　　　　　　　　　　3．丁度良い
　　　　2．やや強すぎる　　　　　　5．弱すぎる

この場合,「3．丁度良い」の評価が良いことになる。方向性評価は，基本的に強弱や大小，濃い薄い，辛さなど程度で測定できるものに限られる。

(3) 評価測定方法と回答形式

テストで利用される代表的な評価方法には，次のようなものがある。評価方法により，適用可能な統計解析の方法が異なることに注意する必要がある（日科技連官能検査委員会，1973；佐藤，1985)。

① 選択法

複数の種類のテスト品の中から，嗜好に合うテスト品を1点選択させる方法である。回答形式は単一選択式（ＳＡ）ということになる。

② 順位法

複数の種類のテスト品の中から，嗜好に合う順にテスト品を順位付けさせる方法である。回答形式は順位法（ランキング）ということになる。順位法では，同順位（タイ）を許す場合と許さない場合とがある。

テスト品が多い場合，順位付けすることは極めて難しい。そこで，まず嗜好に合うものと嗜好に合わないものに大きく2分させる（嗜好に合う，嗜好に合わない，どちらでもない，の3分させる場合もある）。その上で，分類ごとに順位を付けさせる方法がある。

③ 評定法と得点法（スコア法）

テスト品に対し，評定尺度により評点を与える方法である。評定尺度は，5段階法あるいは7段階法を用いることが多い。評定尺度は厳密には順序尺度であるが間隔尺度とみなして取り扱っている。評定法では4段階法以上が一般的であり，特に間隔尺度とみなして統計解析を行う場合を考慮すると，4段階法以上が望ましい。

得点法は，10点あるいは100点満点の何点くらいになるかを聴く方法であ

り，数量型の自由回答形式ということになる。

④ 一対比較法

　2個のテスト品であれば1組の比較を行うことで済むが，3個以上のテスト品を相対比較する場合，一度に3個以上のテスト品すべてを相対評価することは困難である。その場合，2個ずつ取り出して相対比較し，最終的にすべての組合せの結果からランキングを計算することが多い。一対比較法は相対比較による評価であり，テスト品間の差は相対的な差として判断されている（絶対評価との違いに留意すること）。

　一対比較法では，パネル対応の有無と順序効果を考慮しているか，していないかにより分析方法が異なる。一対比較法には，シェッフェが提案したシェッフェの原法（Scheffé, H., 1952）の他に，浦，芳賀，中屋の変法といわれる方法が提案されている（佐藤，1985）（「表Ⅲ－5－1」を参照）。

表Ⅲ－5－1　シェッフェの原法と各変法の特徴

シェッフェの原法	パネル1人はひとつの組合せだけを1回評価する。順序効果を考慮する。
芳賀の変法	パネル1人はひとつの組合せだけを1回評価する。往復判断を許容した比較評価を行う方法のこと。順序効果は考慮しない。
浦の変法	1人のパネルが，テスト品すべての組み合わせに対して評価を行う方法のこと。順序効果を考慮する。
中屋の変法	1人のパネルが，テスト品すべての組み合わせに対して往復判断を許容する方法で評価する。順序効果は考慮しない。

　表Ⅲ－5－1でいう順序効果の考慮とは，例えばテスト品Oの次にテスト品Pが提示された場合，一対比較法では，テスト品Pに対しテスト品Oをどの程度に評価するかを判断させる。このとき，テスト品Oを再評価させるか，させないかということがある。これを，判断の往復という。判断の往復を認めない場合は，一度評価したテスト品Oに対しテスト品Pを判断する（逐次モナディック・テストでの相対評価は，この方法ということになる）。一方判断の往復

を認める場合は，テスト品Oに戻って比較し直すことを許す。このため，O→
Pという順序なのか，P→Oという順序なのかは検出されない。

　マーケティング・リサーチのテストでは，洋服やパッケージのデザイン，カ
ラーリングなどといった評価は判断の往復を認めることが多く，歯磨きや歯ブ
ラシ，シャンプー等の評価では判断の往復を認めないことが多い。これは，実
際の市場で評価をする際，判断の往復をして評価するモノと，そうではないモ
ノによって分かれているといえる。

⑤ 3点比較法

　3点比較法には，3点識別法と3点嗜好法がある。テストでは，3点嗜好
法を利用することができる。この評価方法はあまり利用されることがない方法
であるが，テスト品の識別可能性という点で示唆に富んだ問題を提起している
ため解説しておく。

　3点比較法では，2点のテスト品を提示する際，どちらか一方を2個，他
方を1個の合計3個を1組にしてパネルに提示し，異なる1個を選択させる。
テスト品がOとPであれば，例えばO，O，Pといった3個を提示する。3
点比較法では，2個のテスト品を偶数試料，1個のテスト品を奇数試料（半端
試料）と呼ぶ。評価方法は，まず奇数試料を選び出させ，次いで選び出したテ
スト品と残りのテスト品を比較して，どちらが嗜好に合うかを判断させる。質
問は以下のように行う。

質問1）次の3個のテスト品のうち，2個は同じもので1個は異なったもの
　　　　です。その異なるテスト品を選び出してください。

質問2）選び出したテスト品と，残りのテスト品を比較してどちらが好き（買
　　　　いたい）ですか。

　3点嗜好法では，テスト品間の差が認識できない場合（3点識別法で有意差
がない場合），嗜好判断を求めない場合と判断を求める場合がある。判断を求
めない立場は，差が認識できないテスト品の嗜好を聞くことに意味がないとい
う立場である。後者は，たとえ差が認識できなくても，嗜好を判断する際，必

ずしも判断がランダムになされているわけではないという立場に立っている。

 # ⑥ 精神物理定数とその測定

　例えば天然甘味料を人工甘味料に変更したいといった場合，製品評価として同じ評価が得られれば問題がないといった課題があったとする。こうした場合，味として弁別できない濃度が分かれば良いということになる。こうした時の基本的な考え方について解説する。特定の感覚，あるいは反応を引き起こすための必要最小の刺激量を，刺激閾（絶対閾ともいう）という。刺激閾は，検知閾値と認知閾値に分けられる。水にごく少量ずつ塩を加えていった時，塩辛いとは分からない（味の性質は不明である）が水とは違うと認識できる時の塩分濃度を検知閾値という。さらに少量ずつ塩を加えていくと，塩辛いと感じる塩分濃度に達する。この時の塩分濃度を認知閾値という。さらに塩を加えていくと，塩辛さは増していく。しかし，いずれ塩分濃度を増しても，塩辛さが増加しない濃度に達する。これを刺激頂という。認知閾値から刺激頂の間の塩分濃度で，塩分濃度を変化させた時，塩辛さが変化したと認識できる最小の濃度差を弁別閾という。

　塩辛さを感じる調味料としては，天然塩や塩化ナトリュウムがある。天然塩の10％溶液と等しい塩辛さを感じる塩化ナトリュウムの濃度を求めた時，この濃度を天然塩10％溶液に対する塩化ナトリュウムの等価刺激という。

　代表的な精神的物理測定法として，調整法，極限法，恒常法の３手法がある。閾値の測定には２点識別法や３点識別法を用いることができ，製品開発や改良では，こうした方法も利用されている（佐藤，1985）。

・調整法：被験者自身が刺激の大きさを調節していき等価判断を観察する方法（求められるのは調整）。

・極限法：実験者が刺激を一定の間隔で変化させ測定する（求められるのは判断）。

・恒常法：元の刺激とそれを僅かに変化させた刺激を何種類か用意し，被験者

に対してこれらの刺激を無作為に呈示，刺激が元の刺激だったか変
化させた刺激だったかを強制選択させる実験を複数回繰り返す。

テスト実施のチェックポイント（実施のコツ）

　これまで，テストや実験調査を行う上で必要となる知識，注意点を解説して
きた。実際にテストや実験調査を行う際，チェックする必要があるポイントを
まとめておく。当然ながら，テスト目的，テスト品数などの条件は確認済の上
でのチェック・ポイントである。

（1）剰余変数は
・評価に影響を与える剰余変数は何か
・パネルとテスト品間の交互作用を考慮した設計になっているか

（2）感覚による錯誤のコントロールは
・どのような感覚による錯誤が考えられるか
・その感覚による錯誤は適正にコントロールされているか

（3）テスト品の使わせ方とパネル割り付けは
・モナディック・テスト，逐次モナディック・テスト，一対比較テストのい
　ずれのテスト方法を利用するか
・パネル条件（属性），即ちパネルの設定条件，パネルの個人属性は明確か
・テスト品ごとのパネル割り付けは適正になされているか

（4）テスト品の状態（テスト品条件）は
・ブラインドテスト，オープンテスト，C／Pテストいずれのテストを採用
　するか
・テスト品状態，即ちテスト品の入れ物や温度などテスト品自体の状態のコ

ントロールは適正になされているか

(5) テスト方法は

- ・会場テスト（ＣＬＴ），ホームユーステスト（ＨＵＴ），その他のいずれの方法を採用するか
- ・テスト環境，即ちテストを実施する場所の状態，環境のコントロールは適正か
- ・パネル刺激，即ち教示の与え方をどうするか

(6) 調査方法は

- ・面接調査，留置調査，郵送調査，インターネット調査など

第Ⅳ部

調査・テスト・実験データの分析

　第Ⅳ部では，データ分析のうち統計的仮説検定について解説する。「Ⅳ－1　統計的仮説検定」では統計的仮説検定一般について，「Ⅳ－2　テスト・実験データの検定」ではテストや実験調査で収集されたデータの分析，特に統計的仮説検定に特化し，実例を用いて解説する。

 # 統計的仮説検定

（1）統計的方法

　統計的方法とは，データ収集法とデータ分析法全般を指す用語である。データ収集法は，標本抽出法（「Ⅱ－7　無作為抽出法と有意抽出法」，「Ⅱ－8　母集団推計と標本誤差」を参照）である。データ分析は，母集団（標本データの源泉）に関する情報を得ることを目的に実施される。その目的のために，抽出した標本から得られた観測値（標本データ）を分析することで，母集団に関する情報を得る。したがって，母集団に対する情報を観測値から引き出す方法ということになる。

　データ分析法で使われる記述統計学と推測統計学のうち，記述統計学はデータを整理・集約し，そのデータの源泉である母集団の性質をできるだけ簡潔に記述することを目的としている。一方，推測統計学は，データが大であることを前提とせず，そのデータから得られた母集団の性質について推測を行うことを目的とする方法をいう。

　推測統計学で使われる推定と統計的仮説検定という用語のうち，推定とは標本データから母集団の母数（θ）（母数とは，確率変数を特定している定数，正規分布の場合μ（母平均）とσ（母分散）をいう）を確率論的に推定することをいう。統計的仮説検定とは，得られた統計量（平均値や比率）に差がある場合（ほとんどの場合差があるであろう），その差が偶然生じた結果なのか，何らかの性質を反映した結果なのか，即ち母集団における一般的傾向として差があるか否かを確率論的に判断することをいう。母数同士の比較，母数と統計量の比較，統計量同士の比較などについて標本データをもとに検定統計量を計算し，母集団

に関する仮説を判定することをいう。

(2) 点推定と区間推定

　統計学では，母数の推定値として通常 2 種類のものが用いられる。ひとつは点推定値であり，ひとつの値で母数を推定する。例えば，内閣支持率の標本比率 x/n は母比率の点推定値であり，東京都民の年収の標本平均 $\bar{x}$ は母平均 μ の点推定値である。もうひとつは区間推定値であり，標本値から計算によって求められた 2 つの数値による区間に，指定した信頼度（率）でその区間が母数を含むように構成される。区間推定値の利点は，その区間がどの程度の正確さで母数を推定しているかを示すことができることである。区間推定値は信頼区間と呼ばれることが多い。

(3) 統計的仮説検定の考え方

　統計的仮説検定は，背理法（帰謬法）といわれる推論法によっている。例えば，内閣支持率を調査したとする。結果は「支持する」(52%)，「支持しない」(48%) であった。調査結果の「支持する」と「支持しない」の間には差があるといえるかという問題を考える。このとき，まず「『支持する』と『支持しない』の間には差がない」と仮定する。この仮定を帰無仮説という。一方，「『支持する』と『支持しない』の間には差がある」という仮定を対立仮説という。この時，差がないという帰無仮説の下で，得られた統計量の差（例えば比率や平均値の差など）は希にしか起こらない程の大きな差である（帰無仮説の下では，得られた比率や平均値の差は低い確率でしか出現しない）という場合，帰無仮説は正しくなかったということで，帰無仮説を棄却し対立仮説を採択する。逆に，得られた統計量の差は，帰無仮説の下でしばしば起こりうる程度の差（帰無仮説の下で，得られた比率や平均値の差は高い確率で出現する）である場合は，帰無仮説を棄却することができないと判断し，帰無仮説を採択することになる。こうした推論法が背理法（帰謬法）である。

　統計的仮説検定は，母数同士の比較，母数と統計量の比較，統計量同士の比

較を行い，差があるか否かを明らかにするものであり，データそのものが信頼できるかどうかを検証するものではない。標本調査のデータの信頼性は，標本誤差の問題である（岩原信九郎，1983）（「Ⅱ－8　母集団推計と標本誤差」を参照）。

（4）統計的仮説検定で使われる用語

① 帰無仮説と対立仮説

棄却されることが期待される「差がない」という仮説を帰無仮説（H_0と略記），一方採択されることが期待される「差がある」という仮説を対立仮説（H_1と略記）という。

一般的には以下のように表記する（対立仮説の表記は両側検定の場合，詳細は後述）。

$$帰無仮説（H_0）：P_1 = P_2$$
$$対立仮説（H_1）：P_1 \neq P_2$$

② 有意水準

ある確率的基準（これを有意水準という，危険率と表記している本もある）の下で，帰無仮説を棄却することができるならば，対立仮説を採択し，「差がある」と判断する。この基準となる確率の大きさを有意水準という。一般的には，1％ないし5％が採用されている。これには理論的な背景があるわけではない。このため，独自に有意水準の基準値を設定している場合もある。

③ 第一種の過誤と第二種の過誤

統計的仮説検定は，確率論を基に仮説の棄却ないし採択を判断する。このため，当然ながら判断に過誤が生じる可能性を持つ。

第1に，帰無仮説が真であるにもかかわらず，これを棄却してしまうことがある。これを第一種の過誤という。第2に，帰無仮説が偽にもかかわらず，これを採択してしまうことがある。これを第二種の過誤という。

第一種の過誤：帰無仮説が真にもかかわらずこれを棄却してしまう過誤。差
　　　　　　　がないのにあるとする誤り。

第二種の過誤：帰無仮説が偽にもかかわらずこれを採択してしまう過誤。差
　　　　　　　があるのにないとする誤り。

　また，有意水準を高くする（10％→5％→1％）と第一種の過誤の確率は小
さくなるが，第二種の過誤の確率が高くなる。逆に，有意水準を低くする
（1％→5％→10％）と，第一種の過誤の確率が高くなる。有意水準の設定に
あたっては，この2種類の過誤のバランスを取る必要があり，一般的に5％
ないし1％が用いられているのはそのバランスを取った結果である。有意水
準との関係でいえば，有意水準とは第一種の過誤を犯す確率ということになる。

④ 標本対応のあり，なし

　標本対応とは，検定対象となる統計量が同じ標本から得られたものか，異な
る標本から得られたものかということである。例えば，調査項目として2017
年と2018年の年収を測定したとする。2018年の平均年収を男女別に計算した
時，男女間の年収の平均値に差があるかという問題の場合，平均値の差の検定
を行うことになる。男女は異なる標本なので，この場合標本対応なしというこ
とになる。一方，男性の2017年の平均年収と2018年の平均年収に差があるか
という問題では，2017年，2018年ともに同じ標本から平均値が計算されてい
るのであれば，標本対応ありということになる。標本対応のあり，なしで，検
定統計量を求める時の式が異なるので注意を要する。

⑤ 両側検定と片側検定

　データ収集前に帰無仮説と対立仮説を設定する時，客観的に優劣，強弱など
が定まっている場合がある。例えば，3％の砂糖溶液と5％の砂糖溶液では
どちらが甘いと感じるかというテストでは，テスト前に客観的に5％砂糖溶
液が甘いことが分かっている。こうした場合，片側検定を行う。一方，2017
年と2018年の平均年収の比較では，調査実施前にどちらの年の平均年収が高

いかは未定である。こうした場合は両側検定を行う。社会調査，世論調査，市場調査においては，高低，優劣，強弱といった差があることが調査実施前に分かっていない場合がほとんどであり，一般的に両側検定を行うことが多い。両側検定と片側検定では，片側検定の方が検定力が高い。

両側検定の表記

$$H_0 : P_1 = P_2$$
$$H_1 : P_1 \neq P_2$$

片側検定の表記

$$H_0 : P_1 = P_2$$
$$H_1 : P_1 < P_2 あるいは P_1 > P_2$$

⑥ 自由度

n 個のデータとその平均値 $(\bar{x})$ には，$nx = \Sigma x_i$ という関係があるから，$\bar{x}$ と $(n-1)$ 個のデータが決まれば，n 番目のデータは自動的に決まるということになる。また，平均値には，平均からの偏差の総和を 0 にするという性質がある。このため，例えば「1，2，3」というデータがある時，平均 2 が与えられた場合，1，2 という最初の 2 つの値が決まると，3 つ目の値は自動的に 3 となる。あるいは，最初の 2 つのデータが 2，4 とすれば，3 つ目の値は自動的に 0 となる。このように，自由にその値をとることができるのは（標本数－1）となる。

x^2 検定の一様性の検定で，例えば1,000人にある政策への賛否を聞いたとする。このとき，賛成550人であった。合計は1,000人と決まっている。このため，いずれか一方のカテゴリーの人数が決まると，もう一方のカテゴリー「反対」の人数は，自動的に450人と決まってしまう。これは，カテゴリー数が 3 以上の場合でも同様であり，自由に標本数をとることができるカテゴリーの数は（「カテゴリーの数」－1）となる。独立性の検定（検定内容は後述）でも同様である。

⑦ パラメトリック検定とノンパラメトリック検定

　パラメトリック検定とは，母集団が従う分布が分かっているデータに対して行う検定法であり，検定対象となるデータが従う分布も明らかな場合に使われる。この時検定統計量が従う分布も明らかであり，検定統計量の計算に母数（パラメータ：μ，σなど）が用いられる。パラメトリック検定は間隔尺度以上の連続変数で測定されている場合に使われ，t検定，F検定，ダネット検定などがある。

　ノンパラメトリック検定とは，パラメトリック検定のような母数に対する仮定を前提としない検定法である。このためデータがどのような母集団から取られたデータでも利用でき（多少の制約はある），観測値に外れ値が含まれる場合でもその影響を受けにくいといった頑健性がある。分布の情報を用いない代わりに，データの順位という情報を用いることが多い。このため，パラメトリック検定に比し検定力が弱いという弱点がある。ノンパラメトリック検定には，ウイルコクスンの順位検定，マン・ホイットニーのU検定，ウイルコクスンの符号順位検定，クラスカル・ウォリス検定などがある（岩原，1983）。

(5) 統計的仮説検定の一般的手順

　統計的仮説検定は，以下の手順に従って行う。

① データ収集前に，帰無仮説（H_0）と対立仮説（H_1）を設定する。

② 検定対象となる統計量に応じて，利用する検定方法を選択する。

　　検定方法は，測定方法と測定尺度により用いられる方法が制約される。

　　2条件間の平均値に差があるか→母平均値の差の検定（t検定）

　　3条件間以上の平均値に差があるか→分散分析（ＡＮＯＶＡ）

　　2条件間の比率（度数）に差があるか→x^2検定　等

③ 両側検定か片側検定かを選択する。

④ 有意水準を決める。

⑤ データ収集

⑥ 条件にあった公式により，検定統計量を計算する。

⑦ 計算された検定統計量と事前に定めた有意水準に対応する臨界値との比較から，帰無仮説を採択するか，棄却するかを結論付ける。

　実際には，統計プログラムのパッケージや Excel などの表計算ソフトを使用して，統計的仮説検定を実行することが多い。ただし，パッケージなどを利用して分析すると，通常結果として出力されてくるのは検定統計量の値，自由度，p 値の 3 種類であることが多く，帰無仮説と対立仮説は表示されない。そこで，いかなる仮説下で検定がなされ，結果帰無仮説が採択されたのか，棄却されたのか，最終的どのように判断されるかは，分析者が判断する必要がある。このため，検定の手順を理解しておく必要がある。また，多変量解析を実施した場合でも，統計的仮説検定が出力されることが多い。この場合でも同様のことがいえる。

(6) 母平均値の差の検定

① t 検定（母平均値の差の検定）

　(イ)　t 検定の適用条件

　a．標本が無作為抽出されていること

　b．母集団が正規分布か，それに近似すること

　c．等分散での式を使うには，母分散が等質であること

t 検定は，このうち a．と b．に対しては頑健である。

　　無作為抽出：偏った標本に基づくものでないことや，個個の測定値が互いに独立であること。

　(ロ)　t 検定の手順

　a．帰無仮説を立てる（$H_0：\mu_1＝\mu_2$）。両側検定の場合は，$H_1：\mu_1≠\mu_2$という対立仮説を立てる。

　b．有意水準の設定

　c．標本対応のありなし，等分散か否かに応じて式を選択

　d．t 値が臨界値以上ならば，帰無仮説を棄却し対立仮説を採択する。臨界値以下ならば，帰無仮説を棄却することができない（巻末「付表 5　t 分布

表」を参照）。

t 検定では，母分散の代わりに標本からの不偏分散が利用される。不偏分散は，2組の標本それぞれから計算される。通常，それらは同一ではない。そこで，2組の分散が大きく異ならなければ，それらの平均を共通の不偏分散とすることができる。そのために，等分散の検定が必要となる。

② 等分散検定（添え字の 1，2 はそれぞれ群を指す）

$H_0 : \sigma_1 = \sigma_2$　$H_1 : \sigma_1 \neq \sigma_2$

（必ず大きい不偏分散で小さい不偏分散を割る）

$$F = \frac{n_1 {s_1}^2 (n_2 - 1)}{n_1 {s_2}^2 (n_1 - 1)} \qquad （4.1.1）$$

2群の標本サイズが同じ場合　$F = \dfrac{{s_1}^2}{{s_2}^2}$　（4.1.2）

自由度 $(n_1 - 1)(n_2 - 1)$ の F 分布の臨界値と比べる。

＜等分散検定の結果の検討＞

2組の不偏分散は，等分散である必要がある。そこで，等分散検定では，帰無仮説が棄却されない場合（等分散である）に t 検定を行う（t 検定では，等分散を前提とするという条件から，有意水準を 5 ％より大きな値に設定した方がよいという考えがある）。

帰無仮説が棄却された場合は，ウエルチ検定あるいはコクラン・コックス検定などの近似法を用いる（肥田野直・瀬谷正敏・大川信明，1961；岩原，1983；島崎・大竹，2017）。

③ 対応のない 2 つの母平均値の差の検定（等分散な場合）

n_i 個の値 (x_1) と n_i 個の値 (x_2) が，どちらの分布も正規分布と仮定した時，それらの母平均は等しいかを検定する。

2群の分散が等しいと仮定した時，2群の標本をプールして，分散 ${S_{12}}^2$ を求める。

$$S_{12}^2 = \frac{(x_{11}-\bar{x}_1)^2+(x_{12}-\bar{x}_1)^2+(x_{13}-\bar{x}_1)^2 \cdots (x_{1n}-\bar{x}_1)^2+(x_{21}-\bar{x}_2)^2+(x_{22}-\bar{x}_2)^2 \cdots (x_{2n}-\bar{x}_2)^2}{n_1+n_2-2} = \frac{(n_1-1)s_1^2+(n_2-1)s_2^2}{n_1+n_2-2}$$

$$(4.1.3)$$

この時，

$$t = \frac{\bar{x}_1 - \bar{x}_2}{\sqrt{S_{12}^2\left(\frac{1}{n_1}+\frac{1}{n_2}\right)}} \qquad (4.1.4)$$

は自由度 n_1+n_2-2 の t 分布に従う。

（4.1.4）式は，

$$t = \frac{\bar{x}_1 - \bar{x}_2 - (\mu_1 - \mu_2)}{\sqrt{S_{12}^2\left(\frac{1}{n_1}+\frac{1}{n_2}\right)}} \qquad (4.1.5)$$

に，帰無仮説「2群間の母平均値に差がない」をたて，$\mu_x - \mu_y = 0$ を式に代入し（4.1.4）式を得る。

　2群の分散が等しくない時はウエルチの近似法を使う（肥田野・瀬谷・大川，1961；岩原，1983；島崎・大竹，2017）。

④ ウエルチ検定

　まず，次の t を求める。

$$t = \frac{\bar{x}_1 - \bar{x}_2 - (\mu_1 - \mu_2)}{\sqrt{\frac{S_x^2}{n_x}+\frac{S_y^2}{n_y}}} \qquad (4.1.6)$$

μ_x, μ_y：データ x, y の母平均（母平均なので未知数）

S_x^2, S_y^2：不偏分散

　次に，帰無仮説「2群間の母平均値に差はない」をたて，$\mu_x - \mu_y = 0$ を（4.1.6）に代入し次式（4.1.7）を得る。

$$t = \frac{\overline{x} - \overline{y}}{\sqrt{\dfrac{S_1^2}{n_1} + \dfrac{S_2^2}{n_2}}} \quad （4．1．7）$$

　（4．1．7）式で求められる統計量 t は，近似的に自由度 ν の t 分布に従うことが知られている。これをウエルチの近似法という。自由度 ν は以下によって計算される。ν は整数にならない。このため，それより小さい整数値にして t 分布表から，自由度 ν の臨界値をみる。t（絶対値）が自由度 ν の臨界値より大きければ，有意差があると判断する（巻末「付表5　t 分布表」を参照）。

$$\nu = \frac{\left(\dfrac{S_1^2}{n_1} + \dfrac{S_2^2}{n_2} \right)^2}{\dfrac{S_1^4}{n_1^2(n_1-1)} + \dfrac{S_2^4}{n_2^2(n_2-1)}} = \frac{\left(\dfrac{S_1^2}{n_1} + \dfrac{S_2^2}{n_2} \right)^2}{\dfrac{\left(\dfrac{S_1^2}{n_1} \right)^2}{n_1-1} + \dfrac{\left(\dfrac{S_2^2}{n_2} \right)^2}{n_2-1}} \quad （4．1．8）$$

　（4．1．8）式で求めた統計量 t が，自由度 ν の t 分布上において，あらかじめ設定した棄却域に入るか否かを検討する。帰無仮説が棄却されたら対立仮説を採択し，2群の母平均値間には差があると判定する。

　自由度の計算は，次式（4．1．9），（4．1．10）も用いられる（（4．1．9）（4．1．10）式の方が計算は楽である）。

$$\frac{1}{\nu} = \frac{c^2}{n_1-1} + \frac{(1-c)^2}{n_2-1} \quad （4．1．9）$$

$$\nu = \frac{(n_1-1)(n_2-1)}{(n_1-1)c^2 + (n_2-1)(1-c)^2} = \frac{1}{\dfrac{c^2}{n_1-1} + \dfrac{(1-c)^2}{n_2-1}} \quad （4．1．10）$$

そこで，

$$c = \frac{\dfrac{S_1^2}{n_1}}{\dfrac{S_1^2}{n_1} + \dfrac{S_2^2}{n_2}} \quad （4．1.11）$$

である。

　ウエルチ検定では，ν の値は整数にならない。そこで，t 値は補間法によって求める（肥田野・瀬谷・大川，1961；岩原，1983；島崎・大竹，2017）。

＜事例＞（事例では 1，2 群ではなく変数 x，y としている）

　ある小学校の 3 年生（x_i）41人の月のおこづかいは，平均1,281円（不偏分散から計算した標準偏差は419円），4 年生（y_i）45人の平均は1,317円，（不偏分散から計算した標準偏差は389円）であった。3 年生と 4 年生の月のおこづかいに統計的有意差があるといえるか（「表Ⅳ－ 1 － 1 」を参照）。

表Ⅳ－ 1 － 1　　小学校 3 年生と小学校 4 年生の月のおこづかいを聞いた結果

	平均	標本数	不偏分散の SD
小学校 3 年生	1,281（$\bar{x}$）	41（n_x）	419（s_x）
小学校 4 年生	1,317（$\bar{y}$）	45（n_y）	389（s_y）

まず等分散検定を行う。

　　　　帰無仮説（H_0）：$S_x^2 = S_y^2$　　　対立仮説（H_1）：$S_x^2 \neq S_y^2$

$$F = \frac{n_x s_x^2 (n_y - 1)}{n_y s_y^2 (n_x - 1)} = \frac{41 \times 419^2 \times (45 - 1)}{45 \times 389^2 \times (41 - 1)} = 1.163$$

両側検定なので，「巻末付表 4　F 分布表」の上側 5 ％の臨界値と比較する。

　F 分布表の ν_1 には44がないので，40と40の交差する数値をみる（こうした場合，小さい交点の臨界値をみる）と1.693である。

　データから計算した F 値はこの1.693よりも小さいので，H_0 を棄却することができない（＝ 2 つの分散は等分散と考えてよい）。

　等分散であるので，等分散の時の式を用いて t 検定を行う。

　　　　帰無仮説（H_0）：$\mu_x = \mu_y$　　　対立仮説（H_1）：$\mu_x \neq \mu_y$

$$t = \frac{\overline{x} - \overline{y}}{\sqrt{\dfrac{n_x s_x^2 + n_y s_y^2}{n_x + n_y - 2}\left(\dfrac{1}{n_x} + \dfrac{1}{n_y}\right)}} = \frac{1317 - 1281}{\sqrt{\dfrac{41 \times 419^2 + 45 \times 389^2}{41 + 45 - 2}\left(\dfrac{1}{41} + \dfrac{1}{45}\right)}} = 0.408$$

$\alpha = 0.025$で両側検定を行う。この場合の自由度は$n_x + n_y - 2 = 84$となる。

$$t(84 ; 0.025) = 1.989$$

「巻末付表5　t分布表」には30を超える自由度は細かく記載されていないが，簡便的にt値を自由度の増加に伴う均等な減少関数とみて，次式により計算することができる（正確に補間法を使ってt値を求める）。

$$1.990 - \left(\frac{84 - 80}{120 - 80}\right) \times (1.990 - 1.980) = 1.989$$

$0.408 \leq 1.989$ なので，有意水準5％でH_0を棄却することができない（p値を計算すると$p \fallingdotseq 0.633$である）。したがって，小学校3年生と4年生の月のおこづかい額に差があるとはいえない。「差があるとはいえない」という消極的な表現を用いるのは，実際には母集団に差があっても，標本サイズが小さいため検定力が低くその差が検出できない（実際に標本統計量には差がある）ことは，標本誤差の範囲内でも十分に起こりうることがその理由である。

⑤ 対応のある2つの母平均値の差の検定（等分散検定は必要ない）

　対応がある2群の母平均値の差の検定には，データの差から計算する方法と相関係数を利用する計算方法がある。

表Ⅳ－1－2　データ例

data x	x_1	x_2	x_3	……	x_n
data y	y_1	y_2	y_3	……	y_n
d	d_1	d_2	d_3	……	d_n

　データの差から計算する方法では，まずデータの差を求める（「表Ⅳ－1－2」を参照）。この値が検定対象となる統計量である。次に，統計量tを求める。$\overline{d}$はデータの差の平均，μ_dはデータの差の母平均，σ_dはデータの差の不偏

分散の平方根（不偏分散から計算された標準偏差）である。この時，

$$t = \frac{\overline{d} - \mu_d}{\dfrac{\sigma_d}{\sqrt{n}}} \quad （4.1.12）$$

は自由度（$n-1$）の t 分布に従う。

　そこで，帰無仮説「2群の母平均値には差がない」をたてる。そこで $\mu_d = 0$ を代入し以下の式を得る。

$$t = \frac{\overline{d}}{\dfrac{\sigma_d}{\sqrt{n}}} \quad （4.1.13）$$

　この統計量 t が，自由度（$n-1$）の t 分布上の事前に設定した臨界値を越えるか否かを検討する。

　相関係数を利用する場合は，（4.1.14）式で t 値を計算する（肥田野直・瀬谷正敏・大川信明，1961；岩原，1983；島崎・大竹，2017）。

$$t = \frac{\overline{x} - \overline{y}}{\sqrt{\dfrac{s_x{}^2 + s_y{}^2 - 2rs_xs_y}{n-1}}} \quad （4.1.14）$$

$$r：データ間の相関係数$$

（7）母比率の差の検定

（1，2群ではなく変数 x, y としている）

① 2組の比率の差の検定（比率が互いに独立な場合）

$$V(d) = \sqrt{p(1-p)\left(\frac{1}{n_x}\frac{N_x - n_x}{N_x - 1} + \frac{1}{n_y}\frac{N_y - n_y}{N_y - 1}\right)} \quad （4.1.15）$$

N：母集団数　　　n：標本数　　　p：回収された標本の割合

　p については母比率が未知数であることから，x と y の標本比率の加重平均を推定値とする。

$$\hat{p} = \frac{n_x p_x - n_y p_y}{n_x + n_y} \qquad （4.1.16）$$

$\hat{p}$：標本比率の加重平均

標本数に対して母集団が十分に大きい場合，$\dfrac{N_x - n_x}{N_x - 1}$，$\dfrac{N_y - n_y}{N_y - 1}$ はほぼ 1 に等しくなることから，$V(d)$ を（4.1.17）式で求めることができる（肥田野・瀬谷・大川，1961；岩原，1983；島崎・大竹，2017）。

$$V(d) = \sqrt{\hat{p}(1 - \hat{p})\left(\frac{1}{n_x} + \frac{1}{n_x}\right)} \qquad （4.1.17）$$

n：標本数　　$\hat{p}$：回収された標本の割合

＜事例＞

　ＲＤＤ法による電話調査で，ある内閣の支持率は表Ⅳ－1－3のような結果となった。男性有権者と女性有権者の内閣支持率は，統計的に有意な差があるか。

表Ⅳ－1－3　ある内閣の支持率

	支持する	支持しない	合計	標本数
男性	35.1%　(p_x)	64.9%	100.0%	279 (n_x)
女性	48.3%　(p_y)	51.7%	100.0%	321 (n_y)
合計	42.2%　(p_t)	57.2%	100.0%	600 (n_t)

$$H_0 : p_x = p_y$$
$$H_1 : p_x \neq p_y$$

ここで $|d| > 1.96 V(d)$ ならば，有意水準 5 ％で帰無仮説を棄却して対立仮説を採択し，有意な差があるとする。

$$V(d) = \sqrt{0.422 \times (1 - 0.422) \times \left(\frac{1}{279} + \frac{1}{321}\right)} = 0.040 \rightarrow 1.96 V(d) = 0.079$$

一方，$|d| = 0.485 - 0.351 = 0.132$ であり，したがって $|d| > 1.96 V(d)$ となる。

得られた値の帰無仮説の下での出現率は 5 ％以下ということになり，有意

水準５％で帰無仮説は棄却されることから，男女の内閣支持率には有意水準５％で有意な差があるといえる。

② 1 組の比率の差の検定（比率が互いに従属な場合）

　1 組の比率の差の検定では，比率の合計は 1 となるため互いに独立ではなく，$d = p_1 - p_2$の分散は（4.1.18）式で定義される。

$$V(d) = \sqrt{\frac{N-n}{N-1} \frac{1}{n}\{p_1(1-p_1)+p_2(1-p_2)+2p_1p_2\}} \quad (4.1.18)$$

　　　N：母集団数　　n：標本数　　p：回収された標本の割合

　標本数に対して母集団が十分に大きい場合，$\frac{N_x - n_x}{N_x - 1}, \frac{N_y - n_y}{N_y - 1}$はほぼ 1 に等しくなることから，$V(d)$ は（4.1.19）式で求めることができる。

（島崎・大竹，2017）

$$V(d) = \sqrt{\frac{1}{n}\{p_1(1-p_1)+p_2(1-p_2)+2p_1p_2\}} \quad (4.1.19)$$

　　　N：母集団数　　n：標本数　　p：回収された標本の割合

＜事例＞

　表Ⅳ－1－4 の結果について，男性の支持率と不支持率に有意な差があるかどうか両側検定を行う。

表Ⅳ－1－4　ある内閣の支持率（男性）

	支持する	支持しない	合計	標本数
男性	35.1% (p_1)	64.9% (p_2)	100.0%	279 (n)

$$H_0 : p_1 = p_2$$
$$H_1 : p_1 \neq p_2$$

　ここで $|d| \geq 1.96V(d)$ ならば，有意水準５％で帰無仮説を棄却し，対立仮説を採択する（＝有意な差があるとする）。

　（4.1.19）式から，

$$V(d) = \sqrt{\frac{1}{279}\{(0.351 \times 0.649) + (0.649 \times 0.351) + (2 \times 0.351 \times 0.649)\}} = 0.057$$

したがって$1.96 V(d) = 0.112$，一方$|d| = |0.351 - 0.649| = 0.298$。この結果から，$|d| \geqq 1.96 V(d)$となる。

得られた値の帰無仮説の下での出現率は5％以下ということになり，有意水準5％で帰無仮説は棄却されることから，男性の支持率と不支持率には有意な差があるといえる。

(8) χ^2 検定

① 一様性の検定（カテゴリー数が2）

x^2検定は，質的データにおけるカテゴリーの度数について検定を行う場合に用いる。

$$x^2 = \sum_{i=1}^{k} \frac{(観測度数 - 期待度数)^2}{期待度数} \qquad k：カテゴリー数 \qquad （4.1.20）$$

（Σについては「II-13　代表値と分布の散らばり」を参照）

観測度数＝期待度数の場合に$x^2 = 0$となり，両者の乖離が大きいほどx^2値が大きくなる。

＜1組の度数の検定の手順＞

表IV-1-4に示した内閣の支持・不支持の度数についてx^2検定を行う。

(イ)　帰無仮説（H_0）：支持する＝支持しない

　　　　対立仮説（H_1）：支持する≠支持しない

(ロ)　有意水準αを決める。

(ハ)　観測度数からx^2値を計算する。

カテゴリーが2の場合，期待度数は$\frac{n}{2}$なので，x^2値は以下で求められる。

$$x^2 = \frac{\left(f_i - \dfrac{n}{2}\right)^2}{\dfrac{n}{2}} \times 2 \qquad (4.1.20)$$

　　　n：観測度数　　　f_i：どちらか一方のカテゴリーの度数

　1組の度数の差の検定では，以下のイェーツの連続修正が必要である。

$$x^2 = \frac{\left(\left|f_i - \dfrac{n}{2}\right| - 0.5\right)^2}{\dfrac{n}{2}} \times 2 \qquad (4.1.21)$$

　期待度数に5以下のセルがある場合は，フィッシャーの Exact test（解説は省略）を用いる必要がある。

　㈢　自由度（$df = k - 1$）を計算し，x^2分布表から自由度に対応した x^2値を確認する。この場合，カテゴリー数が2なので，自由度は $2 - 1 = 1$ となる。

　　　自由度＝1の場合，有意水準5％に対応する x^2値は3.8414（x^2（1, 0.05）＝3.8414と記す）である。

　㈩　$x^2 \geqq x_a{}^2$ならば，帰無仮説（H_0）である「支持する＝支持しない」を棄却し，対立仮説（H_1）を採択する。

② 一様性の検定（カテゴリー数が3以上）

　ある調査での対象者の最終学歴に違いがあるかどうかを検討する（「表Ⅳ－1－5」を参照）。カテゴリー数が3以上の場合の期待度数はn/（カテゴリー数）になるので，この場合は45（＝180/4）である。

表IV－1－5　ある調査における対象者の最終学歴（度数）

	高校卒	短大・専門学校卒	大学卒	大学院卒	合計
最終学歴 (p_i)	62	30	70	18	180
期待度数 (p_j)	45	45	45	45	180

＜1組の度数の検定の手順＞

(イ)　帰無仮説 (H_0)：高校卒＝短大・専門学校卒＝大学卒＝大学院卒（いずれのカテゴリー間にも差がない）

(ロ)　対立仮説 (H_1)：いずれかのカテゴリー間について $p_i \neq p_j$

(ハ)　有意水準を5％とすると，自由度は3（カテゴリー数－1）なので，x^2 $(3, 0.05) = 7.8147$

(ニ)　観測度数から値を算出

$$x^2 = \frac{(62-45)^2}{45} + \frac{(30-45)^2}{45} + \frac{(70-45)^2}{45} + \frac{(18-45)^2}{45} = 41.5$$

(ホ)　$x^2 > x^2 (3, 0.05) = 7.8147$ となり，帰無仮説は棄却され，対象者の最終学歴は一様ではないといえる。

ここで得られる結論は，いずれかのカテゴリー間の度数に差があるということであり，いずれのカテゴリー間に有意差があるかは，多重比較（ライアン法）によらなければならない。

多重比較：どの組み合わせ間に有意な差があるか確認するに際し，第一種の過誤をおかす確率を調整し，常に一定の確率下で検定を行う必要がある。

ライアン法：検定を行うステップ数に応じて，個個の比較における有意水準を直接変化させて多重比較を行う。統計量によっていないので，比率，相関係数などの多重比較にも適用できる。

＜ライアン法の手順＞

(イ)　まずデータを大きい順に並べる：

　　　　大学卒（①）＞高校卒（②）＞短大・専門学校卒（③）＞大学院卒（④）

㈹　個個の検定に使用する有意水準（名義的有意水準）の計算

$$\alpha_c = \frac{2\alpha_t}{m(k-1)} \qquad (4.1.22)$$

　　　　α_c：各ステップでの有意水準

　　　　α_t：検定全体の有意水準

　　　　m　：比較する値の数

　　　　k　：比率を比較する2個の値とその間に含まれる値の数の合計

㈠　もっとも度数が高い大学卒（①）ともっとも低い大学院卒（④）間の一組の度数の差の検定（カテゴリー数2）を，（4.1.21）式により行う。$f_i = 70$，カテゴリーが2なので，次式に従う。

　　　　観測度数　$n = 70+18$である。

$$x^2 = \frac{\left(\left|f_i - \frac{n}{2}\right| - 0.5\right)^2}{\frac{n}{2}} \times 2 = \frac{\left(\left|70 - \frac{70+18}{2}\right| - 0.5\right)^2}{\frac{70+18}{2}} \times 2 = 29.6$$

　　（4.1.22）から5％の有意水準を求めると，

$$\alpha_c = \frac{2\alpha_t}{m(k-1)} = \frac{2 \times 0.05}{4 \times (4-1)} = 0.0083$$

　　大学卒と大学院卒の比較なので，自由度は $2-1=1$ で，1となる。「巻末付表6　x^2分布表」から，自由度1で $x^2 = 29.6$ に対応する確率を求めると，有意確率5％水準に対応するこのステップでの有意水準 α_c ＝0.0083より値が大きく，発生確率は小さい。したがって，大学卒と大学院卒間の差は有意であるといえる。

㈡　次に大学卒（①）と短大・専門学校卒（③），高校卒（②）と大学院卒（④）について一組の度数の差の検定（カテゴリー数2）を行う。
　　このステップでの有意水準：

$$\alpha_c = \frac{2\alpha_t}{m(k-1)} = \frac{2 \times 0.05}{4 \times (3-1)} = 0.0125$$

・大学卒（①）対 短大・専門学校卒（③）

$$x^2 = \frac{\left(\left|f_i - \dfrac{n}{2}\right| - 0.5\right)^2}{\dfrac{n}{2}} \times 2 = \frac{\left(\left|70 - \dfrac{70+30}{2}\right| - 0.5\right)^2}{\dfrac{70+30}{2}} \times 2 = 15.2$$

　　大学卒と短大・専門学校卒の比較なので，自由度は 2 － 1 ＝ 1 で，1 となる。「巻末付表 6 　x^2分布表」から，自由度 1 で $x^2 = 15.2$ に対応する確率を求めると，有意確率 5 ％水準に対応するこのステップでの有意水準 $\alpha_c = 0.0125$ より値が大きく，発生確率は小さい。したがって，大学卒と短大・専門学校卒間の差は有意であるといえる。

・高校卒（②）対 大学院卒（④）

$$x^2 = \frac{\left(\left|f_i - \dfrac{n}{2}\right| - 0.5\right)^2}{\dfrac{n}{2}} \times 2 = \frac{\left(\left|62 - \dfrac{62+18}{2}\right| - 0.5\right)^2}{\dfrac{62+18}{2}} \times 2 = 23.1$$

　　高校卒と大学院卒の比較なので，自由度は 2 － 1 ＝ 1 で，1 となる。「巻末付表 6 　x^2分布表」から，自由度 1 で $x^2 = 15.2$ に対応する確率を求めると，有意確率 5 ％水準に対応するこのステップでの有意水準 $\alpha_c = 0.0125$ より値が大きく，発生確率は小さい。したがって，高校卒と大学院卒間の差は有意であるといえる。この㈡で有意差がなければ，この段階で検定は打ち切ることになる。

㈥　大学卒（①）と高校卒（②），高校卒（②）と短大・専門学校卒（③），短大・専門学校卒（③）と大学院卒（④）について，一組の度数の差の検定（カテゴリー数が 2 ）を行う。

　　このステップでの有意水準：

$$\alpha_c = \frac{2\alpha_t}{m(k-1)} = \frac{2\times 0.05}{4\times(2-1)} = 0.025$$

x^2値及び検定の結果は以下の通り。

・大学卒と高校卒：$x^2=0.4$　（有意な差はみられない）

・高校卒と短大・専門学校卒：$x^2=10.4$　（差は有意である）

・短大・専門学校卒と大学院卒：$x^2=2.5$　（有意な差はみられない）

(ヘ)　多重比較の結果は，表Ⅳ－１－６のようになる。

表Ⅳ－１－６　多重比較の結果

	大学卒	高校卒	短大・専門学校卒	大学院卒
大学卒		有意差無し	有意差あり	有意差あり
高校卒			有意差あり	有意差あり
短大・専門学校卒				有意差無し
大学院卒				

　結果は大学卒＞高校卒＞短大・専門学校卒＞大学院卒と表記する（アンダーラインが切れているところに有意な差がある）。

③ 2×2クロス表の独立性の検定（対応のない場合）

　クロス表における独立とは，表側のカテゴリーＡ・カテゴリーＢと表頭のカテゴリーａとカテゴリーｂが無関係である状態をいう。

　２×２クロス表（「表Ⅳ－１－７」）の独立性の検定（対応のない場合）も，一様性の検定と同様に，計算された x^2値が設定した有意水準 x_α^2の臨界値以上か否かにより行われる。

表Ⅳ－1－7　2×2クロス表に関する表記

	カテゴリーa	カテゴリーb	合計
カテゴリーA	n_{11}	n_{12}	$n_{1.}$
カテゴリーB	n_{21}	n_{22}	$n_{2.}$
合計	$n_{.1}$	$n_{.2}$	n

　観測度数が期待度数とどの程度ずれているかにより検定を行うこともできるが，実際の計算は期待度数を直接計算せず，（4.1.23）式を用いることもできる。

$$x^2 = \frac{n(n_{11}n_{22} - n_{12}n_{21})^2}{n_{1.}n_{2.}n_{.1}n_{.2}} \quad (4.1.23)$$

　分布は連続的なのに対し，測定尺度は名義尺度と離散的である。そのため，その補正をする必要がある。これがイェーツの連続修正である。

　そこで，2×2クロス表では，イェーツの連続修正を行う（4.1.24）式を用いる。

$$x^2 = \frac{n(|n_{11}n_{22} - n_{12}n_{21}| - 0.5n)^2}{n_{1.}n_{2.}n_{.1}n_{.2}} \quad (4.1.24)$$

　先に示した「表Ⅳ－1－3　ある内閣支持率」を度数であらわすと，表Ⅳ－1－8のようになる。これを使って2×2クロス表の検定を行う。

表Ⅳ－1－8　ある内閣の支持・不支持（度数）

	支持する	支持しない	標本数
男性	98 (n_{11})	181 (n_{12})	279 ($n_{1.}$)
女性	155 (n_{21})	166 (n_{22})	321 ($n_{2.}$)
合計	253 ($n_{.1}$)	347 ($n_{.2}$)	600 (n)

H_0：表側（性別）と表頭（支持・不支持）は独立（関連があるとはいえない）

H_1：表側と表頭は独立ではない（関連がある）

自由度：$df = (k-1)(l-1) = 1$

イェーツの連続修正を行う（4.1.24）式にあてはめると，次のようになる。

$$x^2 = \frac{n(|n_{11}n_{22} - n_{12}n_{21}| - 0.5n)^2}{n_1 \cdot n_2 \cdot n_{\cdot 1} n_{\cdot 2}} = \frac{600 \times (|98 \times 166 - 181 \times 155| - 0.5 \times 600)^2}{279 \times 321 \times 253 \times 347} = 10.07$$

自由度は $df = (k-1)(l-1) = (2-1) \times (2-1) = 1$，自由度 1 の有意水準 5 ％での x^2 値は3.8414である。10.07≧3.8414となるので帰無仮説は棄却され，性別と内閣支持・不支持は独立ではない（関連がある＝性別により内閣支持・不支持は異なる）ということができる。x^2検定の結果から，性別と内閣支持・不支持の間に関連があることは分かる。ただし，関連の強さについては，別途連関係数を計算する必要がある。

テスト・実験データの検定

(1) 推　　定

① 点推定値

(イ)　不偏推定量

　$E(\omega) = \theta$ が成り立つとき，統計量 ω を θ の不偏推定量という。

　標本平均は母平均の不偏推定量である（$E(\bar{x}) = \mu$：標本平均の確率分布の平均は θ である）。

　標本分散と母分散の間には，標本分散の期待値 $E(s^2) = \dfrac{n-1}{n}\sigma^2$ といった関係がある。そこで，下記式が分散の不偏推定量となる（$n-1$ で除算する）（肥田野・瀬谷・大川，1961）。

$$s^2 = \frac{1}{n}\sum_{i=1}^{n}(x_i - \bar{x})^2$$

$$\sigma^2 = \frac{1}{n-1}\sum_{i=1}^{n}(x_i - \bar{x})^2 \qquad (4.2.1)$$

(ロ)　点推定値の正確度

　例えば，あるパン屋が焼いた食パン 1 斤当たりの重さを測定し，1 斤（340g）であるかを確認しようとした。そこで，ある日に焼いた食パンから20斤を無作為に抽出し重さを量ったところ，平均値は345g であった。食パンの

重さは正規分布し，標準偏差は10（g）であることが分かっている。このとき，平均値の345gはどの程度正確なのであろうか（母平均は未知であるが，推定値の誤差の大きさ｜標本平均－母平均｜を確率的にあらわすことはできる）。

標本平均は，母平均μ，標準偏差$\sigma_x = \dfrac{\sigma}{\sqrt{n}} = \dfrac{10}{\sqrt{20}} = 2.236$（$\sqrt{5}$）の正規分布に従う。この標準偏差を標準誤差と呼ぶ。標本平均の重さと母平均との違いは，4.41（g）以下である（推定値の誤差が1.96×2.236以下である確率は0.95である）。

② 信頼区間（区間推定値）

未知の母数に対し，未知母数θが$a \le \theta \le b$となる確率が（$1 - \alpha$）となるように決定したa，bを，信頼水準S，$1 - \alpha$における信頼区間という。

$$P(a \le \theta \le b) = 1 - \alpha$$

平均μ，分散σ^2の正規母集団から抽出した大きさnの標本平均は，平均μ，分散σ^2/nの正規分布に従う。

$$\bar{x} \sim N\left(\mu, \frac{\sigma^2}{n}\right)$$

これを標準化し，$\left(Z = \dfrac{\bar{x} - \mu}{\dfrac{\sigma}{\sqrt{n}}}\right)$，その$Z$から正規分布を利用して平均$\mu$の区間を推定する。$\mu$，$\sigma$ともに未知であるので$S$を代入する。

$$t = \frac{\bar{x} - \mu}{\dfrac{sd}{\sqrt{n}}} \qquad (4.2.2)$$

tは自由度（$n-1$）のt分布に従う。

この定理によって，標本の大きさがnであり，標本平均が$\bar{x}$，標本分散がs^2のとき，母平均μに対する信頼水準（$1 - \alpha$）の信頼区間は，自由度（$n-1$）のt分布αを$t(\alpha)$とすると，下記のとおりとなる。

$$\bar{x} - t_{\frac{\alpha}{2}} \frac{sd}{\sqrt{n}} \le \mu \le \bar{x} + t_{\frac{\alpha}{2}} \frac{sd}{\sqrt{n}} \qquad (4.2.3)$$

sd：不偏分散の平方根

これが母平均μの$100(1-\alpha)$％信頼区間である。

比率の推定は，標本比率x/nを$\hat{p}$とおけば，$\hat{p}$は近似的に平均p，標準偏差$\sqrt{p(1-p)/n}$の正規分布に従うことから，95％信頼区間は，下記のとおりになる（肥田野・瀬谷・大川，1961；岩原，1983）。

$$\hat{p}-1.96\sqrt{\frac{p(1-p)}{n}}\leqq p\leqq\hat{p}+1.96\sqrt{\frac{p(1-p)}{n}}\quad(4.2.4)$$

③ 平均値の差の信頼区間

実際には母集団に差があっても，標本サイズが小さいため検定力が低くその差を見出せないことは，標本誤差の範囲内でも十分に起こりうる。

統計的仮説検定における有意水準のみから，当該現象の顕在性（独立変数の従属変数に及ぼす影響）について論じるのは誤りである。

算出したt値が，あらかじめ設定した有意水準の臨界値以上であれば帰無仮説を棄却し，対立仮説を採択する。もし臨界値以下であれば帰無仮説を棄却できず，「差があるとはいえない」という判断になる。ただし，あくまでも有意差がないだけであり，差がないというわけではない。また，有意水準の値は，平均値の差の大きさを反映しているわけではない。母平均の差は変わらなくても，標本サイズが大きくなれば「有意差がある」という結果になりやすい。

このため，信頼区間を算出することにより，平均値の差の大きさを推定することが望ましい。

＊標本対応がない場合

$$(\bar{x}_1-\bar{x}_2)-t(df,\ \alpha)\sqrt{\frac{s_1^2}{n_1}+\frac{s_2^2}{n_2}}\leqq\mu_1-\mu_2\leqq(\bar{x}_1-\bar{x}_2)+t(df,\alpha)\sqrt{\frac{s_1^2}{n_1}+\frac{s_2^2}{n_2}}\quad(4.2.5)$$

＊標本対応がある場合

データの差の平均$(\bar{d})$と不偏分散(S_d)を計算しておく（肥田野・瀬谷・大川，1961；岩原，1983）。

$$\bar{d}-t(df,\ \alpha)\sqrt{\frac{s_d^2}{n}}\leqq\mu_1-\mu_2\leqq\bar{d}-t(df,\ \alpha)\sqrt{\frac{s_d^2}{n}}\quad(4.2.6)$$

(2) 母平均値の差の検定の実際

　ここでは，母平均値の差の検定を事例により検討する（検定統計量を計算する式や内容については「Ⅳ－1－(6) 母平均値の差の検定」を参照）。

　事例は表Ⅳ－2－1のデータを使う（Rで正規分布から$n=10$のデータを生成した人工データ）。

表Ⅳ－2－1　分析用データ（人工データ）

	1	2	3	4	5	6	7	8	9	10
x_1	3.88	4.54	8.12	5.14	5.26	8.43	5.92	2.47	3.63	4.11
x_2	10.67	8.08	8.20	7.33	5.33	12.36	8.49	1.10	9.10	5.58

　このデータを使い，「対応のないt検定」，「ウエルチ検定」，「対応のあるt検定」の事例を解説する。

① 対応のない2つの母平均値の差の検定（独立2群のt検定）

＜手順＞

　検定方法：対応のない2群の母平均値の差の検定（独立2群のt検定）

　まず等分散検定を行う。

　　　　帰無仮説（H_0）：$S_{x_1}{}^2 = S_{x_2}{}^2$

　　　　対立仮説（H_1）：$S_{x_1}{}^2 \neq S_{x_2}{}^2$

　有意水準5％：F比$\leq$（$df1=9$，$df2=9$，0.025）$=4.026$なら，H_0を棄却できないので，等分散としてt検定を行い，H_0が棄却されたときはウエルチ検定を行う（巻末「付表4　F分布表」を参照）。

　追加分析として，平均値の差の推定（点推定，区間推定）を行う。

　上記の内容で分析を行う。

＜基本統計量＞

　平均値：$\bar{x}_1=5.15$，$\bar{x}_2=7.63$，不偏分散：$S_1{}^2=3.64$，$S_2{}^2=9.70$

＜等分散検定＞

　帰無仮説（H_0）：$S_1{}^2 = S_2{}^2$，対立仮説（H_1）：$S_1{}^2 \neq S_2{}^2$

$S_1{}^2 < S_2{}^2$なので，$S_2{}^2 / S_1{}^2 = 2.67$から（$F_0 = S_1{}^2 / S_2{}^2 = 2.67$）$\leqq$（$df1 = 9$, $df2 = 9$, 0.025）$= 4.026$であり（巻末「付表4　F分布表」を参照），帰無仮説を棄却できない（$p \doteqdot 0.16$）。そこで，等分散であるとしてt検定を行う。

$$S_{xy}{}^2 = \frac{(n_1 - 1)S_1{}^2 + (n_2 - 1)S_2{}^2}{n_1 + n_2 - 2} = \frac{(10-1) \times 3.64 + (10-1) \times 9.7}{10 + 10 - 2} = 6.67$$

$$t_0 = \frac{\overline{x_1} - \overline{x_2}}{\sqrt{S_{xy}{}^2 \left(\dfrac{1}{n_1} + \dfrac{1}{n_2} \right)}} = \frac{5.15 - 7.63}{\sqrt{6.67 \left(\dfrac{1}{10} + \dfrac{1}{10} \right)}} = -2.14$$

　両側検定なので，$|t_0| \geqq t(df = 10 + 10 - 2, \alpha(0.05)/2)$ならば帰無仮説を棄却する（巻末「付表5　t分布表」を参照）。結果は$2.14 \geqq 2.10$であり，有意水準5％で帰無仮説を棄却し，「x_1とx_2の母平均値には差がある」を採択する。

② ウエルチ検定

　仮に等分散検定の結果帰無仮説を棄却し，等分散ではないとして，ウエルチ検定を実施してみる。

$$t = \frac{\overline{x_1} - \overline{x_2}}{\sqrt{\dfrac{S_x{}^2}{n_1} + \dfrac{S_y{}^2}{n_2}}} = \frac{5.15 - 7.63}{\sqrt{\dfrac{3.64}{10} + \dfrac{9.7}{10}}} = -2.14$$

$$\nu = \frac{\left(\dfrac{S_x{}^2}{n_x} + \dfrac{S_y{}^2}{n_y} \right)^2}{\dfrac{\left(\dfrac{S_x{}^2}{n_x} \right)^2}{(n_x - 1)} + \dfrac{\left(\dfrac{S_y{}^2}{n_y} \right)^2}{(n_y - 1)}} = \frac{\left(\dfrac{3.64}{10} + \dfrac{9.7}{10} \right)^2}{\dfrac{\left(\dfrac{3.64}{10} \right)^2}{10 - 1} + \dfrac{\left(\dfrac{9.7}{10} \right)^2}{10 - 1}} = 14.92$$

　自由度$= 14.92$の臨界値を求める。整数値ではないので補間法により求める。

$t(\nu) = (15 - 14.92) \times t(df = 14, 0.5/2) + (14.92 - 14) \times t(df = 15, 0.5/2)$
　　　$= 0.08 \times 2.145 + 0.92 \times 2.131 = 2.13$

両側検定なので，$|t_0| \geqq t(df = 14.92, 0.05/2)$ならば帰無仮説を棄却する。

結果は2.13≧2.10であり，有意水準５％で帰無仮説を棄却し，「x_1とx_2の母平均値には差がある」を採択する。

＜推定＞

　　　　平均値の差の点推定：$\overline{x}_1 - \overline{x}_2 = 5.15 - 7.63 = -2.47$

　　　　平均値の差の区間推定：

$$(\overline{x}_1 - \overline{x}_2) - t(df, \alpha)\sqrt{\frac{s_1^2}{n_1} + \frac{s_2^2}{n_2}} \leqq \mu_1 - \mu_2 \leqq (\overline{x}_1 - \overline{x}_2) + t(df, \alpha)\sqrt{\frac{s_1^2}{n_1} + \frac{s_2^2}{n_2}}$$

$$= -2.48 - 2.13\sqrt{\frac{3.64}{10} + \frac{9.7}{10}} \leqq \mu_1 - \mu_2 \leqq -2.48 + 2.13\sqrt{\frac{3.64}{10} + \frac{9.7}{10}}$$

$$= -4.94 \leqq \mu_1 - \mu_2 \leqq -0.01$$

　区間推定をみると，０を跨いでいないことが分かる。しかし，右の項はほとんど０といっていい数値である（p値は0.046とかろうじて５％を下回る数値）。

③ 対応のある２つの母平均値の差の検定（等分散検定は不要）

＜手順＞

　検定方法：対応のある２群の母平均値の差の検定（対応のあるt検定）

　帰無仮説（H_0）：２群間の母平均値に差はない。

　対立仮説（H_1）：２群間の母平均値に差がある。

　有意水準５％（自由度＝10－1＝9）

　上記内容で検定を行う。

　まず，データの差を計算（「表Ⅳ－２－２」を参照）し，そのデータの平均値，不偏分散，不偏分散から計算した標準偏差を計算する。

表Ⅳ－2－2 表Ⅳ－2－1のデータのデータ差

	1	2	3	4	5	6	7	8	9	10
x_1	3.88	4.54	8.12	5.14	5.26	8.43	5.92	2.47	3.63	4.11
x_2	10.67	8.08	8.20	7.33	5.33	12.36	8.49	1.10	9.10	5.58
d	-6.79	-3.54	-0.08	-2.19	-0.07	-3.93	-2.57	1.37	-5.48	-1.47

データの差：$d = x_1 - x_2$

データの差の平均値：$\bar{d} = -2.48$

データの差の不偏分散：$S_d^2 = 6.47$

不偏分散の平方根：$\sqrt{S_d^2} = 2.54$

上記計算結果を使い t 値を計算する。

$$t = \frac{\bar{d}}{\frac{\sigma_d}{\sqrt{n}}} = \frac{-2.48}{\frac{2.54}{\sqrt{10}}} = -3.078$$

両側検定なので，$|t_0| \geq t$（$df=10-1$，0.05/2）ならば帰無仮説を棄却する（巻末「付表5 t 分布表」を参照）。結果は3.078≧2.26であり，有意水準5％で帰無仮説を棄却し，「x_1 と x_2 の母平均値には差がある」を採択する。

＜推定＞

平均値の差の点推定：$\mu_1 - \mu_2 = \bar{d} = -2.48$

平均値の差の区間推定：

$$\bar{d}_1 - t(df, \ \alpha)\sqrt{\frac{S_d^2}{n}} \leq \mu_1 - \mu_2 \leq \bar{d} + t(df, \ \alpha)\sqrt{\frac{S_d^2}{n}}$$

$$= -2.48 - 2.26\sqrt{+\frac{6.47}{10}} \leq \mu_1 - \mu_2 \leq -2.48 + 2.26\sqrt{+\frac{6.47}{10}}$$

$$= -4.30 \leq \mu_1 - \mu_2 \leq -0.66$$

区間推定をみると，0を跨いでいない。また，対応のない t 検定に比べて区間が狭くなっていることが分かる。

④ 中央値の差の検定

　マーケティング・リサーチでのテスト・実験調査では，順位法で回答を得ることがある。あるいは，評定尺度や数量型自由回答で回答を得ることもある。評定尺度や数量型自由回答は，本質的には順序尺度である（間隔尺度とみなして分析している）。また，場合によっては回答に著しい偏りが生じることもある。こうした場合，ノンパラメトリック検定（中央値の差の検定）を利用した方が良い場合があるので，ここで概要だけ紹介しておく。

　パラメトリック検定の対応のない t 検定（あるいはウエルチ検定）に対応するものに，中央値の差の検定であるウィルコクソンの順位和検定（マン‐ホイットニーの U 検定と実質的には同じもの）がある。対応のある t 検定に対応するノンパラメトリック検定は，ウィルコクソンの符号順位検定である。これらの検定法は2群のデータの中央値に差があるか否かを検定するものであり，標本数が少ない，あるいはデータに正規分布を仮定できないといった時に有効である。

　ウイルコクスンの順位和検定は，得られたデータの大小を順位に置き換えて検定を行う。

　一方，ウィルコクソンの符号順位検定は，2群のデータ差 d を求め，$|d|$ を値が小さいものから順に並べて検定を行う。ウィルコクソンの順位和検定は2群の検定であるが，3群以上の場合はクラスカル・ウオリスの H 検定を用いる。

（岩原，1983）

(3) 一元配置の分散分析

　例えば，3水準の実験変数から得られた母平均値の差を検定する時，t 検定を3回（n 水準の実験変数から得られた平均値の差の検定をすべての組み合わせについて行うと，$_nC_2$ 回の検定を行うことになる）行うと，1回あたり有意水準5％で検定を実施しても，3回繰り返すと，$1-0.95^3 \fallingdotseq 0.143$（$1-(1-0.05)\times(1-0.05)\times(1-0.05)\fallingdotseq 0.143$）と14.3％になってしまう。これが検定の多重性という問題である。例えば，電車内での通話の迷惑度について，20

歳代，30歳代，40歳代の平均値の差の検定を行ったとする。検定結果が

20歳代と30歳代：有意差あり

20歳代と40歳代：有意差なし

30歳代と40歳代：有意差なし

となったとする。「20歳代と30歳代の間には有意差がある」という結論だけであれば問題はない。ところが，「20歳代と30歳代の間には有意差があるが，20歳代と40歳代，30歳代と40歳代の間に有意差はない」という20歳代から40歳代までのすべての組み合わせについて，有意水準５％で主張することはできない。通常仮説は20歳代から40歳代までの複合的な仮説であることが多く，これでは意味がない。こうした複合的な仮説を検討するには，分散分析を行う必要がある。

　以下の説明は，参考文献を読むことを想定し，文献で使われる用語を使って説明する。分散分析は線型モデルであり，独立変数（質的変数）の値により従属変数の平均値が異なるかを分析する。独立変数は実験条件（従属変数の値を変動させる要因）であり，実験条件間による平均値を比較（検定）することで，実験条件の影響を分析する。

　例えば，コーヒー飲料のフレーバー評価という例でいうと，「コーヒー飲料」は「実験変数（要因）」であり（分散分析では「要因」と呼ぶことが多い），フレーバーが「ブルーマウンテン」，「キリマンジャロ」，「コナ」と３種類であれば，３水準ということになる。

　分散分析にはさまざまなバリエーションがある。そのバリエーションは，「実験変数（要因）」に対応があるかない（独立）か，その「実験変数（要因）」が「被験者間要因」か「被験者内要因」かによっている。その他，標本サイズが同じか異なるかという区別もある。

　実験変数（要因）の対応とは，すべての水準が同じ標本からデータが取られている場合，「実験変数に対応あり（対応のある要因）」という。一方，それぞれ別の標本からデータを取った場合，「実験変数に対応なし（対応のない要因）」という。t検定での「標本対応のあり，なし」と同様である。

　実験変数（要因）に対応がない場合，すべての水準に異なる標本が割り当てられていることから，水準間の比較は異なる標本（被験者）間での比較になる。こうした場合，「被験者間要因」と呼ぶ。一方すべての水準に同じ標本（被験者）を割り当てた場合，水準間の比較は同じ標本（被験者）間での比較になる。こうした場合，「被験者内要因」と呼ぶ（対応がある場合「内」，対応がない場合「間」である）。「ブロック化」を行った場合，「対応のある要因」になる。ただし，この場合でも，水準間の比較は「被験者間要因」である。

　分散分析の帰無仮説と対立仮説は，以下のとおりである。

　　　　　帰無仮説：いずれの対間にも差がない

　　　　　対立仮説：いずれかの対間に差がある

　本稿では，基本となる一元配置の分散分析（対応のある，対応のない）について解説する。その他の方法は参考文献を参照されたい。

① 対応のない一元配置の分散分析（独立な一要因の分散分析）

　対応のない一元配置の分散分析の原理を説明する。分散分析では，測定値全体の分散は要因による分散と誤差による分散とが複合したものであり，要因による分散の方が誤差による分散よりも大きければ，要因が有意であることを意味する。分散分析を視覚的に表現してみる（「表Ⅳ－2－3」，「表Ⅳ－2－4」を参照）。

表Ⅳ－2－3　平均値一覧

	携帯・スマホ通話（混雑時）	音漏れ（混雑時）	飲食（混雑時）	個人の平均値
20歳代	2.94	2.44	2.19	2.52
30歳代	2.33	1.97	2.00	2.10
40歳代	1.87	1.78	1.95	1.87
50歳代	1.91	1.66	1.61	1.73
60歳代	1.84	1.67	1.51	1.67

平均値	2.18	1.90	1.85
総平均値	1.98		

表Ⅳ－2－4 対応のない一元配置の分散分析（データの分解）

	全体変動				要因による変動				誤差による変動		
	携帯・スマホ通話（混雑時）	音漏れ（混雑時）	飲食（混雑時）		携帯・スマホ通話（混雑時）	音漏れ（混雑時）	飲食（混雑時）		携帯・スマホ通話（混雑時）	音漏れ（混雑時）	飲食（混雑時）
20歳代	0.96	0.46	0.21	20歳代	0.20	−0.08	−0.13	20歳代	0.76	0.54	0.34
30歳代	0.35	−0.01	0.02	30歳代	0.20	−0.08	−0.13	30歳代	0.15	0.07	0.15
40歳代	−0.11	−0.20	−0.03	40歳代	0.20	−0.08	−0.13	40歳代	−0.31	−0.12	0.10
50歳代	−0.07	−0.32	−0.37	50歳代	0.20	−0.08	−0.13	50歳代	−0.27	−0.24	−0.24
60歳代	−0.14	−0.31	−0.47	60歳代	0.20	−0.08	−0.13	60歳代	−0.34	−0.23	−0.34
偏差平方	1.93			偏差平方	0.30			偏差平方	1.63		
自由度	14.00			自由度	2.00			自由度	12.00		
ss/df	0.14			ss/df	0.15			ss/df	0.14		

（「＝」は全体変動と要因による変動の間、「＋」は要因による変動と誤差による変動の間に記載）

　全体変動は，全データの総平均（1.98）からの偏差平方和（1.93）である。この値を自由度で除した値は，全変動に基づく分散の不偏推定量（0.14）である。要因による変動は，要因ごとのデータの総平均からの偏差と考えることができる。したがって，「携帯・スマホ通話」は総平均より0.2点平均を高くし，「音漏れ」は0.08点，「飲食」は0.13点平均を低くすることとなる。要因による変動の偏差平方和は0.30，自由度（要因数－1）2で除した分散の不偏推定量は0.15である。誤差による変動は，要因ごとのデータと平均との差である。要因ごとにさまざまなデータの値を示しているのは，個人差や測定誤差によると考える。個人差や測定誤差がなければ，すべて同じ値（例えば「携帯・スマホ通話」であれば，すべて2.18）をとるはずである。そこで，その差を誤差と考える。

　要因間に対応がない場合は，分散分析表からも明らかようにデータ全体の変動と要因，誤差の変動には次のような関係がある。

　　全体変動の平方和＝要因による変動の平方和＋誤差による変動の平方和

　そこで2つの変動の比を取ることで，要因間に差があるか否かを検定している。実際には，平方和を自由度で除した要因変動の平均平方（不偏分散）を，

誤差変動の平均平方（不偏分散）で除す。その比は，自由度（要因の自由度（v_1），誤差の自由度（v_2））の F 分布に従う（巻末「付表 4　F 分布表」を参照）。

　実際に分散分析を行ってみる（「表Ⅳ－2－5」を参照）。

表Ⅳ－2－5　分散分析表

変動要因	変動	自由度	分散	F 値
要因	0.32	2	0.15	1.13
誤差	1.63	12	0.14	
合計	1.94	14		

　自由度 2，12のときの上側確率 5 ％の F の臨界値は，付表 4 をみると3.885である。したがって，分散分析表の F 値は3.885以下であることから，帰無仮説を棄却することができず，いずれの対間にも差があるとはいえないという結果である（巻末「付表 4　F 分布表」を参照）。　　　　　（島崎・大竹，2017）

② 対応のある一元配置の分散分析（対応のある一要因の分散分析）

表Ⅳ－2－6　対応のある一元配置の分散分析（データの分解）

	全体変動				要因による変動				個人差による変動				誤差による変動		
	携帯・スマホ通話（混雑時）	音漏れ（混雑時）	飲食（混雑時）		携帯・スマホ通話（混雑時）	音漏れ（混雑時）	飲食（混雑時）		携帯・スマホ通話（混雑時）	音漏れ（混雑時）	飲食（混雑時）		携帯・スマホ通話（混雑時）	音漏れ（混雑時）	飲食（混雑時）
20歳代	0.96	0.46	0.21	=	0.20	− 0.08	− 0.13	+	0.54	0.54	0.54	+	0.22	0.00	− 0.20
30歳代	0.35	− 0.01	0.02		0.20	− 0.08	− 0.13		0.12	0.12	0.12		0.03	− 0.05	0.03
40歳代	− 0.11	− 0.20	− 0.03		0.20	− 0.08	− 0.13		− 0.11	− 0.11	− 0.11		− 0.20	− 0.01	0.21
50歳代	− 0.07	− 0.32	− 0.37		0.20	− 0.08	− 0.13		− 0.25	− 0.25	− 0.25		− 0.02	0.01	0.01
60歳代	− 0.14	− 0.31	− 0.47		0.20	− 0.08	− 0.13		− 0.31	− 0.31	− 0.31		− 0.03	0.08	− 0.03
偏差平方和	1.93				0.32				1.43				0.19		
自由度	14.00				2.00				4.00				8.00		
ss/df	0.14				0.16				0.36				0.02		

　一方，要因間に対応がある場合は，データ全体の変動を要因による変動，個

人差による変動，誤差による変動に分けることができる。個人差は，個人ごとの 3 要因の平均からの変動である。対応がない場合と異なり，誤差分散の中から個人差による変動を取り出すことができる。このため誤差分散の値を小さくすることが可能となり，検定力を高めることができる（表「Ⅳ－ 2 － 6 」を参照）。

実際に分散分析を行ってみる（「表Ⅳ－ 2 － 7 」を参照）。

表Ⅳ－ 2 － 7　　分散分析表

変動要因	変動	自由度	分散	F 値
要因	0.32	2	0.15	6.62
個人差	1.44	4	0.36	15.56
誤差	0.19	8	0.02	
合計	1.94	14		

自由度 2 ， 8 のときの上側確率 5 ％の F の臨界値は，「巻末付表 4　　F 分布表」をみると4.459である。したがって，分散分析表の F 値は4.459より大きいことから帰無仮説を棄却し，いずれかの対間に有意差があるという結果である。

対応のない要因と対応のある要因とは，同じ数値を使っている。対応のない要因では帰無仮説を棄却することができなかったのに対し，対応のある要因では帰無仮説を棄却することができた。これは，誤差分散から個人差を取り出したことによる。対応のある要因の分散分析表をみても分かるとおり，個人差は大きな変動を持っている。　　　　　　　　　　　　　　　（島崎・大竹，2017）

③ 多重比較

対応のある分散分析の例では，帰無仮説（いずれの対間にも差がない）を棄却し，対立仮説（いずれかの対間に差がある）を採択した。対立仮説は「いずれかの対間に差がある」であり，すべての対間に差があるわけではない。 3 要因以上の平均値の差を検定する時，分散分析の結果が有意である場合，どの対間

に差があるかを検定する必要がある。このとき，多重比較を行う。

　多重比較には，2つの考え方がある。調査（実験）実施前に要因間の平均値の差について仮説が設けられている場合と，要因間に何らかの効果があることだけを仮定する場合がある。前者を事前比較といい，分散分析を行わずに多重比較を行うことができる。後者を事後比較といい，分散分析を行い，主効果が有意であることを確認したあとで多重比較を行う（主効果が有意でなければ，多重比較を行うことができない）。

　また分散分析と多重比較については，検定としての整合性の問題がある。分散分析の結果が有意であるにもかかわらず，多重比較の結果はいずれの対間も有意差があるとはいえないということが起こりうる。これは，検定方法そのものがまったく別の検定方法であり計算方法も異なるため，分散分析で全体の要因では有意差があるが，多重比較で個別の要因間では有意差はないということが起こりうることを示している（本稿のボンフェローニ検定，ホルム検定による多重比較もこの例であり，分散分析の結果は有意であるが，多重比較の結果はいずれの対間にも有意差がない）。

　分散分析の帰無仮説は「いずれの対間にも差がない」である。表Ⅳ－2－3のデータでいうと，H_0：携帯・スマホ＝音漏れ＝飲食ということになる。これを包括的帰無仮説と呼ぶ。

　それぞれの平均値の比較における帰無仮説の全組み合わせは，

　　　　H_0：携帯・スマホ＝音漏れ

　　　　H_0：携帯・スマホ＝飲食

　　　　H_0：音漏れ＝飲食

である。これらの集合を Family という。Family ごとの有意水準を第一種の familywise error rate という。第一種の familywise error rate は，正しい帰無仮説のうち少なくともひとつが誤って棄却されてしまう確率（family の中で第一種の過誤が少なくとも1回起きる確率）である。多重比較法では，第一種の familywise error rate が有意水準よりも小さくなる時には，「保守的な手法」といわれる。多重比較とは，2対の検定をくり返した時の familywise error rate を 5 ％以下に抑える方法である。

　familywise error rate を調整する方法には，統計量に基づく方法と p 値（有意水準）を調整する方法がある。統計量に基づく方法には，Fisher's LSD 検定，ニューマン・クールズ検定，Tukey's HSD 検定，ダネット検定などがある。なお，Fisher's LSD（Least Significant Difference）検定は，スチューデント化された範囲について考慮していない。ニューマン・クールズ検定は，第 1 種の familywise error rate を有意水準以下に抑えることができない。このため，多重比較として使用する際には注意を要する。ダネット検定は，ひとつの対照群（コントロール群）と複数の処理群（実験群）間の母平均値の差の検定について，対照群と処理群の対比較のみを同時に検定するための多重比較法であり，各処理群の母平均が対照群の母平均と比べ「差があるか否か」だけでなく，「大きいといえるか」あるいは「小さいといえるか」を検定することができる。p 値（有意水準）を調整する方法には，ボンフェローニ検定，ホルム検定，ライアン検定などがある。p 値（有意水準）を調整する方法は，統計量に依存していないため汎用性の高い方法である。以下，統計量に基づく方法の Tukey's HSD 検定，p 値（有意水準）を調整する方法のボンフェローニ検定と，その改良版であるホルム検定を取り上げる。

　統計量に基づく方法である Tukey's HSD 検定は，第一種の過誤に対し厳格である（このため検定力が低い）。また，計算手続きが簡単であることから，多用されている。Tukey's HSD 検定は、要因間ですべての対比較を同時に検定するための多重比較法であり，スチューデント化された範囲を使用する検定である。Tukey's HSD 検定は，すべての要因の標本サイズが同じ場合に適用される（近似的方法として，要因ごとの標本サイズの調和平均を代入する方法がある）。標本サイズが異なる場合は，Tukey's HSD 検定を拡張した Tukey-Kramer 検定が提案されている。

　p 値（有意水準）を調整する方法であるボンフェローニ検定は，検定全体の有意水準を検定回数で除した値を有意水準とする。例えば，全体の有意水準 5 ％で 3 対間の検定を行う場合， 5 ％÷3 ＝1.67％を有意水準に設定する。

これであると，　1 －（ 1 －0.0167）×（ 1 －0.0167）×（ 1 －0.0167）＝0.049
と，いずれかの対間に有意差が出る確率は 5 ％以下に抑えられている。ボン
フェローニ検定は第一種の過誤に対し厳格であり（このため検定力が低い），特
に検定対の数が多くなるとその傾向が顕著である。

　以下，対応のない一元配置の分散分析の多重比較で使われることの多い，
Tukey's HSD 検定とボンフェローニ検定，ホルム検定（この検定法はほとんど
知られていないようであるが，ボンフェローニ検定が極めて保守的方法ということ
もあり，ここで取り上げた）について解説する（ライアン法については「Ⅳ－ 1 －
(8) －② 一様性の検定（カテゴリー数が 3 以上）」を参照）。

　Tukey's HSD 検定では，以下の式から差の臨界値を求める。ただし，
Tukey's HSD 検定は対応のある分散分析の多重比較としては問題がある。

$$\mathrm{HSD} = q_{\alpha.k.df} \sqrt{\frac{\text{誤差の平方根}}{n_i}} \qquad (4.2.7)$$

$q_{\alpha}.k.df$ はスチューデント化された範囲，α は有意確率，k は群数，df は誤
差変動の不偏分散の自由度である（巻末「付表 7 　スチューデント化された範囲
表」を参照）。

　比較する 2 つの平均値の差の絶対値が HSD 以上であれば，その要因間は
5 ％水準で有意差があると判断される。対応のない一元配置の分散分析の結
果から計算してみると，巻末「付表 7 　スチューデント化された範囲表」か
ら $q0.05.3.12＝3.773$ が得られる。

$$\mathrm{HSD} = 3.773 \sqrt{\frac{0.14}{5}} = 0.631$$

　HSD＝0.631なので，2 つの平均値の差の絶対値が0.631以上であれば，
5 ％水準で有意差があると判断される（対応のない一元配置の分散分析の結果は
有意ではないため，実際には多重比較は行わない）。

　対応のある一元配置の分散分析の結果は，帰無仮説を棄却し「いずれかの対
間に有意差がある」という結果であった。そこで，ボンフェローニ検定により
多重比較を行ってみる（「表Ⅳ－ 2 － 8 」を参照）。全体の有意水準を 5 ％とし

3対間の検定を行う。この場合，5％÷3＝1.67％を有意水準に設定することになる。

表Ⅳ－2－8 対応のある t 検定の結果とボンフェローニ検定の結果

	平均値差	t 値	p 値	ボンフェローニ検定の結果
携帯・スマホ－音漏れ	0.28	3.805	0.019	有意差なし（p 値：0.057）
携帯・スマホ－飲食	0.33	2.481	0.068	有意差なし（p 値：0.204）
音漏れ－飲食	0.05	0.711	0.516	有意差なし（p 値：1.000）

ボンフェローニ検定は非常に保守的であり，また群数（k）が大きくなると極端に検出力が落ちることから，改良版のホルム検定が提案されている。ボンフェローニ検定はすべての対間を α/k で検定するが，ホルム検定は p 値の小さい順に並べ，その順に従って $\alpha/(k-1$ 順位$)$ を計算する。上記の例だと，

　　順位1　0.019⇨0.05/（3－0）＝0.016（調整後の p 値：0.057）

　　順位2　0.068⇨0.05/（3－1）＝0.025（調整後の p 値：0.136）

　　順位3　0.516⇨0.05/（3－2）＝0.05（調整後の p 値：0.516）

となる。実際には順位1で有意差がなければ，そこで計算は打ち切られる。

＜分散分析の精度＞

　分散分析の検定力には，以下の関係がある。

　㈠　誤差分散が小さい方が検定力が高い。

　　　＊F 検定における分母の平均平方の期待値が小さい方が，検定力が高い。

　㈢　誤差分散推定の自由度が大きい方が，検定力が高い。

　　㈠と㈢は矛盾した関係である。

＜完全無作為化計画法と乱塊法の比較＞

　上記㈠の誤差分散は，乱塊法より完全無作為化計画法の方が大きい。

　　＊乱塊法は，剰余変数として誤差の一部を統制している。

　　上記㈢の誤差分散推定の自由度は，乱塊法より完全無作為化計画法の方が大きい。

　一概に，完全無作為化計画法より乱塊法の方が有利であるとは結論付けられ

ない。ただし，誤差分散推定の自由度と検定力の関係については，自由度が10を超えると，完全無作為計画法の検定力はさほど高くならない。このため，乱塊法で誤差分散推定の自由度が10を超えるならば，乱塊法の方が検定力が高いということになる。

（島崎，大竹，2017）

(4) シェッフェの一対比較検定
① シェッフェの一対比較検定（シェッフェの原法）

　シェッフェの一対比較（原法）は，2つずつの組にした数種類のテスト品を，2組に分けた標本のある組には$A_i \rightarrow A_j$，別の標本の組には$A_j \rightarrow A_i$という順に提示し，

　　質問：後から提示されたテスト品を基準にしたとき，先に提示されたテスト
　　　　　品をどの程度に評価するか

を下記のような5段階評価（$-2 \sim +2$），あるいは7段階評価（$-3 \sim +3$）で評価させる。

　　　　　A_jに比しA_iの方が　：良くない（-2）

　　　　　　　　　　　　　　　あまり良くない（-1）

　　　　　　　　　　　　　　　どちらともいえない（0）

　　　　　　　　　　　　　　　やや良い（$+1$）

　　　　　A_jに比しA_iの方が　：良い（$+2$）

　t個のテスト品をn人の標本に評価してもらう場合，順序のある対は$t(t-1)$組となるから，組合せごとの標本の割り付け数は$n/t(t-1)$，判断回数も$n/t(t-1)$回である。

　シェッフェの一対比較検定は，$A_i \rightarrow A_j$の順で評価したk番目の標本のテスト品A_iに対する評価点をx_{ijk}とすると，x_{ijk}を以下のように分解する（吉田正昭・村田昭治・井関利明，1969；古川秀子，1994；天坂格郎・長沢伸也，2000）。

$$x_{ijk} = (\alpha_i - \alpha_j) + \gamma_{ij} + \delta_{ij} + e_{ijk} \qquad (4.2.8)$$

　　　　　　　i　：先のテスト品

j ：後のテスト品

k ：標本

α_i ：テスト品 A_i の平均的選好度

α_j ：テスト品 A_j の平均的選好度

γ_{ij} ：組合せ効果

δ_{ij} ：順序効果

e_{ijk} ：上記以外の誤差

それぞれを，次のような条件下で推定する。

$$\Sigma \, \alpha_i = 0 , \ \Sigma \, \gamma_{ij} = 0 , \ \gamma_{ij} = -\gamma_{ji} , \ \delta_{ij} = \delta_{ji} \qquad （4.2.9）$$

以下，実例で解説する。

テスト品はM，N，Oの３種類である。この場合順序効果，組合せ効果を
コントロールするため，すべての使用順序，組合せを考慮する必要がある。こ
の場合の組み合わせ数は，$_3C_2$ で，６とおりの組合せとなる（「表Ⅳ－２－９」
を参照）。

表Ⅳ－２－９　シェッフェの一対比較検定（データはダミー）

組合せ	-2	-1	0	1	2	合計	$\hat{\mu}_{ij}$	$\hat{\pi}_{ij}$
M→N	0	0	2	6	2	10	1.0	0.7
N→M	0	6	2	2	0	-4	-0.4	
M→O	6	3	1	0	0	-15	-1.5	-1.2
O→M	0	2	1	3	4	9	0.9	
N→O	3	3	3	1	0	-8	-0.8	-0.95
O→N	0	1	2	2	5	11	1.1	
合計	9	15	11	14	11	3		

(イ)　組合せごとの平均（μ_{ij}）を推定する。

$$\hat{\mu}_{ij} = \frac{1}{n} \sum_{k}^{n} x_{ijk} \qquad （4.2.10）$$

式は，Σ（評点×評点ごとの人数）／n ということである。

(ロ)　順序効果を除いて推定する。（μ_{ij} と μ_{ji} の順序の影響を除いた M_i の M_j に
対する嗜好）

測定方向が逆になっている（$\gamma_{ij} = -\gamma_{ji}$）ので，$\mu_{ij}$ と μ_{ji} の平均は μ_{ij} の符号を逆転し，μ_{ji} と加算し 2 で除算すれば，順序の影響を除いた嗜好となる。したがって，μ_{ij} と μ_{ji} の平均は，μ_{ij} から μ_{ji} を除算し $1/2$ にすればよいことになる。平均したということは，順序効果を除いた M_i の M_j に対する嗜好ということになる。

$$\hat{\pi}_{ij} = \frac{1}{2}(\mu_{ij} - \mu_{ji}) \quad (4.2.11)$$

π_{ij} は，$\pi_{ij} = (\alpha_i - \alpha_j) + \gamma_{ij}$ とおくと，順序効果を除いた M_i を基準にした M_j の嗜好となり，$\pi_{ji} = (\alpha_j - \alpha_i) + \gamma_{ji}$ であるから，$\pi_{ij} = -\pi_{ji}$ となる。

(ハ) 順序効果を推定する。

$$\hat{\delta}_i = \frac{1}{2}(\mu_{ij} + \mu_{ji}) \quad (4.2.12)$$

(ロ)とは逆に，μ_{ij} に μ_{ji} を加えている。これにより μ_{ij} と μ_{ji} の差ということになる。その差を平均した δ_{ij} は，順序効果ということになる。

(ニ) 平均的嗜好度を推定する。

$$\hat{\alpha}_i = \frac{1}{t} \sum_{j=1}^{t} \hat{\pi}_{ij} \quad (4.2.13)$$

t はテスト品数

組合せは 2 品のため $1/(t-1)$ であるのに $1/t$ で除しているのは，全テスト品を対象とした比較と仮定したことになり，測定の基準が一定していることになる。2 対以外の評価は 0 としている。

(ホ) 組合せ効果を推定する。

$$\hat{\gamma}_{ij} = \hat{\pi}_{ij} - (\hat{\alpha}_i - \hat{\alpha}_j) \quad (4.2.14)$$

組合せ効果は，π_{ij}（順序効果を除いた効果）と $(\alpha_i - \alpha_j)$（主効果差）の差である。

π_{ij} は実測値であり，$(\alpha_i - \alpha_j)$ の主効果差は理論値である。両者は一致しないことが多く，これは組合せ効果によるということになる。

　　上記で推定値が揃ったので，これに基づき分散分析を行う。まず分散
分析表を作成する（「表Ⅳ－2－10」を参照）。

表Ⅳ－2－10　分散分析表

要因	平方和	自由度	不偏分散	F比
主効果 α_i	$S_\alpha = 2nt\Sigma\,\alpha_i^2$	$f_\alpha = t-1$	$V_\alpha = S_\alpha/f_\alpha$	V_α/V_e
組合せ効果 S_γ	$S_\gamma = 2n\Sigma\Sigma\gamma_{ij}^2 = S_\pi - S_\alpha$	$f_\gamma = (t-1)(t-2)/2$	$V_\gamma = S_\gamma/f_\gamma$	V_γ/V_e
順序効果 S_δ	$S_\delta = 2n\Sigma\Sigma\delta_{ij}^2 = S_\mu - S_\pi$	$f_\delta = t(t-1)/2$	$V_\delta = S_\delta/f_\delta$	V_δ/V_e
誤差 S_e	$S_e = n\Sigma\Sigma\Sigma\,(x_{ijk} - \mu_{ij})^2 = S_T - S_\mu$	$f_e = t(t-1)(n-1)$	$V_e = S_e/f_e$	
合計 S_T	$S_T = \Sigma\Sigma\Sigma x_{ijk}^2$	$f_T = t(t-1)n$		

　　M_i の M_j に対する嗜好度の平方和 S_μ と，順序効果を除いた M_i の M_j に対す
る嗜好度 S_π の平方和の計算は，以下の式により計算する。

$$S_\mu = n\ \Sigma\ \Sigma\ \hat{\mu}_{ij}^2 \qquad (4.2.15)$$

$$S_\pi = n\ \Sigma\ \Sigma\ \hat{x}_{ij}^2 \qquad (4.2.16)$$

　　主効果に有意差がある場合，どのテスト品間に差があるかを検定する。検定
方法は，ヤードスティック Y を求め，$|\alpha_i - \alpha_j| > Y$ であれば，テスト品 A_i と
A_j の間には有意差があると判断する。ヤードスティック Y は次式より求める
（古川，1994；天坂・長沢，2000）。

$$Y = q\ \sqrt{\frac{V_e}{2nt}} \qquad (4.2.17)$$

　　q はスチューデント化された範囲のパーセント点であり，テスト品数3，自
由度40に対応する値である。

　　例題データを分析してみると，主効果の検定結果は F 比 $= 28.47 \geqq F$
$(0.01；2,60) = 4.977$ であり，1％水準で有意であり，テスト品間に評価差
がある。

　　組合せ効果の検定結果は，F 比 $= 6.72 \geqq F\ (0.01；1,60) = 7.07$，$F$ 比 $=$
$6.72 \geqq F\ (0.05；1,60) = 4.00$ であり，5％水準で有意であり，組合せによ
り評価に差がある。

　順序効果の検定結果は，F比$=6.72 \geqq F$（0.05；3,60）$=2.76$であり，順序効果については有意差はない（巻末「付表4　F分布表」を参照）。

　主効果に有意差がみられることから，多重比較によりどのテスト品間に有意差があるかを検定しみる。

　ヤードスティックYは，

$$Y = 3.44 \sqrt{\frac{0.89}{(2 \times 10 \times 3)}} = 0.419$$

$Y=0.419$である。そこで，主効果差の判定は，

$\quad |\alpha_M - \alpha_N| = |(-0.167)-(-0.55)| = 0.383 < 0.419 : 有意差なし$

$\quad |\alpha_M - \alpha_0| = |(-0.167)-(-0.717)| = 0.55 > 0.419 : 有意差あり$

$\quad |\alpha_N - \alpha_0| = |(-0.55)-(-0.717)| = 1.267 > 0.419 : 有意差あり$

となる。

② シェッフェの一対比較検定（芳賀の変法）

　一対比較テストの場合，判断の往復を許すテスト設計も多くみられることから，判断の往復ありを前提とした芳賀の変法を以下に示す。方法は，シェッフェの原法から順序効果の項を除いた式となる。

$$x_{ijk} = (\alpha_i - \alpha_j) + \gamma_{ij} + e_{ijk} \quad （4.2.18）$$

$\qquad i$　：先のテスト品

$\qquad j$　：後のテスト品

$\qquad k$　：標本

$\qquad \alpha_i$：テスト品A_iの平均的選好度

$\qquad \alpha_j$：テスト品A_jの平均的選好度

$\qquad \gamma_{ij}$：組合せ効果

$\qquad e_{ijk}$：上記以外の誤差

　各項の推定式もシェッフェの原法と同じである。提示順があるが，これは便宜的である。

　推定された各項から作成される分散分析表も，順序効果の項がないシェッ

フェの原法と同じである。

(5) その他の検定法

官能評価法には，嗜好に合うテスト品を指摘してもらう，あるいは甘さの程度が異なるテスト品を提示し「どちらが甘いか」など味を指摘してもらう1点，2点，3点識別法，1点，2点，3点嗜好法がある。こうした場合の検定に二項検定が用いられることがある。

テスト品を2品提示し，嗜好に合うテスト品を指摘してもらう場合は，テスト品の嗜好（評価）に差があるかを判断してもらうことから，両側検定である。標本の識別力を判定する場合，例えば10％の砂糖溶液と12％の砂糖溶液を試飲し，どちらが「甘い」かを判断させる場合，10％砂糖溶液と12％砂糖溶液では甘さの順位は一意的に決まっているので片側検定である。

二項検定の場合，繰り返し数が10回程度であれば計算は煩雑ではない。しかし，繰り返し数が多くなると，直接確率を計算するのは極めて煩雑になる。また，繰り返し数が100程度までは早見表が掲載されている文献もあり，それを利用することができる。しかし，マーケティング・リサーチでは標本数が100を越えることが多い。こうした場合，正規分布あるいはx^2による近似法を利用することができる。これら近似法は本書でも解説しているので，それらを参照されたい。

第Ⅴ部

定性調査の手法と結果の分析・

とりまとめ

定性調査とは

（1）調査の種類

マーケティング・リサーチ，世論調査，社会調査で用いられる調査の種類は，第Ⅰ部の「表Ⅰ－4－1　調査対象者との接触方法による分類」に示したように分類できる（「Ⅰ－4　調査手法の種類と定量調査，定性調査」を参照）。

これらの調査手法のうち定量調査は，調査対象集団を構成する調査単位のすべてを調査する悉皆調査（全数調査）か，調査単位の一部を無作為に抽出して調査する標本調査の手法を用い，調査結果から調査対象集団（標本調査では母集団）の傾向を量的に把握（標本調査では推計）しようとするものである。表Ⅰ－4－1では，「1－（1）　指示的調査」に掲げた手法が用いられる（「Ⅱ－2　定量調査の種類」を参照）。

これに対して定性調査は，調査目的に対して最適と考えられる調査対象者を有意抽出し，対象者の意見・態度，行動などその背景を含めた質的構造を解明しようとするもので，調査対象者各々の調査結果は事例であり，定量調査のように調査結果から一般的傾向を推計することはできない（島崎・大竹，2017）。表Ⅰ－4－1の調査手法のうち，「1－（2）　半構造化された調査」，「1－（3）　自由面接調査」，「3－（2）　非統制的観察法」は，定性調査の手法である。

詳細面接調査は，通常インタビュー調査，あるいは単にインタビューと呼ばれている。また，デプス・インタビューと呼ぶものもいる。1～2時間で実施されるインタビューは，デプス・インタビュー（深層面接調査）とはいえない。これを峻別するために，本書では詳細面接調査とした。また，インタビュー調査をヒアリング調査と呼ぶものもいるが，ヒアリングとは官公庁が関係者から聞き取りを行うことをヒアリングと呼び，調査機関が行う調査はインタビューと呼ぶのが一般的である。

近年では，定性調査でも電気通信技術の発展によってテレビ会議を利用した

グループ・インタビューやメール等を利用した詳細面接調査など，インターネット／オンラインを活用した質的調査が登場し，これらの活用が進展している（（一社）日本マーケティング・リサーチ協会，2018）。これらの新しい技法も，質的構造の解明を目指す調査目的や調査設計・実施・分析の留意点の基本は，従来のグループ・インタビューや詳細面接調査と同様である。そこで，この第Ⅴ部では，従来の技法に基づいて，質的調査のさまざまな局面について解説した。

(2) 定性調査の特性

定性調査（qualitative research）は，事例を調査することによって調査課題の質的構造を明らかにしようとするものである。安田三郎は，定性的手法（事例研究法：case study）は，「①　きわめて少数の事例について，②　多数の側面を全体関連的にインテンシヴに，③　主観的・洞察的に把握し，④　これまた主観的・洞察的に普遍化するものである」（安田三郎，原純輔，1982）としている。

調査における対象者の測定方法は，下記の2つに分類される（「Ⅱ－9－(1) 尺度の種類」を参照）。

第1種測定法：尺度を用いる。即ち，回答選択肢を与えたり，実数で測定する方法。

第2種測定法：調査者，あるいは対象者の主観的判断に依存する方法，即ち，意見や態度を自由回答で得る方法。

（島崎・大竹，2017）

構造化された調査票を用いず，調査項目のみを定めて，インタビュアー（調査者）あるいはモデュレーター（modulator）と対象者の間のやりとりで情報を収集する定性調査の測定方法は，第2種測定法である。それ故，収集された情報は，調査者と対象者の主観によって基準が異なる可能性がある。

定性的手法における調査対象者は，定量的手法における標本のように，母集団を代表するように無作為抽出（random sampling）されたものではなく，多

くは調査設計者が意図的に選び出した，すなわち有意抽出（purposive sampling）されたものである。また，定性的手法はあくまで事例についての質的構造の解明を目指すものであり，その多くは定量的手法のように構造化された調査票を用いず，調査項目まで定めその範囲で対象者に自由に発言してもらう半構造化された調査か，まったく自由に面接を行う自由面接調査が多い。

　このような定性調査の手法は統計学に依拠する定量調査とは異なり，経験則に依存するところが大きい。それ故，同様の対象に同様の手法で再調査を行った時の調査結果の再現性によって，手法の妥当性（validity）と結果の信頼性（reliability）が左右される傾向がある。　　　　　　　　　　（島崎・大竹，2017）

　また，定性調査における一人ひとりの対象は，個個の事例（case）として取り扱われる。定性調査は事例研究でも多用される手法である。事例研究は，研究という言葉が示すとおり，事例を取り扱う広範な枠組を示しており，定性調査に限らず定量調査，資料収集，先行研究との参照など多様な手法を用いて行うものである。

　この事例研究には批判がある。下記に，都市社会学者の奥田道大の批判を引用するが，この批判は定性調査を用いるものが忘れてはならない指摘である。

　「事例的調査法が社会調査の研究方法に占める位置を，統計的調査法とくらべてみたばあい，どちらかといえば，後退的である。とくに実践的・応用的目的の調査よりは，普遍的法則理論の構築に資する科学的調査において，この傾向がつよい。事例的調査法が科学的調査の研究方法として欠けている点は，まさに事例的調査法の特質そのものに対応して指摘されている。ひとつは，えらばれる個別事例の典型性・代表性の保証がないので，普遍的な法則をみちびきだすことが困難であるというものである。…（中略）…ふたつは，研究方法そのものがインフォーマルであるため，分析の過程が標準化しがたく，不確実な観察や恣意的な推論のはいりこむ余地がおおきい」。このため，データ解釈における信頼性・客観性・精密性が問われると指摘している（奥田道大，1967）。

　かつて，マス・コミュニケーション領域における「利用と満足研究」が1940年代アメリカで隆盛を迎えたが，1950年代には衰退してしまった。その

原因は，研究過程で少数の対象者に対して詳細なインタビューを用いて仮説・理論を構築したが，抽出された仮説・理論が後日の調査で再現できないという問題が生じたためである。「利用と満足研究」は，1970年代に至って定量的手法を持ち込み，妥当性と信頼性の問題が克服されることによって復興していった（島崎・坂巻，2007）。

　前掲のとおり，定性調査は個個の事例を取り扱う調査手法である。それ故，上記の事例研究に対する批判や失敗の実例を十分に勘案する必要がある。

　以上のような批判の延長上で，事例研究を定量的調査を用いた研究の補完的役割を担うものと位置付ける見方がある一方，奥田は，「① 社会的状況を文化的な背景に関連するものとして，具体的に特別詳細に研究しようとするとき，② ある対象，ある人間，ある状況の自然的発展や生活史を研究しようとするとき，③ 全体的な社会状況や，関係しあっている要素の複合的関連についての事実を確保しなければ，社会的な過程を記述し分析することができないようなとき，④ 個人の内面生活や社会的欲求・関心・動機，いいかえれば生きている存在，集合的行動の実体を文化的背景のもとに研究しようとするとき，ケース・データがきわめて有意義となる」と，Young, P. V. の言葉をひいて（Yong, P. V., 1939）評価している（奥田，1967）。

　ヴォーンら（Vaughn, S . et al.）は，マーケティングにおける定性調査の一種であるグループ・インタビューについて，対象者の視点を分かりやすい方法で確認しようとする教育学や心理学と異なり，その製品を買うように説得できるかを目標として，顧客がその製品をどのようにみているかを明らかにする点にある，と述べている（ヴォーン，S. et al., 1996=1999）。

　マーケティング・リサーチにおいては，定性調査は市場の量的把握や市場規模の予測等には役立たないが，マーケティング上のヒントを得る手段としては有用な手法であるといえよう。

　また，マーケティング・リサーチで定性調査を用いるにあたっては，次のような点に留意する必要がある。定性調査は，統計学に依存する定量調査と異なり，経験主義的傾向が強い。経験主義のみでは，当然非科学的傾向に傾斜して

しまう。定性調査を社会科学の手法として確立するために必要な要素は，妥当性と信頼性，その結果としての再現性である。そのためには，調査の克明な要領を公表することも重要である。

(3) 定性調査の種類と内容
① 詳細面接法

　調査対象者と調査員が一対一の直接面接で実施する方法である。面接法には，予め質問・選択肢を用意し，それに沿って面接を進めていく指示的面接と，質問項目だけを用意し，詳細な内容はインタビュアー（面接者）の判断に任せる非指示的面接に大別される。前者は定量調査で用いられる手法であり，後者は定性調査で用いられる手法である。

　定性的手法の目的は，対象となる事象の背景にある構造の解明にある。この目的のためには，調査対象者の状況に合わせて詳細な調査内容を検討しながら調査を進める非指示的面接の方が，より調査課題の核心に接近できる手法であるといえよう。ただし，対象者の個人属性や調査課題にかかわる基本的な情報を得るための補助手段として，選択肢まで用意した質問票を用いることはある。

　非指示的面接の場合，面接者が調査対象者の状況に合わせて質問内容を自由に設定しながら，また調査対象者に一定程度自由に語らせながらも，調査課題に基づく質問の大枠から逸脱させないといった高度の技術に熟達していることが要求される。この技術は，普遍化できるものではなく，経験的習得に依存する部分が大きいという問題がある。

② 深層面接法

　代表的な面接法のひとつに，深層面接法（デプス・インタビュー：depth interview）がある。これは概ね一対一の面接で，対象者の価値意識，態度，行動といったものの背景にある心理を明らかにし，構造を解明しようとする手法である。したがって，非指示的面接で行うこととなる。この手法では，時には対象者が避けようとする問題についても巧みに追求することが必要とされ，

面接者には高度の熟達が要求される。

③ グループ・インタビュー

　もうひとつの代表的な面接法は，グループ・インタビュー（group interview）である。この手法はマーケティング・リサーチでよく用いられ，概ね6〜8名の調査対象者が一堂に会し，面接者（モデュレーター：modulator）の司会・統制に従って共通の課題について意見を表明し，あるいは対象者間の討論を交えながら，2時間程度の時間で進められる。

　ヴォーン，S．らは，グループ・インタビューをフォーカス・グループ・インタビュー（focus group interview）と呼び，アメリカの社会学者マートン，R．K．（Merton, R. K.）が，アメリカ資料情報局（後の戦略情報局）の戦意高揚研究でフォーカス・グループ・インタビューを初めて用いた故に，この手法の父はマートンであると述べている（ヴォーン et al., 1996=1999）。

　マーケティング・リサーチにおけるグループ・インタビューは焦点を絞ったものであり，フォーカス・グループ・インタビューであるといえよう。

　グループ・インタビューでは，質問の大枠と手順（フローチャート）を作成するが，選択肢まで用意することはせず，非指示的面接で行う。ただし，グループ・インタビュー開始前に，対象者の属性などの基本的情報を得るための補助的手段として選択肢まで用意した調査票を用いることは，一般的に行われている。

　この手法では，司会を務める面接者（モデュレーター）は同時に複数の調査対象者に面接することとなり，対象者に自由に発言・討論させながら，調査課題から大きく逸脱させず，さらに，発言が一部の対象者に偏らないように，発言が少ないものにも発言の機会を与え，また一部の対象者の発言に他の対象者が引きずられないように導いていくといった高度の技術が要求される。グループ・インタビューのモデュレーターの中には，調査対象者に先だって自らの意見を表明するものもいるが，これでは自ら対象者の発言を封じ，調査者の仮説に基づく結論へと導くことになる。

④ 非統制的観察法

　非統制的観察法 (uncontrolled observation method) は，でき得る限り事実を掌握するために，事前に観察項目や手順を決定せず，自由に行う観察法である。対象となる事象の背景にある構造を探る定性調査に適した調査手法であり，農村社会学，都市社会学，文化人類学をはじめとして多くの分野で用いられる（島崎・大竹，2017）。

⑤ その他の定性的手法

　メリアム，S. B. (Merriam, S. B.) は，定性調査を表Ⅴ－1－1のように整理している。この表は，教育における主なタイプの質的調査法であるが，社会調査おける定性調査一般に通じる分類であるといえる（メリアム，S. B.，1998＝2004）。マーケティング・リサーチにおける定性調査は，この表の「基本的または一般的」タイプであり，時に調査全体の構造は，「ケース・スタディ」に相当することがある。

　近藤光雄等は，マーケティング・リサーチにおける「ケース・スタディ」として，企業や事業所を対象に，組織構成，売上構成，流通チャネル，仕入先，研究開発など対象組織の状況把握のために，詳細面接調査で実施する例をあげている（近藤光雄・小田宣夫，2004）。

　「エスノグラフィ (ethnography)」，「現象学 (phenomenology)」，「グラウンデッド・セオリー (grounded theory approach)」は，社会調査の手法として用いられるが，マーケティング・リサーチへの応用例は少ないので，この表の紹介にとどめておく。

表Ⅴ－1－1　教育における主なタイプの質的調査法

タイプ	特性	例
基本的または一般的	・記述・解釈・理解を含む ・よく起こるパターンをテーマやカテゴリーとする ・プロセスの記述	・Meaning-making in transformational learning (Courtenay, Merriam & Reeves, 1998)
エスノグラフィ	・社会と集団を焦点化 ・ある集団の行動を構造化する信念や価値観や態度を明らかにし，記述する	・A study of twenty successful Hispanic high school students (Cordeiro & Carspecken, 1993)
現象学	・ある現象の本質や基本的構造にかかわる ・その現象に対する参加者と調査者の直接的経験というデータを用いる	・The role of intuition in reflective practice (Mott, 1994) ・Practices inhibiting school effectiveness (Aviram, 1993)
グラウンデッド・セオリー	・実践のある価値に関する領域密着型理論を帰納的に構築するようにデザインされる ・現実世界に「根ざしている (grounded)」	・A framework for describing developmental change among older adults (Fisher, 1993)
ケース・スタディ	・ひとつのユニットや境界づけられたシステムの集約的で全体論的な記述と分析 ・上記のどのタイプとも結びつけることが可能である	・A comparative case study of power relationships in two graduate classrooms (Tisdell, 1993)

(メリアム, S. B., 1998=2004)

 ② **マーケティング・リサーチにおける定性調査**

(1) マーケティング・リサーチで多用される定性的手法

　「Ⅴ－1－(1) 調査の種類」で述べたとおり，定性調査にはさまざまな手法があるが，マーケティング・リサーチで多用される手法は，詳細面接調査とグループ・インタビューである。マーケティング・リサーチにおける定性的面接調査は，一般的に1人の対象者に1〜2時間程度の面接を行うのみで，1人の対象者に日時を変えて長時間の面接を行い，深層に迫ろうとする深層面接

調査にあたらない。マーケティング・リサーチの定性的面接調査は，詳細面接調査である。

(2) マーケティングのプロセスと定性調査

　定性調査は，マーケティングのさまざまなプロセスでの意思決定の参考資料を得るために，定量調査やテスト・実験とともに多用されている。このマーケティングのプロセスとマーケティング・リサーチの関係は，第Ⅱ部で示したとおりである（「Ⅱ－4－(1) マーケティングのプロセスとマーケティング・リサーチ」を参照）。

　例えば，新商品開発から市場導入のマーケティング・プロセスは，「ステージⅠ　市場分析／競合分析」→「ステージⅡ　市場の問題点と仮説の抽出」→「ステージⅢ　製品コンセプトの具体化」→「ステージⅣ　消費者の受容性評価」→「ステージⅤ　市場導入計画の立案」→「ステージⅥ　市場導入」の段階を踏むが，その各プロセスで下記のような目的でグループ・インタビューや詳細面接調査が利用されている。

・「ステージⅠ　市場分析／競合分析」：新規市場の参入機会の探索，既存市場
　　　　　　　　　　　　　　　　　での新たな方向性の探索
・「ステージⅡ　市場の問題点と仮説の抽出」：コンセプト立案，消費者ニーズ
　　　　　　　　　　　　　　　　　　　　の探索，消費者ニーズの類型化，
　　　　　　　　　　　　　　　　　　　　ターゲット層の抽出
・「ステージⅢ　製品コンセプトの具体化」：コンセプトの受容性検証，プロダ
　　　　　　　　　　　　　　　　　　クトの使用評価検証，デザインの
　　　　　　　　　　　　　　　　　　受容性検証，製品名の適合性検証，
　　　　　　　　　　　　　　　　　　ネーミングの受容性検証，価格の
　　　　　　　　　　　　　　　　　　受容性検証
・「ステージⅣ　消費者の受容性評価」：コンセプト＆プロダクトのマッチング
　　　　　　　　　　　　　　　　　　検証，表示理解度評価，製品＋ブラン
　　　　　　　　　　　　　　　　　　ド資産評価

・「ステージⅤ　市場導入計画の立案」：広告評価，流通の受容性検証
・「ステージⅥ　市場導入」：初期購入者と想定ターゲットの整合性検証，ブラ
　　　　　　　　　　　　　ンドの浸透度検証，ブランド・ロイヤリティ検証，
　　　　　　　　　　　　　ブランドの差別性検証，顧客満足度評価，流通に
　　　　　　　　　　　　　おける状況確認，製品の問題点抽出

(3) マーケティング・リサーチで用いられる調査等の内容

　マーケティングの各プロセスでは，定性調査はさまざまな目的で用いられる。
具体的には，「P＆O分析（Place & Occasion Analysis）」あるいは「TPO分
析（Time, Place & Occasion Analysis）」，「パッケージ評価」，「ネーミング評
価」，「C／Pテスト・評価（Concept and Product Test）」，「表示理解評価」，
「価格イメージ評価」，「広告コピーテスト・評価」，「顧客満足度調査」などで
ある（これらのテスト・調査の詳細は「Ⅱ－4－(2) マーケティング・リサーチで
用いられる調査等の内容」を参照）。このように，テスト・実験と定性調査が組
み合わされて実施されることもある。
　また，製品テストでは，メーカーやブランドを匿して製品の評価を得る「ブ
ラインドテスト」とメーカーやブランドのこれまでの評価（ブランド資産）も
加えて製品評価を得る「オープンブランドテスト」がある（「Ⅱ－4－(2)
マーケティング・リサーチで用いられる調査等の内容」を参照）。

(4) グループ・インタビューの定義と詳細面接法との差異
① グループ・インタビューの定義

　ヴォーンらは，グループ・インタビューの多様な定義を集約して，次のよう
に述べている（ヴォーン et al., 1996＝1999）。
・グループは，ある特定の話題に対して見解を出すことを要請された，ター
　ゲットとなる人たちの形式ばらない集まりである。
・グループの人数は少数で，通常6人から12人のメンバーから成る比較的同
　質的な人びとである。

・よくトレーニングされた司会者が，仮説と質問を準備して，参加者の反応を引き出す。
・フォーカス・グループ・インタビューの目標は，特定の話題について参加者の理解，感情，受け止め方，考えを引き出すことにある。
・非常に多数の人々に対して応用できるような量的な情報を生み出すものではない。

次に，梅澤伸嘉の定義を掲げておく（梅澤伸嘉，1981）。

グループ・インタビューとは，

・ある特定の目的のために用意された話題を，
・その目的にそって集められた少人数（通常4～8人）のグループで話し合う過程において，
・熟練した司会者のコントロール技術によって，
・集団の利点を活用してグループメンバーが互いに影響し合う場面を作り，
・主として非構成的なアプローチによって得られた個人個人の反応を統合して，
・仮説の抽出や仮説の検証など，その時々の目的にしたがって観察・分析する手法である。
・その目的によって分析を重視するケースと観察を重視するケースに分けられる。

　梅澤は，グループ・メンバーの相互作用の利用を指摘しているが，この相互作用は利点であると同時に，欠点となることもある。相互作用によって対象者の心理が掘り起こされる利点があるが，他方で一部の対象者によって他の対象者の心理や発言が一定の方向に導かれてしまうことがある。このような時に，面接者（梅澤は司会者としているが，モデュレーターのこと）の経験や能力がグループ・インタビューの成否を左右するのである（詳しくは，「Ⅴ-5　グループ・インタビューの実施」を参照）。

② 詳細面接法との差異

　梅澤は，個人面接法（詳細面接調査）とグループ・インタビューの違いにつ

いて，次のように指摘している（梅澤，1981）。

- ・第1の違いは，グループ・インタビューが集団の利点を活かして集団で
行われるという点である。
- ・個人面接法は，複数人が別別に情報を集めてくることによる問題，すなわ
ち面接者（調査員）の個人差（経験，能力など）の問題があり，グループ・
インタビューは1人が情報を集めることによる問題，すなわち面接者（司
会者）の経験や能力の要因がもろに効いてくるという問題がある。
- ・量的調査は統計という道具で客観性を保っているのに対して，グループ・
インタビューでは（調査スタッフがグループ全員についてよく観察できるとい
う）「間主観性」によって客観性を保つことができる。

(5) グループ・インタビューと詳細面接調査の使い分け

　調査課題によって，詳細面接調査とグループ・インタビューを使い分ける必
要がある。

　社会規範等を含む社会文化によって人前で話すことが憚られるような課題の
場合は，グループ・インタビューは適さず，詳細面接調査で行うべきである。
例えば，「個人情報保護法」によって「要配慮個人情報」と規定された内容に
触れる調査内容の場合，グループ・インタビューを用いるべきではない。（「要
配慮個人情報」は「Ⅰ-5　個人情報の保護」を参照）。

　上記以外にも，日本では金銭に関することを人前で話すのは恥であるという
社会文化がある。したがって，このような課題にグループ・インタビューを用
いるのは不適切である。

　社会規範等の社会文化は，国，民族，地域等によって異なる。海外で定性調
査を実施する場合は，それぞれの文化に配慮して手法を選択するべきである。

事実探索と仮説検証

(1) 事実探索的アプローチと問題点

　事実探索（exploratory）的アプローチとは，解明されていない事実を明らかにすることを主眼に調査を設計するアプローチ方法をいう。

　事実探索的アプローチでは，事実が判明していない事項について測定するための質問項目を設計する。したがって，作成される質問内容はもともと中立的であり，調査者の恣意が入り込む余地は少ない。

　仮説の成立しようがない未知の領域では有効である。しかし，仮説が存在しないので調査結果から断片的な知見しか得られず，仮説検証的アプローチのように全体像とその構造についての知見を得ることができないという批判もある。

（島崎・大竹，2017）

(2) 仮説検証的アプローチと問題点

　仮説検証（confirmatory）的アプローチとは，調査課題に関する仮説を構築し，調査によってその仮説が採択されるか，棄却されるかを検証することを主眼に調査を設計するアプローチ方法をいう。

　調査設計にあたって仮説を立てることは，設計者の恣意が入り込むという批判がある。

　仮説検証的アプローチでは，仮説検証が可能な調査項目の設計を行う。ただし，仮説に対して中立的な質問内容の設計を行わないと，仮説が正しいことを説明する調査になってしまう。

　仮説検証的アプローチの分析計画は，仮説検証が基本である。例えば，ある態度が性別で異なるという仮説に対しては，この回答を性別で比較分析する。この分析結果で仮説を検証し，仮説を採択するか，棄却するかを選択する。

（島崎・大竹，2017）

（3）仮説から作業仮説，調査項目へ

　提起された課題解決に役立ちそうな手がかりを事前に見つけることが，仮説の設定である。

　仮説があることで調査の的を絞ることができ，質問量を非効率的に拡大せずに済む一方，仮説が不適切だと的外れの調査となる恐れもある。的確な仮説を設定するには，課題に対する知識と洞察が求められる。

　仮説構築の第一歩は既存資料の収集である。仮説は，既存資料の分析を含む経験的知見に基づいて構築する。

　通常，構築された仮説を暫定的に認め，これを測定可能な内容に置き換え，調査によって検証する。この測定可能な内容に置き換えられた仮説を作業仮説と呼ぶ。

　次に，この作業仮説を測定するための調査項目を検討する（「Ⅱ－1－（3）仮説から作業仮説，調査項目へ」を参照）。　　　　　　　　（島崎・大竹，2017）

（4）定性調査における事実探索と仮説検証

　定性調査は，事実探索と仮説検証の双方で利用される。

　定性調査単体での利用もあるが，定量調査と組み合わせて利用する場合もある。定量調査によって量的把握を目指すが，その定量調査の設計にあたって仮説が構築できない場合，仮説構築のための情報を得るため，事実探索的アプローチで定性調査を先行実施する場合がある。また，定量調査を実施し，その結果を分析するにあたって，特定の質問等に対する発言が何故そのような傾向を示すのか解釈できない場合，その発言の背景にある経験や心理等の構造を明らかにするために，仮説を構築して定性調査を追跡実施する場合がある。このように，定性調査と定量調査を組み合わせて実施することで，より深い知見を得ることができるのである。　　　　　　　　　　　　　　（島崎・大竹，2017）

　定性調査単体で実施する場合は，一般的にその多くは仮説検証である。

グループ・インタビューの一般的手順と調査設計・準備

（1）グループ・インタビューの一般的手順

グループ・インタビューの一般的手順を表Ⅴ-4-1に示す。

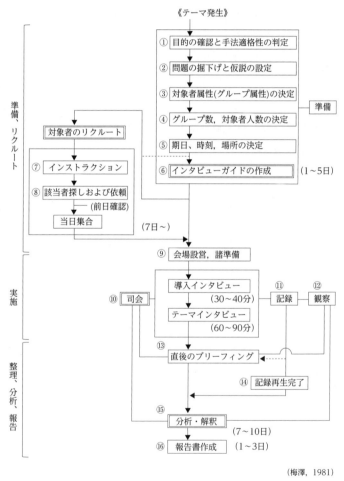

(梅澤, 1981)

図Ⅴ-4-1　グループ・インタビューの一般的手順

(2) 調査目的と調査手法の妥当性

　目的が母集団における行動や態度等の割合を解明しようとするのであれば，定性調査は不適切な手法である。目的が行動や態度等の背景にある経験や心理，価値意識等の構造を解明しようとするならば，定性調査は適切な手法である。

　しかし，例えば資産運用のように社会規範によって人前で話すことが憚られる調査課題の場合は，グループ・インタビューでは情報を引き出すことができず，個別の詳細面接調査を用いるべきである。例えば，海外旅行，乗用車や化粧品の志向や態度が調査課題であれば，グループ・インタビューは適切な手法であろう。

(3) グループ・インタビュー設計の留意点

　グループ・インタビュー設計の留意事項として，ヴォーンらは次の諸点をあげている（ヴォーン et al., 1996＝1999）。

・調査企画書は明確なものであり，調査関係者すべてに合意されているのか。
・フォーカス・グループ・インタビューの目標や結果は，確立されているのか。
・研究の目的や目標は，フォーカス・グループ・インタビュー全体を通して行き渡っているのか。
・結果は，フォーカス・グループ・インタビューの成功の可否を決定するのに十分なくらい詳細に述べられているのか。
・最も多くの情報が得られる人々からフォーカス・グループが形成されているか。
・研究計画に助力すると思われる人々のグループはあるのか。
・確立された目的・目標に適切に見合うフォーカス・グループの数はどのくらいなのか。
・ひとつひとつのフォーカス・グループにはどのくらいの時間を割けるのか。
・ターゲットとするグループに適した，もしくは彼らを集められる場所はどこか。
・すべての機器や（うまく作動しなかった場合の）予備の機材は使えるのか。

・参加者にはフォーカス・グループ・インタビューの目的，場所，そして期待について適切に情報が提供されているのか。

・すべての備品，食べ物や参加者の補充要員，そして形式も含めて，準備は整っているのか。

(4) 仮説の構築

　仮説検証型の定性調査では，構成化された調査票を用いず，調査項目のみを定めるので，定量調査の量的把握のために必要な統計学に即した作業仮説は必要としない。しかし，少なくとも対象者の日常生活を考慮した，対象者が回答可能な作業仮説は必要である（仮説から調査項目の導出については「Ⅴ－3－(3) 仮説から作業仮説，調査項目へ」を参照）。

(5) グループの数

　ヴォーンらは，グループ数について，調査目的，調査者が必要とする背景の情報，グループの性質，最初のグループ・インタビューが成功したかどうかによって左右される，としている。ヴォーンらは，グループ数を決定するのに，① 調査結果に反復性が出てきて，新しい情報がそれ以上得られなくなるのに十分なグループ数であること，② 話題を十分に理解するために必要とされるインタビューへの参加者を網羅するのに適切なグループ数であること，に留意するべきであると述べている（ヴォーン et al., 1996＝1999）。

　ヴォーンらの言を咀嚼すると，グループ数は調査目的と対象者の枠組によって決まるといえよう。例えば，今後の海外旅行商品の内容検討のために海外旅行リピーターの要求を明らかにすることが調査目的であれば，まず海外旅行経験者が対象となる。海外旅行経験者は若年層から高齢層の男女に分布しているが，その要求は性・年齢によって異なるという仮説が成立すれば，20歳代から60歳代の男女といったように対象者が規定されるであろう。

　このように調査対象者は，調査目的によって性，年齢，未既婚，子供の有無，学歴，職業といった個人属性のほか，経験の有無，所有の有無，使用の有無な

どの行動によっても規定される。対象者が幅広い層となれば，グループ・イン
タビューのグループ数を多くしないと，各層から必要な情報を収集できなくな
る。このように，調査目的と対象者の層によって，グループ数は左右されるこ
ととなる。

(6)　1グループの人数

　複数グループのグループ・インタビューを実施する場合，ひとつのグループ
は，調査の目的に即して，個人属性や経験の有無，モノの所有・使用の有無等
による同質者によって構成する必要がある。異質な人びとによってひとつのグ
ループを構成すると，各各の立場に対する質問が発生し，総質問数が増加し，
対象者1人あたりの回答時間が減少してしまう。

　グループ・インタビューは通常2時間程度で実施される。対象者1人あた
りの発言時間を考慮すると，1グループあたりの人数を制限する必要がある。
人数を多くすると，1人あたりの発言時間が不足し，対象者の意見，態度，
行動の背景にある意識，経験，知識等の構造に迫ることが困難になる。

　梅澤は，1グループの人数について，研究者の見解では4〜10人程度だが，
自らの経験では4〜5人が最も充実したグループ・インタビューになると述べ
ている（梅澤，1981）。

　ヴォーンらは，1グループの人数が6人以下では，能動的な対話をするの
に不十分であり，12人以上ではすべての参加者が私見を述べる機会が不十分
となる，としている（ヴォーン et al., 1996＝1999）。

　本稿著者も，経験から，調査目的に対する十分な知見を得られるのは6人
程度であり，人数が多いと浅薄な知見しか得られないと考えている。

(7)　調査対象者の抽出

　調査対象者の抽出は，抽出にあたり調査者の便宜的判断（あるいは故意）に
よる有意抽出法を用いる。調査者が調査目的を達成するのに最適と判断する対
象者を選び，グループ・インタビューへの参加を依頼する。

　ヴォーンらは，対象者の抽出に以下の4つの方法をあげている。

・組織や企業から購入可能な会員リストを使う。

・フォーカス・グループの基準に見合う多数の個人を含むターゲット集団に
　接近し，対象者を紹介してもらう。

・望ましい基準を満たし，その基準に見合う人々を知っている個人に接触し，
　紹介してもらう。ここでは，ソーシャル・ワーカー，カウンセラー，臨床
　医のグループ・インタビューのケースがあげられている。

・最初のフォーカス・グループが確定したら，そのメンバーから次のフォー
　カス・グループのメンバーを紹介してもらう。

（ヴォーン et al., 1996＝1999）

　以上のヴォーンの説には，問題点もある。同じ職場や地域などの集団から対
象者を抽出すれば，その集団の規範や習慣などに起因する対象者の行動や意識
の一致性が考えられる。定性調査は事例調査であり，数多くの異なる事例を確
保することが目的達成の鍵となることを考慮すると，このような人びとからな
るグループ・インタビューは望ましいものではない。まして，互いに面識のあ
る人は，その傾向が強くなることが考えられる。さらに，同一グループに面識
のある人を入れることは，絶対に避けるべきである。このような人びとは，グ
ループ・インタビュー実施中に同調性を示す恐れが多分にある。したがって，
一般的なグループ・インタビューでは，少人数の特定の専門家集団からの標本
抽出に用いる紹介による雪だるま方式（スノーボール・サンプリング）の対象者
抽出は，望ましい方法ではない。

　梅澤は，下記の人びとを対象者から除外するべきとしている。

・競合他社に関係ある人

・広告代理店や調査会社に関係のある人

・商売で当該商品を取り扱っている人

（梅澤，1981）

　上記以外にも，調査課題が異なっても，数多くのグループ・インタビューや
詳細面接調査の対象となった人は，対象者から排除するべきである。このよう

な人は，グループ・インタビュー等の参加の経験から，学習効果で調査者の望む回答を先取りし，迎合的な発言をする可能性があるからである。

(8) グループの構成

ヴォーンらは，一般的に参加者の背景，人口統計，社会文化的特徴に関しては，同質者でグループを構成することを推奨している。ヴォーンらのいう同質性とは，性別，年齢，職業といった意味であると定義している。他方，個性，関心，他者を受容する態度等を一致性と定義し，多くのグループ・インタビューは見知らぬ人びとによって構成されるので，一致性が事前に予測されることはまれである，と述べている（ヴォーン et al., 1996＝1999）。

(9) グループ・インタビューの実施時間

ヴォーンらは，グループ・インタビュー実施時間について，調査課題，グループの構成，対象者のメンバー構成によって 1 ～ 3 時間となるが，一般的には 1 時間半から 2 時間としている（ヴォーン et al., 1996＝1999）。

グループ・インタビューは，通常長くて 2 時間程度で実施する。長時間にわたると，対象者の疲労と厭きから調査への協力心が失われ，調査者が意図する調査結果が得られない恐れがある。

(10) 質問のフローチャートの作成

質問のフローチャートとは，仮説に基づいて導出された調査項目を，グループ・インタビューの進行にあたって妥当な順に述べたものである。これを，梅澤はインタビューガイドと呼び，ヴォーンらはインタビュー手引きと呼んでいる。ヴォーンらは，この手引きはグループ・インタビューの手続きと，予想される質問群の概要（アウトライン）となる，としている（ヴォーン et al., 1996＝1999）。

梅澤は，その構成内容の要点を次のように指摘している。

・どのような流れで進めるのか　　　―― 流れ

・どのような切り口で攻めるのか　　—— 切り口
・どのような体系で結論を導くか　　—— 体系

（梅澤，1981）

　フローチャートは調査仮説に基づくものであり，調査仮説を検証できる内容でなければならない。

　フローチャートの最初の項目は，調査結果の分析に必要な個人属性等の質問である。個人属性は，グループ・インタビュー開始前に，調査票を用いて回答を得ることが多い。また，個個の局面における意見，態度，行動相互の関係についても，明らかにする質問を設ける必要がある。

　ヴォーンらは，司会者の手引き（フローチャート）について，次のような項目による構成をあげている。

① 導入
　(イ) 挨拶する
　(ロ) インタビューの目的を説明する
　(ハ) インタビューにおけるガイドライン
② ウォーミング・アップ
　(イ) 状況を整備する
　(ロ) 参加者をリラックスさせる
③ 用語の明確化
　(イ) 質問を通じて鍵となる概念の知識の土台を確立する
　(ロ) 鍵となる概念を定義する
④ やさしく威圧的でない質問
　(イ) 最初の質問は一般的な威圧感のないものとする
⑤ 答えにくい質問
　(イ) 答えにくい個人的な質問を実施する
⑥ 要約
　(イ) 参加者の回答から主要なテーマを確認し体系化する
　(ロ) まだ会話に現れていない論点を述べる

⑦　メンバーの照合

　　㈡　いくつかの選択された論点について各々のメンバーがどう考えているかを確認する

⑧　終わりの言葉

　　㈤　情報は匿名にすることを（出席者に）要請する

　　㈥　残っている質問に答える

　　㈦　謝辞を表明する

（ヴォーン et al., 1996＝1999）

　上記のうち，「①−㈦　インタビューのガイドライン」とは，グループ・インタビューにおける対象者の回答方法のガイドラインである。「⑥−㈤　参加者の回答から主要なテーマを確認し体系化する」とは，モデュレーターが参加者の発言した主だったテーマを確認し，要約しながら体系化することである。「⑧−㈤　情報は匿名にすることを要請する」とは，対象者に対してグループ・インタビュー内での各人の発言を外部で秘密にしてもらう，匿名にすることを要請することである。「⑧−㈥　残っている質問に答える」とは，モデュレーターから残った質問を行い，対象者から回答を得るという意味である。

　ヴォーンらは，このフローチャートに従ったプリテストを推奨している。また，このフローチャートは単なる手引きであり，かたくなにそれに従うべきものではない，としている（ヴォーン et al., 1996＝1999）。

　仮説とフローチャートを用いて，調査発注者と十分な検討を行い，フローチャートを完成しておく必要がある。調査の実施にあたっては，原則このフローチャートに従って対象者に質問していく。

　梅澤は，グループ・インタビューのフローチャート作りのチェック項目として，次の諸点をあげている。

①　調査課題を解決／明らかにできるか

②　「話し合い」が活発に発生する話題になっているか

③　「話題の提供」と「質問」（個人／全員）がはっきり区別されているか

④　フローの内容と流れは，実際の実施場面を十分に想定してつくったか

⑤　フローの流れは，前後の影響を十分考慮されているか（前後の関係が悪影響をもたらさないか）

⑥　大まかな時間配分がなされているか

⑦　実施時間の長さの観点からみて，フローの項目数は適当か

⑧　グループが変わっても，同じ刺激を提示できるよう「話し言葉」で書いてあるか

⑨　各フロー項目ごとに，どういう内容の話し合いが行われたかを，着実に読み取りながら進行できる流れになっているか

⑩　導入インタビューで，十分ウォーミングアップできるような内容と時間が設定されているか（頭に浮かんだことはどんどん自発的に発言できる状態になるよう工夫がなされているか）

⑪　話し合いになりにくい話題（個人個人の差が大きい意識や実態など）は，アンケートなどで事前に回答してもらうことも考慮したか／そのうえでなお話し合いさせる必要性は何か，を検討したか

⑫　他人に言いたくないようなプライベートな話を無理に語らせようとしていないか

⑬　普段，初対面の人とは話題にしないような話題（たとえば生理のことなど）の場合，自発的に話し合える工夫がなされているか

⑭　フローは企画側の論理のみで，その順序や「話題の垣根」が決められていないか／出席者の思考の枠組みで話し合いができるか

⑮　当日の会合の目的が明確に理解されるようになっているか

⑯　本当の目的が伝えられない場合は，得たい内容が話し合われると期待される別の「目的」が用意されているか

⑰　各話題がはっきり理解されるような，インタビューフロー上の工夫がされているか

⑱　言葉で説明しにくいような無意識の領域にある内容を，無理に語らせようとしていないか

⑲　質問は，話し合いのあとに確認程度として位置づけられているか／むや

みにこま切れ質問を出さないように配慮してあるか

⑳　「人へのふり分け」や「種類のふり分け」が必要な場合，それが適宜行えるよう配慮されているか／「ふり分け」の言葉が話し言葉で記入されているか

　　※　「人へのふり分け」－「○○について，他の方はどう思われますか，もう少し話し合ってみてください」

　　※　「種類のふり分け」－「○○について他にお感じになっていること／他にお考えがありますか，もう少し話し合ってみてください」など。

㉑　「話題の垣根」の説明はわかりやすいか

㉒　「話題の垣根」の維持ができるようフロー上で配慮されているか

　　※　話し合いが途切れ，出席者が「垣根不明」状態になったら，垣根の説明を再度行い，話し合いを促す。

㉓　本来，分析して導き出すようなことを安易に出席者に直接聞こうとしていないか

　　※　たとえば，「どういう広告をしたらよいか」とか「どういう商品なら買いたいか」など。

㉔　導入インタビュー終了時点で，ウォームアップ度が判定されるようになっているか

㉕　評価情報をとる場合，商品（コンセプト／パフォーマンス）や広告などに対する評価が正確にとれるよう配慮してあるか

　　※　全体評価を初発反応で，各特性項目はあとから。

㉖　評価的情報をとる場合，バイアス情報を与える前に，提示物に対する初発反応をとれるようにしてあるか

㉗　提示物の内容や完成度は，目的に対して必要最低限の条件を満たしているか

㉘　提示物の提示方法は，出席者に等しくなるよう配慮されているか

　　※　たとえば，メガネの用意を促すとか，メガネを用意する時間を与え

　　　　　るとか全員が等しく見えるような見せ方など。

㉙　提示物はできるだけ短時間に効率よく提示できるよう準備されているか

㉚　理由や要因についての情報が分析抽出されるよう工夫されているか（「なぜ」を推論できるための情報）

㉛　依頼主に迎合して，欲張って項目を増やしていないか

㉜　表面的になぞるだけの項目設定になっていないか

㉝　時間内に確実に終了できるような全体構成になっているか

㉞　万一，フローの途中で時間切れになっても，最低限の必要情報がとれるような構成になっているか

㉟　声を出して予行演習してみたか

㊱　それに対して，どんな話し合いが発生するか十分に想像または確認してみたか

㊲　第三者を対象にして，シミュレーションしてみたか

㊳　フロー→調査課題→調査目的の順に考えてみて，このとおり実施すれば，本当に目的を達成できる情報がとれると考えられるか

㊴　全体として，司会者が出席者同士の話し合いをゆったりと落ちついて聴きながら，また観察しながら進行できるものに仕上がっているか

　　　　　　　　　　　　　　　　　　　　　　　　　　　　　（梅澤，2000）

（11）グループ・インタビューの実施前に用いる事前調査票の作成

　グループ・インタビューでは，対象者の属性や調査課題と関連する行動等の実態を事前に把握するため，簡単な調査票を用いることが多い。グループ・インタビューの参加依頼時に既に判明済みの項目についても，念のためこの調査票に含めて確認するとよい。

　この調査は，通常グループ・インタビュー会場で開始直前に実施する。回答が記入された調査票は，グループ・インタビュー実施中，モデュレーターが手元において，進行の参考にする。

　この調査票は，定量調査票と同様，第1種測定法か，第2種測定法を用い，

第1種測定法の場合は，名義尺度，順序尺度，間隔尺度，比例尺度のいずれかに従って作成する（測定法と尺度については，「Ⅱ−9　尺度構成と調査票の設計」を参照）（島崎・大竹，2017）。

(12) モデュレーターの資質と訓練
① モデュレーターの役割

グループ・インタビューの進行を担当する者は，モデュレーター（modulator）と呼ばれる。Modulation とは調整の意味であり，モデュレーターは単なる司会者ではなく，司会，進行，統制を担う調整者である。

梅澤は司会者（あるいは，グループ・インタビュアー）と呼び（梅澤，1981），ヴォーンらもまた司会者と呼んでいる（ヴォーン et al., 1996=1999）が，単なる司会者ではないので，本書ではモデュレーターと呼ぶこととする。

モデュレーターは，グループ・インタビュー実施において，次のような役割を担う。対象者の発言が少しでも質問の主旨から外れた場合に，モデュレーターが発言者の話を遮ったり，こちらの質問意図に引き戻したりすれば，調査結果は調査票を用いた構造化された調査と同様になってしまう。他方，対象者の発言が質問主旨からはるか彼方まで離れたり，長時間にわたって外れた場合に，モデュレーターがこれを修正する統制を行わなければ，調査者が意図した調査結果を得ることができない。

モデュレーターは対象者の回答を誘導してはならないし，対象者間に対立が生じた場合は中立の立場を堅持しなければならない。

グループ・インタビューの進行状況と対象者の発言内容によって，フローチャートと異なる進行も許される。しかし，調査終了時点では，フローチャートに示されたすべての項目のデータを得る必要がある。

対象者の発言時間の偏りを是正するのも，モデュレーターの役割である。対象者の中には，自説を他の対象者に押し付けたり，自説に対する同意を求めたりする人もいる。これを制して，他の対象者の自らの意見による発言を引き出すのも，モデュレーターの役割である。

　上記のようなモデュレーターによるグループ・インタビューの進行，統制等は，モデュレーターのパーソナリティと経験に影響される。そこで，まずモデュレーターに向く人物を選抜することが重要である。

② モデュレーターの資質

　小島庸靖は，モデュレーターの資質として次の諸点をあげている。
・マスサーベイと多変量解析の素養が十分あること。
・モチベーションリサーチに通暁していること。
・マーケティング，特に商品開発，広告宣伝に素養のあること。
・目，耳，舌など5感が十分に発達し，審美眼があること。
・ハイブロウであるとともに，ロウブロウであること（大衆の心理と遊離しない）。
・被験者に警戒心を解かせる風貌と話術をもつこと（弁舌さわやかは欠点等）。
・アイディアマンであること。
・因果関係の解明に瞬発力があること（直感力が鋭い）。
・粘着力があること（丹念さ）。
・乱読家であること（人生に関する文献上の経験が豊富）。

（小嶋庸靖，1979）

　清水守民は，聞き上手であることを必要条件とし，小嶋の要求する資質に否定的である（清水守民，1979）。

　梅澤は，小嶋や清水の指摘を踏まえて，次のように述べている。（　　）内は，本書著者の指摘である。
・性差は，わからない。（本書著者からみれば，取り扱う調査課題の内容次第であろう）
・熟練モデュレーターとは，グループ数200以上，課題数50以上の経験を有するもの。
・年齢については，20歳代で勉強を始め，30歳代で最も充実した仕事を行い，50歳代で廃業といったあたりが概念的パターン。（取り扱う課題が高齢

者向けであるならば，50〜60歳代のモデュレーターの方が妥当であろう）

・流暢なしゃべり方ではなく，意志を正しく伝える能力が必要。

（梅澤，1981）

梅澤は，さらに性格の傾向について，次のように指摘している。

・出席者にすぐに安心感を与えるしぐさができ

・出席者の協力心をさそうことができ

・傾聴能力にすぐれ

・忍耐強く

・集中力があり

・因果関係を洞察することが好きであり

・感受性が豊かであり

・完全に自己の感情を目的的にコントロールでき

・ユーモアを愛し

・人間を理解することが好き

（梅澤，1981）

また，梅澤は知的能力の傾向についても指摘している。

・重要なヒントを直感できる能力

・複雑にからみ合う情報を丹念に解きほぐす能力

・ある部分のみにとらわれず総合的にまとめる能力

・論理的矛盾を柔軟な思考で乗り越える能力

・因果関係を論理的に追える能力

・弁証法的発想ができること

・科学的な観察態度

（梅澤，1981）

ヴォーンらは，理想的なモデュレーターとして次の諸点をあげている。

・しっかりと参加者を管理できる。

・親しみやすい人。

・よい聞き手。

・優れた記憶力。

・洞察力。

（ヴォーン et al., 1996=1999）

　グループ・インタビューの研究者・専門家たちは，モデュレーターの資質と
してさまざまな要求を掲げている。それぞれの要求事項はもっともな内容では
あるが，そのような多くの資質を兼ね備えているような人は希有の存在である。
とすれば，ヴォーンらの指摘程度が妥当であると考えられる。

　それも，モデュレーターを志す人の勉学，訓練，努力によって実現するもの
であろう。また，モデュレーターは，調査課題にかかわるさまざまな知識を事
前に習得することも重要である。

③ モデュレーターの訓練

　ヴォーンらは，経験の浅いモデュレーターのトレーニング方法として，次の
諸点をあげている。

・質問のフローチャート（ヴォーンらは司会者の手引きと呼んでいる）を読む
　こと。

・熟練のモデュレーターによって行われたグループ・インタビューを直接見
　たり，ビデオを見ること。

・以前に行われたグループ・インタビューの録音テープを聞くこと。

・実際のグループ・インタビューのモデュレーターと対象者の発言記録を読
　むこと。

・その報告書や要約を読むこと。

（ヴォーン et al., 1996=1999）

　梅澤は，トレーニングを重視した上で，モデュレーターの資格制度を提唱し
ている（梅澤，1981）。

　ヴォーンらのトレーニング方法のみならず，実際のグループ・インタビュー
に立会人として同席し，モデュレーターの進行・統制方法や対象者の表情，身
振り等の反応を実見する方法が，教育効果が大きいと考えられる。

　また，ある程度の学習効果があがったところで，副モデュレーターとしてグループ・インタビューに参加し，最終的には，熟練のモデュレーターの補助の下，主モデュレーターを勤めることによって，一人前のモデュレーターの道に踏み出すのが順当なステップであると考えられる。

(13) グループ・インタビューの会場

　録音設備があり，調査対象者とモデュレーターが互いに等分に相手を見渡せる円形テーブルや，マジック・ミラーを設置した立会人の部屋の用意があるグループ・インタビュー専用室を利用するのが望ましい。グループ・インタビューが数多く実施される大都市部では，設備が整ったグループ・インタビュー専用室が多数あるので，会場選択に困ることはあるまい。

　しかし，専用室がない地方で実施する場合もある。そのような場合について，梅澤は会場レイアウトは雰囲気を左右するので，モデュレーター，記録係，対象者を含めて10人程度であれば，15〜20㎡程度の部屋が適当としている。ま

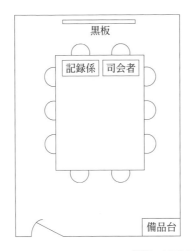

（梅澤，1981より）

図Ⅴ－4－2　グループ・インタビュー会場のレイアウト
　　　　　　（グループ・インタビュー専用室がない場合）

た，それらの人びとの席を図Ⅴ－4－2のように密着させて配置することを推奨している（梅澤，1981）。

グループ・インタビューの実施

(1) グループ・インタビューの実施手順

　梅澤は，グループ・インタビューの一般的実施手順について，モジュレーターの進行手順を中心に次のように整理している（梅澤，2000）（図Ⅳ－5－1を参照）。

(2) グループ・インタビュー開始にあたって

　録音をすることについて，対象者の了解を得なければならない。マジック・ミラー越しの別室に立会人がいる場合は，対象者の了解を得る必要がある。上記，別室がない場合，通信機能を利用して，立ち会い者のいる別室にグループ・インタビューの画像・音声を中継してもよいが，この場合も対象者の了解を得る必要がある。ただし，グループ・インタビューを実施している部屋に立ち合い人を多数同室させると，対象者に圧迫する印象を与える恐れがあるので，望ましくない。

　個人情報の秘匿・保護について，具体的に説明し，対象者の安心を得るべきである（「Ⅰ－5　個人情報の保護」を参照）。その後，事前調査票に回答してもらい，記入済み調査票をモジュレーターの手元に置いて，その情報を参考にグループ・インタビューを進行させる。

(3) グループ・インタビューの実施

　モジュレーターは，原則フローチャートに従ってグループ・インタビューを進めていく。

　モジュレーターの補助として，調査課題・調査目的を熟知している発注者側の人を1人，モジュレーターの隣りに同席させてもよい。隣席に調査発注者

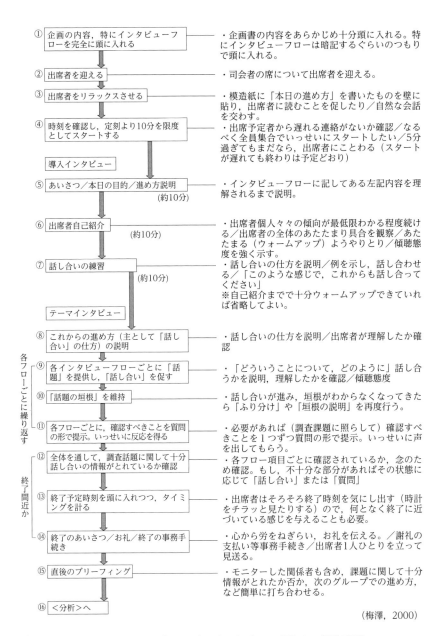

① 企画の内容，特にインタビューフローを完全に頭に入れる
・企画書の内容をあらかじめ十分頭に入れる。特にインタビューフローは暗記するぐらいのつもりで頭に入れる。

② 出席者を迎える
・司会者の席について出席者を迎える。

③ 出席者をリラックスさせる
・模造紙に「本日の進め方」を書いたものを壁に貼り，出席者に読むことを促したり／自然な会話を交わす。

④ 時刻を確認し，定刻より10分を限度としてスタートする
・出席予定者から遅れる連絡がないか確認／なるべく全員集合でいっせいにスタートしたい／5分過ぎてもまだなら，出席者にことわる（スタートが遅れても終わりは予定どおり）

導入インタビュー

⑤ あいさつ／本日の目的／進め方説明　（約10分）
・インタビューフローに記してある左記内容を理解されるまで説明。

⑥ 出席者自己紹介　（約10分）
・出席者個人々々の傾向が最低限わかる程度続ける／出席者の全体のあたたまり具合を観察／あたたまる（ウォームアップ）ようやりとり／傾聴態度を強く示す。

⑦ 話し合いの練習　（約10分）
・話し合いの仕方を説明／例を示し，話し合わせる／「このような感じで，これからも話し合ってください」
※自己紹介までで十分ウォームアップできていれば省略してよい。

テーマインタビュー

⑧ これからの進め方（主として「話し合い」の仕方）の説明
・話し合いの仕方を説明／出席者が理解したか確認

⑨ 各インタビューフローごとに「話題」を提供し，「話し合い」を促す
・「どういうことについて，どのように」話し合うかを説明，理解したかを確認／傾聴態度

⑩ 「話題の垣根」を維持
・話し合いが進み，垣根がわからなくなってきたら「ふり分け」や「垣根の説明」を再度行う。

⑪ 各フローごとに，確認すべきことを質問の形で提示。いっせいに反応を得る
・必要があれば（調査課題に照らして）確認すべきことを1つずつ質問の形で提示。いっせいに声を出してもらう。

⑫ 全体を通して，調査話題に関して十分話し合いの情報がとれているか確認
・各フロー項目ごとに確認されているか，念のため確認。もし，不十分な部分があればその状態に応じて「話し合い」または「質問」

⑬ 終了予定時刻を頭に入れつつ，タイミングを計る
・出席者はそろそろ終了時刻を気にし出す（時計をチラッと見たりする）ので，何となく終了に近づいている感じを与えることも必要。

⑭ 終了のあいさつ／お礼／終了の事務手続き
・心から労をねぎらい，お礼を伝える。／謝礼の支払い等事務手続き／出席者1人ひとりを立って見送る。

⑮ 直後のブリーフィング
・モニターした関係者も含め，課題に関して十分情報がとれたか否か，次のグループでの進め方，など簡単に打ち合わせる。

⑯ ＜分析＞へ

各フローごとに繰り返す

終了間近か

（梅澤，2000）

図Ⅴ−5−1　グループ・インタビュー実施の一般的手順

側等のモデュレーター補助者がいて，対象者のさらなる発言や新たな視点からの発言が必要と判断した場合，モデュレーター補助者は発言せず，メモでモデュレーターにそのような進行を求めるべきである。

　グループ・インタビュー実施中にモデュレーターがかかわる項目として，次のような諸点があげられる。

　①　くつろげる環境の創造と維持する方法

　②　傾聴技術

　③　話題の垣根を明示する方法

　④　話題の垣根を維持する方法

　⑤　話題を統制する方法

　⑥　話し合いを阻害する要因を是正する方法

　⑦　対象者を観察する方法

(梅澤，1981)

 ## ⑥　詳細面接調査の一般的手順と調査設計・準備

(1) 詳細面接調査の特性

　詳細面接調査は，調査項目までを定めて調査票を用いない半構造化された調査であり，調査員（インタビュアー）と調査対象者の1対1の面接で実施する。

　スミス，J. M.（Smith, J. M.）は，この種の調査は面接調査員と回答者の間の対人的反応によって回答者の態度・意見・根底によこたわる動機に関する情報などを引き出すものである，としている（スミス，J. M., 1972=1975）。

　また，スミスはニューマン，J. W.（Newman, J. W.）の言葉を引いて，「基本的な考え方は，もし人がその思考を論理的にコントロールするのをやめて心にうかぶことをすべてそのまま言うならば，熟練した聞き手はそれから無意識な感情や思考を発見できるものだ。…（中略）…この考え方は，市場調査における深層面接あるいは詳細面接に導入され，回答者に，その考えや感情を述べ易いような条件を与えるのに用いられる」（Newman, J. W., 1957）と述べて

いる（スミス，J. M., 1972＝1975）。

　なお，心理学の臨床的面接と市場調査の深層面接の違いについて，スミスは
ベレント，P.（Berent, P.）の言をひいて，「心理学者によって行われる臨床
的面接と，市場調査のために行われる深層面接の違いは，前者が個人基本であ
るのに対して後者は問題基本だということである」。（Berent. P., 1966）と述
べている（スミス，1972＝1975）。

　マーケティング・リサーチでは，深層面接法（デプス・インタビュー）に相
当するような面接はほとんど用いられないが，問題基本の面接である点は，詳
細面接にもあてはまるものであろう。

(2) 詳細面接調査の一般的手順

　詳細面接調査の一般的手順は，調査実施部分を除けば，グループ・インタ
ビューの場合とほぼ同様である（「図Ⅴ－6－1」を参照）。

(3) 調査目的と調査手法の妥当性

　目的が行動や態度等の背景にある経験や心理，価値意識等の構造を解明しよ
うとする場合，定性調査が用いられる。

　そのうち，調査課題が人前で話すことが憚られるような場合は，インタビュ
アーと調査対象者が一対一で面接する詳細面接調査が用いられる。

　また，対象者を決まった日時に一堂に集めることが不可能な場合も，詳細面
接調査が用いられる。

(4) 詳細面接調査設計の留意点

　佐藤郁哉は，詳細面接調査（インタビュー調査）をフォーマルなインタビュー
とインフォーマルなインタビューに分け，その特徴を図Ⅴ－6－2のように
示している（佐藤郁也，2002）。

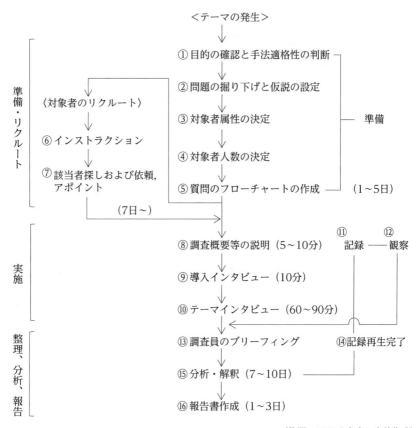

（梅澤，1981を参考に島崎作成）

図Ⅴ－6－1　詳細面接調査の一般的手順

　佐藤のインタビューの分類では，構造化された調査票を用いる調査と半構造化された調査項目に従って行う詳細面接調査の区分が不明確だが，マーケティング・リサーチにおける詳細面接調査は，「オープンエンドな質問－それに対する受け答え」あたりに該当するのであろう。「問わず語り－それに対する受け答え」は深層面接法や参与観察法の手法である。

　マーケティング・リサーチにおけるインタビューは，「Ⅴ－6－(1)　詳細面接調査の特性」で述べたとおり，問題基本のインタビューである。したがっ

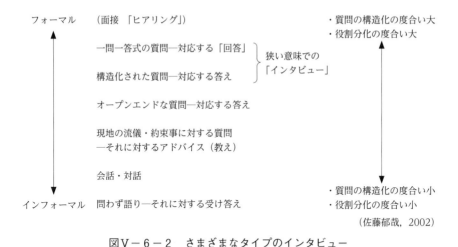

図V－6－2　さまざまなタイプのインタビュー

て，この意味からも，詳細面接調査は，「オープンエンドな質問－対応する答え」に該当するといえる。

(5) 仮説の構築

　詳細面接調査は，Berent やスミスのいうとおり，問題基本の調査であり，質問項目までを定めた半構造化された調査である。その質問項目は，一般的に仮説から導出されたものである。

　佐藤は，仮説構築から調査結果の分析に至る作業のステップを図V－6－3のように示した上で，仮説構築にあたっての下調べが重用であることを強調している（佐藤，2002）。

　佐藤は，下調べと仮説構築について，次のように述べている。

　下調べを通して相手の答えについての「予想」を立てる作業というのは，とりもなおさず，「既に分かっていることを土台にして，まだよく分かっていないことについて調べるための見通しとしての仮の答え」つまり広い意味での仮説を構築していく作業である（佐藤，2002）。

　佐藤の言は，仮説構築にあたって，調査課題に関する調査者（調査企画者と

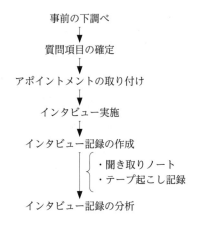

事前の下調べ

質問項目の確定

アポイントメントの取り付け

インタビュー実施

インタビュー記録の作成

・聞き取りノート
・テープ起こし記録

インタビュー記録の分析

(佐藤，2002 より)

図Ⅴ－6－3　インタビューにおける一連の作業

インタビュアー）の学習がいかに重要かを指摘しているといえる（仮説の構築については，「Ⅴ－3－(3) 仮説から作業仮説，調査項目へ」及び「Ⅴ－4－(4)（グループ・インタビューにおける）仮説の構築」を参照）。

(6) 調査対象者の枠組と抽出方法，抽出人数

　まず，調査目的に沿って，調査対象者の枠組を性，年齢，未既婚，子供の有無，学歴，職業といった個人属性や，経験の有無，所有の有無，使用の有無などの行動によって規定し，その枠組に入る人びとから調査対象者を抽出する。

　調査対象者の抽出にあたっては，グループ・インタビューの場合と同様，調査者の便宜的判断（あるいは故意）による有意抽出法を用いる。抽出方法については，ヴォーンらがグループ・インタビューであげた方法と同様である（ヴォーン，et al., 1996＝1999）（「Ⅴ－4－(7)（グループ・インタビューの）調査対象者の抽出」を参照）。

　ただし，同一集団に属する人は，集団規範や習慣等から行動や意識の同質性が考えられるので，2 人以上を抽出しない方がよい。対象者から除外するべき人も，グループ・インタビューと同様である（梅澤，1981）。

・競合他社に関係ある人

・広告代理店や調査会社に関係のある人

・商売で当該商品を取り扱っている人

・学習効果に配慮して，数多くの詳細面接調査やグループ・インタビューの
　対象者となったことがある人

　調査対象者は，調査目的を達成するのに十分な人数を確保する必要がある。調査対象者の枠組が広範であれば多人数となるし，枠組が狭く絞られていれば，少人数となろう。ただし，特異な対象者が出現した場合，同じ層で別の人を対象者とする必要が生じる場合もある。

(7) 詳細面接調査の実施時間

　詳細面接調査は，インタビュアーと調査対象者の一対一で行うので，グループ・インタビューに比べて対象者１人あたりのやりとりの密度は高い。長時間にわたると疲労と厭きから冗長になる可能性があり，経験的には１時間前後，長くて１時間半程度である。

(8) 質問のフローチャートの作成

　詳細面接調査は半構造化された手法を用いるので，質問項目を妥当な順に並べたフローチャートを作成する。詳細面接調査の質問のフローチャートは，グループ・インタビューのフローチャートのコントロールに関する部分を除けば，同様である（「Ⅴ－４－（10）（グループ・インタビューの）質問のフローチャートの作成」を参照）。

　ただし，詳細面接調査はインタビュアーと調査対象者の一対一で行われる故に，また，調査課題がグループ・インタビューに比べて個人の機微にかかわる傾向が強い故に，調査導入部分の進め方やウォーミング・アップの内容は，調査対象者とのラポール（raport：信頼関係）を構築するために十分な配慮をする必要がある。ラポールが築けなければ，調査目的にとって十分な知見は得られないであろう。

(9) インタビュアーの資質と訓練

① インタビュアーの役割

　インタビュアーの役割は，調査対象者の潜在意識も含めて，回答を引き出すことにある。前掲のとおり，まず調査対象者とのラポールを構築しなければならない。ラポールが構築できなければ，対象者の回答は表層的なものとなり，行動や意識の背景にある構造を解明する情報に辿り着けないであろう。

　また，対象者の回答を統制し過ぎず，聞き手の役にまわることが肝要である。しかし，話題からはるかに外れた話が長時間にわたると，調査課題に即した知見を得られずに調査が終了してしまう。

　調査対象者には，無口な人，警戒心が強い人などさまざまな人がいる。一対一の面接なので，インタビュアーがさまざまな性格等の差異に対応して，同じ課題，項目に関する知見を引き出す点に，グループ・インタビューのモデュレーター以上の難しさがある。

② インタビュアーの資質

　グループ・インタビューのモデュレーターに向く性格として親しみやすい人，よい聞き手，すぐれた記憶力，洞察力（ヴォーン，et al. 1996=1999）や，協力心をさそう，忍耐強い，集中力，感受性豊か（梅澤，1981）などがあげあれているが，これらの条件は詳細面接調査のインタビュアーにもあてはまるものであろう。

③ インタビュアーの訓練

　質問方法の等質性からみれば，ひとつの課題のインタビューは１人のインタビュアーが行うことが望ましい。しかし，調査対象者が多数である場合，複数のインタビュアーを用いざるを得ない。インタビュアーが複数人の場合，インタビュアー各人の資質が異なるため，また調査対象者の性格や対応等がさまざまであるため，インタビューの同質性と回答における同基準を確保するのは困難である。少なくとも，インタビュアーの同質性を一定程度確保することは，

調査結果の成否を左右する重要要素である。

　そこで，調査企画者と各インタビュアーは，調査課題について学習し，少なくとも対象者の回答を理解し，さらに深い質問ができる程度の知識を身につける必要がある。さらに，各インタビュアーが想定できる状況に対する対応方法を共有することも必要である。この対応については，インタビュアーに対する説明会でロール・プレーイングを行うことが薦められる。

(10) 詳細面接調査の実施場所

　調査対象者宅や，場合によっては調査機関の事務所の部屋を利用することが多いが，喫茶店等周囲に他人がいる場所を利用するケースも見受けられる。質問内容が個人のプライバシーにかかわる場合が多く，他人がいる場所での調査の実施は望ましくない。特に，質問が機微な内容にわたる場合はなおさらである。

詳細面接調査の実施

　詳細面接調査の実施は，図Ｖ－７－１のような手順に従う。

　「あいさつ／本日の目的／進め方の説明」では，個人情報の保護についても具体的に説明し，対象者の安心を得ること，この時点で，対象者から録音とメモを取ることの許可を得ることが肝要である（「Ⅰ－５　個人情報の保護」を参照）。

　導入質問では，対象者の負担にならないような内容の質問から始める。詳細面接調査では，調査課題にかかわる個人属性等について，グループ・インタビューのように調査票を用いて回答を得ることは少ない。これらの質問は，後の質問の仕方にかかわるので，導入質問の後に質問する。

　課題ごとの質問／回答段階では，対象者の回答によって生じた疑問についても回答を求める。

　対象者の回答が少しでも質問の主旨から外れた場合に，インタビュアーが回

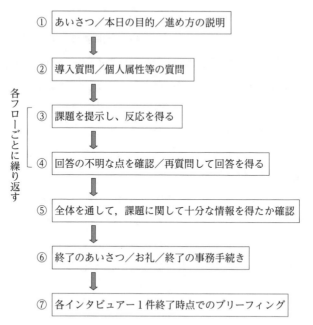

① あいさつ／本日の目的／進め方の説明

② 導入質問／個人属性等の質問

③ 課題を提示し、反応を得る

④ 回答の不明な点を確認／再質問して回答を得る

各フローごとに繰り返す

⑤ 全体を通して，課題に関して十分な情報を得たか確認

⑥ 終了のあいさつ／お礼／終了の事務手続き

⑦ 各インタビュアー1件終了時点でのブリーフィング

(梅澤，2000のグループ・インタビューのフローチャートを基に島崎作成)

図Ⅴ－7－1　インタビューにおける一連の作業

答者の話しを遮ったり，こちらの質問意図に引き戻したりすれば，調査結果は調査票を用いた構造化された調査と同様になってしまう。他方，対象者の回答が質問の主旨からはるか彼方まで離れたり，長時間にわたって外れた場合に，インタビュアーがこれを修正する統制を行わなければ，調査者が意図した調査結果を得ることができない。

　ただし，インタビュアーは対象者の回答を誘導してはならない。

　調査の進行状況と対象者の回答内容によって，フローチャートと異なる進行も許される。しかし，調査終了時点では，フローチャートに示されたすべてのデータを得る必要がある。

　各インタビュアーが詳細面接調査を1件ずつ終了した時点で集合して，インタビューの項目，フローチャート，進行・統制方法，質問内容等についての

問題点を提示し合い，これらについての訂正や工夫の検討を行う。以降の調査
は，この訂正や工夫に従って実施する。

 ## 定性調査結果のとりまとめ

(1) テープ起こし，速記録

　グループ・インタビュー，詳細面接調査とも，一般的に録音するので，最初
のデータ処理作業は，録音内容を聞き取り文書化する「テープ起こし」である。
グループ・インタビューも詳細面接調査も，調査現場の状況をもっとも熟知し
ているのは，モデュレーターであり，インタビュアーである。そこでテープ起
こしは，グループ・インタビューではモデュレーターが，詳細面接調査では各
インタビュアーが行うのが最良の方法である。グループ・インタビューの場合，
立会人がテープ起こしを行うのが次善の方法である。ただし，テープ起こしを
モデュレーター，立会人及びインタビュアー以外の人が行ったり，テープ起こ
し専門業者に外注することも一般的に行われている。

　いずれにせよ，テープ起こし時点で発言あるいは録音が不明瞭，発言内容が
意味不明な箇所が出現した場合，そのままテープ起こしを実施し，不明箇所は
不明としておく。特に，テープ起こしを業者に外注した場合，この点を徹底す
る必要がある。

　不明瞭，不明箇所については，モデュレーターあるいは各インタビュアーが
再度録音を聞き，明らかになった箇所は修正する。残った不明瞭，不明箇所は
そのままにする。こうして完成したテープ起こし文書が，以下のデータ処理と
分析作業の元データとなる。

　このテープ起こし時点では，個人名や個人が特定できる箇所の匿名化を行う
必要はない。したがって，録音テープとテープ起こし文書は，個人情報保護の
観点から調査発注者には提出しない（「I−5　個人情報の保護」を参照）。

　近年では，グループ・インタビュー実施中にワープロを用いて速記録を作成
する手法が用いられているが，速記者が対象者の発言をすべてそのまま入力す

ることは不可能であり，速記者が重要と考える発言を中心に記録していくこととなろう。即ち，記録の内容は速記者の判断に委ねられているのである。

そこで，この記録の手法を用いる場合は録音も併用し，グループ・インタビュー終了後に録音記録と照合して，速記録を補完する必要がある。この照合・補完作業も，モジュレーターないしは立会人が担当するべきである。

詳細面接調査の場合は一対一の面接を行うので，速記者を用いることはできない。そこで，インタビュアーが対象者の発言についてメモをとるか，録音をとり，後日発言録を作成することとなろう．メモに基づく発言録の作成は当然インタビュアー本人にしかできないが，録音からテープ起こしを行う場合も，インタビュアー本人が担当するべきであろう。

(2) 発言内容の解釈

テープ起こしした文書の不明瞭，不明な点に解釈を加え，文書に加筆していく。観察状況も，同時に加筆する。加筆部分は，テープ起こし部分と識別できるように加筆する。

この作業は，必ず調査現場を熟知しているモジュレーターと立会人が協力して，あるいは各インタビュアーが行わなければならない。

この時点で，個人名，住所などの属性や個人が特定できる発言内容について，個人情報保護法の要求に従って匿名加工を行う（「Ⅰ－5　個人情報の保護」を参照）。

調査発注者が分析を発注せず，生データの提出を求めている場合は，この解釈を加えた発言録を提出する。

定性調査結果の分析

(1) 各人ごとの分析

この分析は，対象者各人の発言内容等について個別に実施するものであって，複数の対象者間の同質性や異質性について分析するものではない。具体的には，

修正済みテープ起こしのデータを用いて，対象者各人の行動・態度等とその背景にある欲求，関心，動機との関係，さらに複数の行動間・欲求間・関心間・動機間の関係等を明らかにしていく。

　この時，対象者の発言時のしゃべり方，身振り・手振り，表情等も加味して解釈していく。

　したがって，この工程は，グループ・インタビューのモデュレーターや詳細面接調査のインタビュアーが担当するべきであり，グループ・インタビューの場合は，対象者を観察していた立会者も参加するべきである。

　分析は，質問のフローチャートの項目（大凡大項目ということになろう）ごとに行う。項目ごとの分析が完了したら，項目間の関係に着目して，対象者各人について全体の構造の分析を行う。

　この分析で得られる結果は，複雑な構造となるであろう。そこで，分析の精密化と報告書を読む人（分析結果を利用する人）の理解のために，構造の図式化を用いることも薦められる。

(2) 調査結果全体の分析

　全体の分析は，各人ごとの分析結果を用いる方法と，修正済みテープ起こしデータを用いる方法がある。

　分析の目的は，各人ごとの分析と同様，対象者全体における行動・態度等とその背景にある欲求，関心，動機との関係，複数の行動・態度間，欲求間，関心間，動機間の関係等を明らかにすることにある。

　分析は，質問のフローチャートの項目（大項目）ごとに行い，それを基に各項目を含む全体分析を行う。

　ここでも，構造の図式化を用いると分析が精密にできるし，報告書を利用する人も理解しやすいであろう。具体的には，同じ発言内容をひとつに括り，島を作っていく。この島ごとに，内容を的確に示すタイトルを付ける。これらの島の間で近似するものをさらに括り，大きな島を作り，タイトルを付けていく。これを括れるところまで繰り返す。これらの島の間の関係を因果関係や正の相

関関係，負の相関関係などに整理し，関係を示す矢印等の記号を用いて図示する。この方法は，ＫＪ法と呼ばれることもある（川喜田二郎，1995）。

　データ量（対象者の人数）が多い場合は，データ・マイニング，ネットワーク分析やクラスター分析といったコンピュータ・ソフトを利用して，対象者の発言に出現する言葉間の関係を分析する手法も考えられる。しかし，多くのグループ・インタビューや詳細面接調査では，対象者の人数は限られたものであり，その発言内容を精密に分析するためには，前掲の手法が妥当であると考えられる。

定性調査の報告書の作成

（1）調査報告書の構成

　調査報告書は，一般的に表Ⅴ-10-1のような項目で構成する。

表Ⅴ-10-1　定性調査報告書の構成

①調査実施要項
　（イ）　調査目的
　（ロ）　調査仮説（仮説検証的アプローチの場合）または調査項目（事実探索的アプローチ
　　　　の場合）
　（ハ）　フローチャート
　（ニ）　調査対象者の枠組み，抽出方法
　　　　　　調査対象者各人の属性等（要匿名加工）
　（ホ）　調査方法（詳細面接調査 or グループ・インタビュー）
　（ヘ）　調査実施場所
　（ト）　調査実施期間
　（チ）　調査企画・実施機関名
②調査結果のまとめ
　　　　調査結果のまとめに用いた手法の説明
　　　　調査結果のまとめ（図や図の解説を含む）
③調査対象者の発言録（省略する場合もある）
　　　　匿名加工したテープ起こし文書

(2) 調査報告書の各項目の要点

　前掲のとおり，定性調査は手法の妥当性と結果の信頼性，さらにはその再現性が問題となることがある（「V−1−（2）定性調査の特性」を参照）。その保証のためにも，「① 調査実施要項」はできる限り詳細に記述する必要がある。また，後日この報告書を利用する人びとのためにも，「① 調査実施要項」は詳細である必要がある。

　特に研究目的の定性調査の報告書では，かつて定性調査を用いたアメリカにおけるマス・コミュニケーションの「利用と満足の研究」が，「調査実施要領」を明示しなかったために衰退した例（島崎・坂巻，2007）が示すように，「調査実施要領」の明示は，調査手法の妥当性と調査結果の信頼性，さらには再現性による導出された仮説・理論の保証のために重要である。

　「② 調査結果のまとめ」については，冒頭でまとめに用いた手法の妥当性と，その手法上の制約を，このまとめを読む人のために記述しておく必要がある。まとめに図などを用いた場合，図に用いた記号などの意味を凡例等を用いて表示しておく必要がある。

　まとめは，仮説検証的アプローチの場合，調査実施要項で提示した仮説についての検証結果となるように記述する。また，フローチャートと対応した構成で記述する。

　「③ 調査対象者の発言録」は，調査発注主の要求がなければ省略してもよい。「③ 調査対象者の発言録」を記載する場合は，対象者の氏名はもちろんのこと，発言内容から対象者を特定できる部分は消去したり記述内容を変えたりして，個人情報保護法の要求に従って匿名加工を施したものでなければならない（「I−5　個人情報の保護」を参照）。

付　表

付表 1　乱数表

```
1 2 3 8 1    9 1 6 0 5    8 2 7 3 7    9 1 7 7 1    9 6 9 6 0    9 0 8 2 2
8 3 5 6 9    0 1 2 9 5    0 6 7 9 2    8 9 2 8 0    6 8 3 0 5    3 4 2 3 1
5 1 1 5 2    1 0 8 1 3    6 8 7 1 6    5 0 4 7 1    2 4 5 7 9    5 1 7 6 6
7 2 4 2 5    2 2 5 3 6    3 8 1 2 8    1 0 7 5 4    4 9 0 2 6    6 2 8 1 6
2 2 8 1 0    0 7 4 7 7    2 6 0 9 6    3 6 3 0 3    6 2 5 4 2    3 0 4 8 1

0 3 3 8 5    7 6 7 0 8    4 9 1 2 1    4 7 6 2 1    2 1 5 2 3    3 6 5 3 8
2 6 4 1 6    7 5 3 8 5    4 4 9 2 0    2 3 7 8 6    4 7 7 7 4    6 7 0 4 7
4 8 5 0 3    8 4 0 7 5    3 9 4 7 6    8 6 6 4 2    4 9 1 3 0    3 5 1 4 9
4 3 6 9 4    4 3 6 7 5    7 7 2 5 4    7 5 2 1 3    1 9 6 0 9    6 7 9 0 0
1 1 5 6 1    9 7 3 9 3    2 6 1 7 4    8 4 2 5 0    7 7 0 2 2    2 7 6 5 7

5 3 4 9 1    2 4 7 5 1    4 2 7 1 3    4 7 4 9 7    6 1 7 2 5    0 6 1 6 2
1 0 5 7 5    2 5 1 2 6    0 2 5 6 9    2 1 6 5 6    5 8 6 2 0    2 0 1 9 8
5 9 5 0 0    2 5 1 0 4    4 0 8 6 1    6 8 1 3 9    1 3 2 9 0    3 8 0 2 2
8 1 1 5 4    8 2 0 8 9    7 8 3 2 6    7 6 8 6 9    2 2 5 5 5    5 6 0 8 7
7 0 3 1 5    0 7 5 9 1    0 8 3 2 2    3 7 1 5 8    8 4 6 6 4    2 4 0 2 7

2 8 0 6 0    2 0 1 2 8    7 7 6 3 1    9 0 4 7 1    6 4 7 3 2    5 6 7 9 1
1 5 2 8 1    3 6 3 9 0    2 6 7 6 8    0 5 9 0 5    1 5 8 1 4    3 7 5 0 7
4 8 2 6 2    1 9 3 0 3    9 4 9 4 8    3 3 7 2 2    9 8 3 1 1    7 5 0 9 7
3 2 7 5 8    9 1 8 8 1    1 0 0 3 0    2 5 0 3 8    0 0 6 7 9    8 9 5 1 8
5 2 3 3 4    4 8 5 2 6    9 5 4 7 9    8 7 8 3 3    4 4 6 2 5    7 4 7 5 7

0 8 1 9 3    9 6 4 2 3    8 1 9 1 9    8 1 5 0 7    6 8 3 5 8    2 5 3 3 2
9 4 7 0 0    9 3 0 4 5    4 2 3 3 7    2 5 4 1 6    4 3 7 2 2    5 0 5 8 1
6 2 6 0 6    5 9 0 0 4    7 7 4 5 4    0 3 1 4 9    6 8 5 8 5    1 3 8 1 8
4 7 3 8 8    5 1 0 0 7    7 5 0 8 1    4 5 9 0 6    7 5 0 0 9    8 5 7 6 0
3 9 9 9 7    9 4 2 9 1    2 7 5 5 5    3 8 4 7 6    7 4 3 1 8    8 5 6 4 6

2 5 1 1 8    4 0 5 0 5    1 1 1 4 2    9 3 0 6 1    0 6 1 7 1    3 4 3 1 2
2 3 9 7 3    2 8 0 1 6    7 2 5 3 0    0 0 9 8 1    0 3 9 3 2    7 1 0 9 8
0 6 6 9 3    9 8 8 8 9    7 0 0 1 0    3 3 1 1 9    9 3 9 5 0    7 0 3 1 5
0 5 0 8 4    2 0 0 3 7    8 8 3 3 0    5 9 1 0 4    3 1 2 9 5    2 8 4 5 9
7 7 2 8 0    2 6 4 6 9    7 1 6 5 3    7 1 8 6 9    4 9 7 7 3    7 9 5 1 4

5 0 2 8 8    0 2 0 2 6    4 4 9 2 7    5 5 0 0 0    2 6 4 0 9    1 7 9 3 9
7 6 2 6 2    0 2 9 4 2    6 0 5 7 7    8 2 5 8 8    9 6 6 2 7    5 0 5 4 4
5 1 0 9 6    7 5 5 5 9    2 8 2 1 1    7 5 1 1 2    2 7 3 8 5    9 3 3 2 5
9 8 3 7 6    8 6 4 9 3    6 3 9 4 9    0 6 2 4 0    2 1 1 7 1    1 5 5 7 3
3 8 2 6 4    7 4 2 3 3    9 9 6 3 7    3 1 5 0 8    6 2 4 2 4    2 3 9 1 8

8 0 9 7 4    4 1 2 8 2    8 5 8 6 8    4 6 3 3 2    2 9 7 9 6    6 1 2 7 7
7 4 9 2 8    6 0 5 8 6    6 2 2 9 6    7 8 5 5 1    9 2 7 9 5    6 4 4 0 2
0 0 4 5 3    3 9 0 7 4    8 1 8 6 2    9 5 0 8 2    2 3 2 9 5    8 1 8 4 8
8 5 4 9 9    0 0 4 4 8    2 4 1 6 7    3 1 5 1 0    7 8 4 7 6    9 7 2 2 6
1 3 7 0 4    7 5 2 2 7    4 3 5 9 7    4 0 0 9 9    7 6 6 3 1    7 3 0 8 7

3 0 8 3 6    9 0 3 0 0    5 9 3 2 8    1 4 5 0 1    3 1 4 4 8    5 5 7 8 3
9 1 4 0 3    5 9 0 7 3    1 4 1 7 9    5 3 4 4 0    9 6 6 8 3    2 9 1 9 8
0 3 4 0 3    9 7 3 9 8    0 4 6 5 9    5 6 1 8 3    5 6 1 6 0    9 8 3 0 2
2 4 1 0 0    8 6 3 1 2    6 0 2 1 5    3 2 3 5 3    2 9 1 9 2    5 0 0 2 5
8 4 0 8 0    5 2 6 4 2    2 4 5 1 0    5 3 4 7 4    2 6 3 3 7    7 7 1 8 4
```

付表 2　正規分布表

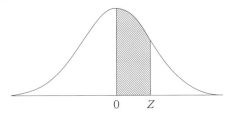

　　以下の Z の値は上図の Z の位置の値，面積は上図の網掛け部分の面積（確率で表示）。

Zの値	面積	Zの値	面積	Zの値	面積
0.00	0.0000	1.10	0.3643	2.15	0.4842
0.05	0.0199	1.15	0.3749	2.20	0.4861
0.10	0.0398	1.20	0.3849	2.25	0.4878
0.15	0.0596	1.25	0.3944	2.30	0.4893
0.20	0.0793	1.30	0.4032	2.35	0.4906
0.25	0.0987	1.35	0.4115	2.40	0.4918
0.30	0.1179	1.40	0.4192	2.45	0.4929
0.35	0.1368	1.45	0.4265	2.50	0.4938
0.40	0.1554	1.50	0.4332	2.55	0.4946
0.45	0.1736	1.55	0.4394	2.60	0.4953
0.50	0.1915	1.60	0.4452	2.65	0.4960
0.55	0.2088	1.65	0.4505	2.70	0.4965
0.60	0.2257	1.70	0.4554	2.75	0.4970
0.65	0.2422	1.75	0.4599	2.80	0.4974
0.70	0.2580	1.80	0.4641	2.85	0.4978
0.75	0.2734	1.85	0.4678	2.90	0.4981
0.80	0.2881	1.90	0.4713	2.95	0.4984
0.85	0.3023	1.95	0.4744	3.00	0.4987
0.90	0.3159	1.96	0.4750	3.05	0.4989
0.95	0.3289	2.00	0.4772	3.09	0.4990
1.00	0.3413	2.05	0.4798		
1.05	0.3531	2.10	0.4821		

付表3　標本誤差の早見表

p＼n	10	15	20	25	30	35	40	45	50	60	70
1,99	6.2	5.0	4.4	3.9	3.6	3.3	3.1	2.9	2.8	2.5	2.3
5,95	13.5	11.0	9.6	8.5	7.8	7.2	6.8	6.4	6.0	5.5	5.1
10,90	18.6	15.2	13.1	11.8	10.7	9.9	9.3	8.8	8.3	7.6	7.0
15,85	22.1	18.1	15.6	14.0	12.8	11.8	11.1	10.4	9.9	9.0	8.4
20,80	24.8	20.2	17.5	15.7	14.3	13.3	12.4	11.7	11.1	10.1	9.4
25,75	26.8	21.9	19.0	17.0	15.5	14.3	13.4	12.7	12.0	11.0	10.1
30,70	28.4	23.2	20.1	18.0	16.4	15.2	14.2	13.4	12.7	11.6	10.7
35,65	29.6	24.1	20.9	18.7	17.1	15.8	14.8	13.9	13.2	12.1	11.2
40,60	30.4	24.8	21.5	19.2	17.5	16.2	15.2	14.3	13.6	12.4	11.5
45,55	30.8	25.2	21.8	19.5	17.8	16.5	15.4	14.5	13.8	12.6	11.7
50	31.0	25.3	21.9	19.6	17.9	16.6	15.5	14.6	13.9	12.7	11.7

p＼n	80	90	100	130	150	170	200	250	300	350	400
1,99	2.2	2.1	2.0	1.7	1.6	1.5	1.4	1.2	1.1	1.0	1.0
5,95	4.8	4.5	4.3	3.7	3.5	3.3	3.0	2.7	2.5	2.3	2.1
10,90	6.6	6.2	5.9	5.2	4.8	4.5	4.2	3.7	3.4	3.1	2.9
15,85	7.8	7.4	7.0	6.1	5.7	5.4	4.9	4.4	4.0	3.7	3.5
20,80	8.8	8.3	7.8	6.9	6.4	6.0	5.5	5.0	4.5	4.2	3.9
25,75	9.5	8.9	8.5	7.4	6.9	6.5	6.0	5.4	4.9	4.5	4.2
30,70	10.0	9.5	9.0	7.9	7.3	6.9	6.4	5.7	5.2	4.8	4.5
35,65	10.5	9.9	9.3	8.2	7.6	7.2	6.6	5.9	5.4	5.0	4.7
40,60	10.7	10.1	9.6	8.4	7.8	7.4	6.8	6.1	5.5	5.1	4.8
45,55	10.9	10.3	9.8	8.6	8.0	7.5	6.9	6.2	5.6	5.2	4.9
50	11.0	10.3	9.8	8.6	8.0	7.5	6.9	6.2	5.7	5.2	4.9

p＼n	450	500	550	600	650	700	750	800	850	900	950
1,99	0.9	0.9	0.8	0.8	0.8	0.7	0.7	0.7	0.7	0.7	0.6
5,95	2.0	1.9	1.8	1.7	1.7	1.6	1.6	1.5	1.5	1.4	1.4
10,90	2.8	2.6	2.5	2.4	2.3	2.2	2.1	2.1	2.0	2.0	1.9
15,85	3.3	3.1	3.0	2.9	2.7	2.6	2.3	2.5	2.4	2.3	2.3
20,80	3.7	3.5	3.3	3.2	3.1	3.0	2.9	2.8	2.7	2.6	2.5
25,75	4.0	3.8	3.6	3.5	3.3	3.2	3.1	3.0	2.9	2.8	2.8
30,70	4.2	4.0	3.8	3.7	3.5	3.4	3.3	3.2	3.1	3.0	2.9
35,65	4.4	4.2	4.0	3.8	3.7	3.5	3.4	3.3	3.2	3.1	3.0
40,60	4.5	4.3	4.1	3.9	3.8	3.6	3.5	3.4	3.3	3.2	3.1
45,55	4.6	4.4	4.2	4.0	3.8	3.7	3.6	3.4	3.3	3.3	3.2
50	4.6	4.4	4.2	4.0	3.8	3.7	3.6	3.5	3.4	3.3	3.2

注①　n：標本数, p：調査結果の割合（％）
　②　表の値の単位は％
　③　この表は, $1.96\sqrt{p(1-p)/n}$ で算出, $N-n/N-1 \fallingdotseq 1$ で, $np \geqq 500$ の条件で使用すること。
　④　$n=1{,}000$ の時は, $n=10$ の小数点を 1 桁左へ移動した値でみる。以下, $n=1{,}500$ の時は $n=15$ の値を, $n=2{,}000$ の時は $n=20$ の値を同様に 1 桁左へ移動する。以下同じ。

（島崎・大竹, 2015 より）

付表4　F 分布表

（上側0.05）（列 V 1，行 V 2）

	1	2	3	4	5	6	7	8	9	10	11	12	13	14	15
1	161.448	199.500	215.707	224.583	230.162	233.986	236.768	238.883	240.543	241.882	242.984	243.906	244.690	245.364	245.950
2	18.513	19.000	19.164	19.247	19.296	19.330	19.353	19.371	19.385	19.396	19.405	19.413	19.419	19.424	19.429
3	10.128	9.552	9.277	9.117	9.013	8.941	8.887	8.845	8.812	8.786	8.763	8.745	8.729	8.715	8.703
4	7.709	6.944	6.591	6.388	6.256	6.163	6.094	6.041	5.999	5.964	5.936	5.912	5.891	5.873	5.858
5	6.608	5.786	5.409	5.192	5.050	4.950	4.876	4.818	4.772	4.735	4.704	4.678	4.655	4.636	4.619
6	5.987	5.143	4.757	4.534	4.387	4.284	4.207	4.147	4.099	4.060	4.027	4.000	3.976	3.956	3.938
7	5.591	4.737	4.347	4.120	3.972	3.866	3.787	3.726	3.677	3.637	3.603	3.575	3.550	3.529	3.511
8	5.318	4.459	4.066	3.838	3.687	3.581	3.500	3.438	3.388	3.347	3.313	3.284	3.259	3.237	3.218
9	5.117	4.256	3.863	3.633	3.482	3.374	3.293	3.230	3.179	3.137	3.102	3.073	3.048	3.025	3.006
10	4.965	4.103	3.708	3.478	3.326	3.217	3.135	3.072	3.020	2.978	2.943	2.913	2.887	2.865	2.845
11	4.844	3.982	3.587	3.357	3.204	3.095	3.012	2.948	2.896	2.854	2.818	2.788	2.761	2.739	2.719
12	4.747	3.885	3.490	3.259	3.106	2.996	2.913	2.849	2.796	2.753	2.717	2.687	2.660	2.637	2.617
13	4.667	3.806	3.411	3.179	3.025	2.915	2.832	2.767	2.714	2.671	2.635	2.604	2.577	2.554	2.533
14	4.600	3.739	3.344	3.112	2.958	2.848	2.764	2.699	2.646	2.602	2.565	2.534	2.507	2.484	2.463
15	4.543	3.682	3.287	3.056	2.901	2.790	2.707	2.641	2.588	2.544	2.507	2.475	2.448	2.424	2.403
16	4.494	3.634	3.239	3.007	2.852	2.741	2.657	2.591	2.538	2.494	2.456	2.425	2.397	2.373	2.352
17	4.451	3.592	3.197	2.965	2.810	2.699	2.614	2.548	2.494	2.450	2.413	2.381	2.353	2.329	2.308
18	4.414	3.555	3.160	2.928	2.773	2.661	2.577	2.510	2.456	2.412	2.374	2.342	2.314	2.290	2.269
19	4.381	3.522	3.127	2.895	2.740	2.628	2.544	2.477	2.423	2.378	2.340	2.308	2.280	2.256	2.234
20	4.351	3.493	3.098	2.866	2.711	2.599	2.514	2.447	2.393	2.348	2.310	2.278	2.250	2.225	2.203
25	4.242	3.385	2.991	2.759	2.603	2.490	2.405	2.337	2.282	2.236	2.198	2.165	2.136	2.111	2.089
30	4.171	3.316	2.922	2.690	2.534	2.421	2.334	2.266	2.211	2.165	2.126	2.092	2.063	2.037	2.015
35	4.121	3.267	2.874	2.641	2.485	2.372	2.285	2.217	2.161	2.114	2.075	2.041	2.012	1.986	1.963
40	4.085	3.232	2.839	2.606	2.449	2.336	2.249	2.180	2.124	2.077	2.038	2.003	1.974	1.948	1.924
50	4.034	3.183	2.790	2.557	2.400	2.286	2.199	2.130	2.073	2.026	1.986	1.952	1.921	1.895	1.871
60	4.001	3.150	2.758	2.525	2.368	2.254	2.167	2.097	2.040	1.993	1.952	1.917	1.887	1.860	1.836
80	3.960	3.111	2.719	2.486	2.329	2.214	2.126	2.056	1.999	1.951	1.910	1.875	1.845	1.817	1.793
100	3.936	3.087	2.696	2.463	2.305	2.191	2.103	2.032	1.975	1.927	1.886	1.850	1.819	1.792	1.768
120	3.920	3.072	2.680	2.447	2.290	2.175	2.087	2.016	1.959	1.910	1.869	1.834	1.803	1.775	1.750
∞	3.841	2.996	2.605	2.372	2.214	2.099	2.010	1.938	1.880	1.831	1.789	1.752	1.720	1.692	1.666

	16	17	18	19	20	25	30	35	40	50	60	80	100	120	∞
1	246.464	246.918	247.323	247.686	248.013	249.260	250.095	250.693	251.143	251.774	252.196	252.724	253.041	253.253	254.314
2	19.433	19.437	19.440	19.443	19.446	19.456	19.462	19.467	19.471	19.476	19.479	19.483	19.486	19.487	19.496
3	8.692	8.683	8.675	8.667	8.660	8.634	8.617	8.604	8.594	8.581	8.572	8.561	8.554	8.549	8.526
4	5.844	5.832	5.821	5.811	5.803	5.769	5.746	5.729	5.717	5.699	5.688	5.673	5.664	5.658	5.628
5	4.604	4.590	4.579	4.568	4.558	4.521	4.496	4.478	4.464	4.444	4.431	4.415	4.405	4.398	4.365
6	3.922	3.908	3.896	3.884	3.874	3.835	3.808	3.789	3.774	3.754	3.740	3.722	3.712	3.705	3.669
7	3.494	3.480	3.467	3.455	3.445	3.404	3.376	3.356	3.340	3.319	3.304	3.286	3.275	3.267	3.230
8	3.202	3.187	3.173	3.161	3.150	3.108	3.079	3.059	3.043	3.020	3.005	2.986	2.975	2.967	2.928
9	2.989	2.974	2.960	2.948	2.936	2.893	2.864	2.842	2.826	2.803	2.787	2.768	2.756	2.748	2.707
10	2.828	2.812	2.798	2.785	2.774	2.730	2.700	2.678	2.661	2.637	2.621	2.601	2.588	2.580	2.538
11	2.701	2.685	2.671	2.658	2.646	2.601	2.570	2.548	2.531	2.507	2.490	2.469	2.457	2.448	2.404
12	2.599	2.583	2.568	2.555	2.544	2.498	2.466	2.443	2.426	2.401	2.384	2.363	2.350	2.341	2.296
13	2.515	2.499	2.484	2.471	2.459	2.412	2.380	2.357	2.339	2.314	2.297	2.275	2.261	2.252	2.206
14	2.445	2.428	2.413	2.400	2.388	2.341	2.308	2.284	2.266	2.241	2.223	2.201	2.187	2.178	2.131
15	2.385	2.368	2.353	2.340	2.328	2.280	2.247	2.223	2.204	2.178	2.160	2.137	2.123	2.114	2.066
16	2.333	2.317	2.302	2.288	2.276	2.227	2.194	2.169	2.151	2.124	2.106	2.083	2.068	2.059	2.010
17	2.289	2.272	2.257	2.243	2.230	2.181	2.148	2.123	2.104	2.077	2.058	2.035	2.020	2.011	1.960
18	2.250	2.233	2.217	2.203	2.191	2.141	2.107	2.082	2.063	2.035	2.017	1.993	1.978	1.968	1.917
19	2.215	2.198	2.182	2.168	2.155	2.106	2.071	2.046	2.026	1.999	1.980	1.955	1.940	1.930	1.878
20	2.184	2.167	2.151	2.137	2.124	2.074	2.039	2.013	1.994	1.966	1.946	1.922	1.907	1.896	1.843
25	2.069	2.051	2.035	2.021	2.007	1.955	1.919	1.892	1.872	1.842	1.822	1.796	1.779	1.768	1.711
30	1.995	1.976	1.960	1.945	1.932	1.878	1.841	1.813	1.792	1.761	1.740	1.712	1.695	1.683	1.622
35	1.942	1.924	1.907	1.892	1.878	1.824	1.786	1.757	1.735	1.703	1.681	1.652	1.635	1.623	1.558
40	1.904	1.885	1.868	1.853	1.839	1.783	1.744	1.715	1.693	1.660	1.637	1.608	1.589	1.577	1.509
50	1.850	1.831	1.814	1.798	1.784	1.727	1.687	1.657	1.634	1.599	1.576	1.544	1.525	1.511	1.438
60	1.815	1.796	1.778	1.763	1.748	1.690	1.649	1.618	1.594	1.559	1.534	1.502	1.481	1.467	1.389
80	1.772	1.752	1.734	1.718	1.703	1.644	1.602	1.570	1.545	1.508	1.482	1.448	1.426	1.411	1.325
100	1.746	1.726	1.708	1.691	1.676	1.616	1.573	1.541	1.515	1.477	1.450	1.415	1.392	1.376	1.283
120	1.728	1.709	1.690	1.674	1.659	1.598	1.554	1.521	1.495	1.457	1.429	1.392	1.369	1.352	1.254
∞	1.644	1.623	1.604	1.587	1.571	1.506	1.459	1.423	1.394	1.350	1.318	1.273	1.243	1.221	1.000

F 分布表 （上側0.01）（列 V 1， 行 V 2）

	1	2	3	4	5	6	7	8	9	10	11	12	13	14	15
1	4052.181	4999.500	5403.352	5624.583	5763.650	5858.986	5928.356	5981.070	6022.473	6055.847	6083.317	6106.321	6125.865	6142.674	6157.285
2	98.503	99.000	99.166	99.249	99.299	99.333	99.356	99.374	99.388	99.399	99.408	99.416	99.422	99.428	99.433
3	34.116	30.817	29.457	28.710	28.237	27.911	27.672	27.489	27.345	27.229	27.133	27.052	26.983	26.924	26.872
4	21.198	18.000	16.694	15.977	15.522	15.207	14.976	14.799	14.659	14.546	14.452	14.374	14.307	14.249	14.198
5	16.258	13.274	12.060	11.392	10.967	10.672	10.456	10.289	10.158	10.051	9.963	9.888	9.825	9.770	9.722
6	13.745	10.925	9.780	9.148	8.746	8.466	8.260	8.102	7.976	7.874	7.790	7.718	7.657	7.605	7.559
7	12.246	9.547	8.451	7.847	7.460	7.191	6.993	6.840	6.719	6.620	6.538	6.469	6.410	6.359	6.314
8	11.259	8.649	7.591	7.006	6.632	6.371	6.178	6.029	5.911	5.814	5.734	5.667	5.609	5.559	5.515
9	10.561	8.022	6.992	6.422	6.057	5.802	5.613	5.467	5.351	5.257	5.178	5.111	5.055	5.005	4.962
10	10.044	7.559	6.552	5.994	5.636	5.386	5.200	5.057	4.942	4.849	4.772	4.706	4.650	4.601	4.558
11	9.646	7.206	6.217	5.668	5.316	5.069	4.886	4.744	4.632	4.539	4.462	4.397	4.342	4.293	4.251
12	9.330	6.927	5.953	5.412	5.064	4.821	4.640	4.499	4.388	4.296	4.220	4.155	4.100	4.052	4.010
13	9.074	6.701	5.739	5.205	4.862	4.620	4.441	4.302	4.191	4.100	4.025	3.960	3.905	3.857	3.815
14	8.862	6.515	5.564	5.035	4.695	4.456	4.278	4.140	4.030	3.939	3.864	3.800	3.745	3.698	3.656
15	8.683	6.359	5.417	4.893	4.556	4.318	4.142	4.004	3.895	3.805	3.730	3.666	3.612	3.564	3.522
16	8.531	6.226	5.292	4.773	4.437	4.202	4.026	3.890	3.780	3.691	3.616	3.553	3.498	3.451	3.409
17	8.400	6.112	5.185	4.669	4.336	4.102	3.927	3.791	3.682	3.593	3.519	3.455	3.401	3.353	3.312
18	8.285	6.013	5.092	4.579	4.248	4.015	3.841	3.705	3.597	3.508	3.434	3.371	3.316	3.269	3.227
19	8.185	5.926	5.010	4.500	4.171	3.939	3.765	3.631	3.523	3.434	3.360	3.297	3.242	3.195	3.153
20	8.096	5.849	4.938	4.431	4.103	3.871	3.699	3.564	3.457	3.368	3.294	3.231	3.177	3.130	3.088
25	7.770	5.568	4.675	4.177	3.855	3.627	3.457	3.324	3.217	3.129	3.056	2.993	2.939	2.892	2.850
30	7.562	5.390	4.510	4.018	3.699	3.473	3.304	3.173	3.067	2.979	2.906	2.843	2.789	2.742	2.700
35	7.419	5.268	4.396	3.908	3.592	3.368	3.200	3.069	2.963	2.876	2.803	2.740	2.686	2.639	2.597
40	7.314	5.179	4.313	3.828	3.514	3.291	3.124	2.993	2.888	2.801	2.727	2.665	2.611	2.563	2.522
50	7.171	5.057	4.199	3.720	3.408	3.186	3.020	2.890	2.785	2.698	2.625	2.562	2.508	2.461	2.419
60	7.077	4.977	4.126	3.649	3.339	3.119	2.953	2.823	2.718	2.632	2.559	2.496	2.442	2.394	2.352
80	6.963	4.881	4.036	3.563	3.255	3.036	2.871	2.742	2.637	2.551	2.478	2.415	2.361	2.313	2.271
100	6.895	4.824	3.984	3.513	3.206	2.988	2.823	2.694	2.590	2.503	2.430	2.368	2.313	2.265	2.223
120	6.851	4.787	3.949	3.480	3.174	2.956	2.792	2.663	2.559	2.472	2.399	2.336	2.282	2.234	2.192
∞	6.635	4.605	3.782	3.319	3.017	2.802	2.639	2.511	2.407	2.321	2.248	2.185	2.130	2.082	2.039

	16	17	18	19	20	25	30	35	40	50	60	80	100	120	∞
	6170.101	6181.435	6191.529	6200.576	6208.730	6239.825	6260.649	6275.568	6286.782	6302.517	6313.030	6326.197	6334.110	6339.391	6365.864
	99.437	99.440	99.444	99.447	99.449	99.459	99.466	99.471	99.474	99.479	99.482	99.487	99.489	99.491	99.499
	26.827	26.787	26.751	26.719	26.690	26.579	26.505	26.451	26.411	26.354	26.316	26.269	26.240	26.221	26.125
	14.154	14.115	14.080	14.048	14.020	13.911	13.838	13.785	13.745	13.690	13.652	13.605	13.577	13.558	13.463
	9.680	9.643	9.610	9.580	9.553	9.449	9.379	9.329	9.291	9.238	9.202	9.157	9.130	9.112	9.020
	7.519	7.483	7.451	7.422	7.396	7.296	7.229	7.180	7.143	7.091	7.057	7.013	6.987	6.969	6.880
	6.275	6.240	6.209	6.181	6.155	6.058	5.992	5.944	5.908	5.858	5.824	5.781	5.755	5.737	5.650
	5.477	5.442	5.412	5.384	5.359	5.263	5.198	5.151	5.116	5.065	5.032	4.989	4.963	4.946	4.859
	4.924	4.890	4.860	4.833	4.808	4.713	4.649	4.602	4.567	4.517	4.483	4.441	4.415	4.398	4.311
	4.520	4.487	4.457	4.430	4.405	4.311	4.247	4.200	4.165	4.115	4.082	4.039	4.014	3.996	3.909
	4.213	4.180	4.150	4.123	4.099	4.005	3.941	3.895	3.860	3.810	3.776	3.734	3.708	3.690	3.602
	3.972	3.939	3.909	3.883	3.858	3.765	3.701	3.654	3.619	3.569	3.535	3.493	3.467	3.449	3.361
	3.778	3.745	3.716	3.689	3.665	3.571	3.507	3.461	3.425	3.375	3.341	3.298	3.272	3.255	3.165
	3.619	3.586	3.556	3.529	3.505	3.412	3.348	3.301	3.266	3.215	3.181	3.138	3.112	3.094	3.004
	3.485	3.452	3.423	3.396	3.372	3.278	3.214	3.167	3.132	3.081	3.047	3.004	2.977	2.959	2.868
	3.372	3.339	3.310	3.283	3.259	3.165	3.101	3.054	3.018	2.967	2.933	2.889	2.863	2.845	2.753
	3.275	3.242	3.212	3.186	3.162	3.068	3.003	2.956	2.920	2.869	2.835	2.791	2.764	2.746	2.653
	3.190	3.158	3.128	3.101	3.077	2.983	2.919	2.871	2.835	2.784	2.749	2.705	2.678	2.660	2.566
	3.116	3.084	3.054	3.027	3.003	2.909	2.844	2.797	2.761	2.709	2.674	2.630	2.602	2.584	2.489
	3.051	3.018	2.989	2.962	2.938	2.843	2.778	2.731	2.695	2.643	2.608	2.563	2.535	2.517	2.421
	2.813	2.780	2.751	2.724	2.699	2.604	2.538	2.490	2.453	2.400	2.364	2.317	2.289	2.270	2.169
	2.663	2.630	2.600	2.573	2.549	2.453	2.386	2.337	2.299	2.245	2.208	2.160	2.131	2.111	2.006
	2.560	2.527	2.497	2.470	2.445	2.348	2.281	2.231	2.193	2.137	2.099	2.050	2.020	2.000	1.891
	2.484	2.451	2.421	2.394	2.369	2.271	2.203	2.153	2.114	2.058	2.019	1.969	1.938	1.917	1.805
	2.382	2.348	2.318	2.290	2.265	2.167	2.098	2.046	2.007	1.949	1.909	1.857	1.825	1.803	1.683
	2.315	2.281	2.251	2.223	2.198	2.098	2.028	1.976	1.936	1.877	1.836	1.783	1.749	1.726	1.601
	2.233	2.199	2.169	2.141	2.115	2.015	1.944	1.890	1.849	1.788	1.746	1.690	1.655	1.630	1.494
	2.185	2.151	2.120	2.092	2.067	1.965	1.893	1.839	1.797	1.735	1.692	1.634	1.598	1.572	1.427
	2.154	2.119	2.089	2.060	2.035	1.932	1.860	1.806	1.763	1.700	1.656	1.597	1.559	1.533	1.381
	2.000	1.965	1.934	1.905	1.878	1.773	1.696	1.638	1.592	1.523	1.473	1.404	1.358	1.325	1.000

付表 5　t 分布表

両側検定		0.200	0.100	0.050	0.020	0.010
片側検定	df	0.100	0.050	0.025	0.010	0.005
	1	3.078	6.314	12.706	31.821	63.657
	2	1.886	2.920	4.303	6.965	9.925
	3	1.638	2.353	3.182	4.541	5.841
	4	1.533	2.132	2.776	3.747	4.604
	5	1.476	2.015	2.571	3.365	4.032
	6	1.440	1.943	2.447	3.143	3.707
	7	1.415	1.895	2.365	2.998	3.499
	8	1.397	1.860	2.306	2.896	3.355
	9	1.383	1.833	2.262	2.821	3.250
	10	1.372	1.812	2.228	2.764	3.169
	11	1.363	1.796	2.201	2.718	3.106
	12	1.356	1.782	2.179	2.681	3.055
	13	1.350	1.771	2.160	2.650	3.012
	14	1.345	1.761	2.145	2.624	2.977
	15	1.341	1.753	2.131	2.602	2.947
	16	1.337	1.746	2.120	2.583	2.921
	17	1.333	1.740	2.110	2.567	2.898
	18	1.330	1.734	2.101	2.552	2.878
	19	1.328	1.729	2.093	2.539	2.861
	20	1.325	1.725	2.086	2.528	2.845
	21	1.323	1.721	2.080	2.518	2.831
	22	1.321	1.717	2.074	2.508	2.819
	23	1.319	1.714	2.069	2.500	2.807
	24	1.318	1.711	2.064	2.492	2.797
	25	1.316	1.708	2.060	2.485	2.787
	26	1.315	1.706	2.056	2.479	2.779
	27	1.314	1.703	2.052	2.473	2.771
	28	1.313	1.701	2.048	2.467	2.763
	29	1.311	1.699	2.045	2.462	2.756
	30	1.310	1.697	2.042	2.457	2.750
	35	1.306	1.690	2.030	2.438	2.724
	40	1.303	1.684	2.021	2.423	2.704
	45	1.301	1.679	2.014	2.412	2.690
	50	1.299	1.676	2.009	2.403	2.678
	55	1.297	1.673	2.004	2.396	2.668
	60	1.296	1.671	2.000	2.390	2.660
	70	1.294	1.667	1.994	2.381	2.648
	80	1.292	1.664	1.990	2.374	2.639
	100	1.290	1.660	1.984	2.364	2.626
	120	1.289	1.658	1.980	2.358	2.617
	∞	1.282	1.645	1.960	2.236	2.576

付表6 x^2分布表

p \ df	0.1	0.05	0.025	0.01	0.005
1	2.706	3.841	5.024	6.635	7.879
2	4.605	5.991	7.378	9.210	10.597
3	6.251	7.815	9.348	11.345	12.838
4	7.779	9.488	11.143	13.277	14.860
5	9.236	11.070	12.833	15.086	16.750
6	10.645	12.592	14.449	16.812	18.548
7	12.017	14.067	16.013	18.475	20.278
8	13.362	15.507	17.535	20.090	21.955
9	14.684	16.919	19.023	21.666	23.589
10	15.987	18.307	20.483	23.209	25.188
11	17.275	19.675	21.920	24.725	26.757
12	18.549	21.026	23.337	26.217	28.300
13	19.812	22.362	24.736	27.688	29.819
14	21.064	23.685	26.119	29.141	31.319
15	22.307	24.996	27.488	30.578	32.801
16	23.542	26.296	28.845	32.000	34.267
17	24.769	27.587	30.191	33.409	35.718
18	25.989	28.869	31.526	34.805	37.156
19	27.204	30.144	32.852	36.191	38.582
20	28.412	31.410	34.170	37.566	39.997
21	29.615	32.671	35.479	38.932	41.401
22	30.813	33.924	36.781	40.289	42.796
23	32.007	35.172	38.076	41.638	44.181
24	33.196	36.415	39.364	42.980	45.559
25	34.382	37.652	40.646	44.314	46.928
26	35.563	38.885	41.923	45.642	48.290
27	36.741	40.113	43.195	46.963	49.645
28	37.916	41.337	44.461	48.278	50.993
29	39.087	42.557	45.722	49.588	52.336
30	40.256	43.773	46.979	50.892	53.672
35	46.059	49.802	53.203	57.342	60.275
40	51.805	55.758	59.342	63.691	66.766
45	57.505	61.656	65.410	69.957	73.166
50	63.167	67.505	71.420	76.154	79.490
55	68.796	73.311	77.380	82.292	85.749
60	74.397	79.082	83.298	88.379	91.952
70	85.527	90.531	95.023	100.425	104.215
80	96.578	101.879	106.629	112.329	116.321
90	107.565	113.145	118.136	124.116	128.299
100	118.498	124.342	129.561	135.807	140.169
120	140.233	146.567	152.211	158.950	163.648

付表7　スチューデント化された範囲表

スチューデント化された範囲 (0.05)（行：自由度 (*df*)，列：群数 (*k*)）

	2	3	4	5	6	7	8	9	10
2	6.080	8.331	9.799	10.881	11.734	12.435	13.028	13.542	13.994
3	4.501	5.910	6.825	7.502	8.037	8.478	8.852	9.177	9.462
4	3.927	5.040	5.757	6.287	6.706	7.053	7.347	7.602	7.826
5	3.635	4.602	5.218	5.673	6.033	6.330	6.582	6.801	6.995
6	3.460	4.339	4.896	5.305	5.628	5.895	6.122	6.319	6.493
7	3.344	4.165	4.681	5.060	5.359	5.606	5.815	5.997	6.158
8	3.261	4.041	4.529	4.886	5.167	5.399	5.596	5.767	5.918
9	3.199	3.948	4.415	4.755	5.024	5.244	5.432	5.595	5.738
10	3.151	3.877	4.327	4.654	4.912	5.124	5.304	5.460	5.598
11	3.113	3.820	4.256	4.574	4.823	5.028	5.202	5.353	5.486
12	3.081	3.773	4.199	4.508	4.750	4.950	5.119	5.265	5.395
13	3.055	3.734	4.151	4.453	4.690	4.884	5.049	5.192	5.318
14	3.033	3.701	4.111	4.407	4.639	4.829	4.990	5.130	5.253
15	3.014	3.673	4.076	4.367	4.595	4.782	4.940	5.077	5.198
16	2.998	3.649	4.046	4.333	4.557	4.741	4.896	5.031	5.150
17	2.984	3.628	4.020	4.303	4.524	4.705	4.858	4.991	5.108
18	2.971	3.609	3.997	4.276	4.494	4.673	4.824	4.955	5.071
19	2.960	3.593	3.977	4.253	4.468	4.645	4.794	4.924	5.037
20	2.950	3.578	3.958	4.232	4.445	4.620	4.768	4.895	5.008
25	2.913	3.523	3.890	4.153	4.358	4.526	4.667	4.789	4.897
30	2.888	3.486	3.845	4.102	4.301	4.464	4.601	4.720	4.824
40	2.858	3.442	3.791	4.039	4.232	4.388	4.521	4.634	4.735
50	2.841	3.416	3.758	4.002	4.190	4.344	4.473	4.584	4.681
60	2.829	3.399	3.737	3.977	4.163	4.314	4.441	4.550	4.646
80	2.814	3.377	3.711	3.947	4.129	4.277	4.402	4.509	4.603
100	2.806	3.365	3.695	3.929	4.109	4.256	4.379	4.484	4.577
120	2.800	3.356	3.685	3.917	4.096	4.241	4.363	4.468	4.560
∞	2.772	3.314	3.633	3.858	4.030	4.170	4.286	4.387	4.474

11	12	13	14	15	16	17	18	19	20
14.396	14.759	15.088	15.389	15.665	15.921	16.159	16.381	16.588	16.783
9.717	9.946	10.155	10.346	10.522	10.686	10.838	10.981	11.114	11.240
8.027	8.208	8.373	8.524	8.664	8.793	8.914	9.027	9.133	9.233
7.167	7.323	7.466	7.596	7.716	7.828	7.932	8.030	8.122	8.208
6.649	6.789	6.917	7.034	7.143	7.244	7.338	7.426	7.508	7.586
6.302	6.431	6.550	6.658	6.759	6.852	6.939	7.020	7.097	7.169
6.053	6.175	6.287	6.389	6.483	6.571	6.653	6.729	6.801	6.869
5.867	5.983	6.089	6.186	6.276	6.359	6.437	6.510	6.579	6.643
5.722	5.833	5.935	6.028	6.114	6.194	6.269	6.339	6.405	6.467
5.605	5.713	5.811	5.901	5.984	6.062	6.134	6.202	6.265	6.325
5.510	5.615	5.710	5.797	5.878	5.953	6.023	6.089	6.151	6.209
5.431	5.533	5.625	5.711	5.789	5.862	5.931	5.995	6.055	6.112
5.364	5.463	5.554	5.637	5.714	5.785	5.852	5.915	5.973	6.029
5.306	5.403	5.492	5.574	5.649	5.719	5.785	5.846	5.904	5.958
5.256	5.352	5.439	5.519	5.593	5.662	5.726	5.786	5.843	5.896
5.212	5.306	5.392	5.471	5.544	5.612	5.675	5.734	5.790	5.842
5.173	5.266	5.351	5.429	5.501	5.567	5.629	5.688	5.743	5.794
5.139	5.231	5.314	5.391	5.462	5.528	5.589	5.647	5.701	5.752
5.108	5.199	5.282	5.357	5.427	5.492	5.553	5.610	5.663	5.714
4.993	5.079	5.158	5.230	5.297	5.359	5.417	5.471	5.522	5.570
4.917	5.001	5.077	5.147	5.211	5.271	5.327	5.379	5.429	5.475
4.824	4.904	4.977	5.044	5.106	5.163	5.216	5.266	5.313	5.358
4.768	4.846	4.918	4.983	5.043	5.098	5.150	5.199	5.245	5.288
4.732	4.808	4.878	4.942	5.001	5.056	5.107	5.154	5.199	5.241
4.686	4.761	4.829	4.892	4.949	5.003	5.052	5.099	5.142	5.183
4.659	4.733	4.800	4.862	4.918	4.971	5.020	5.066	5.108	5.149
4.641	4.714	4.781	4.842	4.898	4.950	4.998	5.043	5.086	5.126
4.552	4.622	4.685	4.743	4.796	4.845	4.891	4.934	4.974	5.012

スチューデント化された範囲 (0.01)（行：自由度 (*df*), 列：群数 (*k*)）

	2	3	4	5	6	7	8	9	10
2	13.902	19.015	22.564	25.372	27.757	29.856	31.730	33.412	34.926
3	8.260	10.620	12.170	13.322	14.239	14.998	15.646	16.212	16.713
4	6.511	8.120	9.173	9.958	10.583	11.101	11.542	11.925	12.263
5	5.702	6.976	7.804	8.421	8.913	9.321	9.669	9.971	10.239
6	5.243	6.331	7.033	7.556	7.972	8.318	8.612	8.869	9.097
7	4.949	5.919	6.542	7.005	7.373	7.678	7.939	8.166	8.367
8	4.745	5.635	6.204	6.625	6.959	7.237	7.474	7.680	7.863
9	4.596	5.428	5.957	6.347	6.657	6.915	7.134	7.325	7.494
10	4.482	5.270	5.769	6.136	6.428	6.669	6.875	7.054	7.213
11	4.392	5.146	5.621	5.970	6.247	6.476	6.671	6.841	6.992
12	4.320	5.046	5.502	5.836	6.101	6.320	6.507	6.670	6.814
13	4.260	4.964	5.404	5.726	5.981	6.192	6.372	6.528	6.666
14	4.210	4.895	5.322	5.634	5.881	6.085	6.258	6.409	6.543
15	4.167	4.836	5.252	5.556	5.796	5.994	6.162	6.309	6.438
16	4.131	4.786	5.192	5.489	5.722	5.915	6.079	6.222	6.348
17	4.099	4.742	5.140	5.430	5.659	5.847	6.007	6.147	6.270
18	4.071	4.703	5.094	5.379	5.603	5.787	5.944	6.081	6.201
19	4.046	4.669	5.054	5.334	5.553	5.735	5.889	6.022	6.141
20	4.024	4.639	5.018	5.293	5.510	5.688	5.839	5.970	6.086
25	3.942	4.527	4.885	5.144	5.347	5.513	5.655	5.778	5.886
30	3.889	4.455	4.799	5.048	5.242	5.401	5.536	5.653	5.756
40	3.825	4.367	4.695	4.931	5.114	5.265	5.392	5.502	5.599
50	3.787	4.316	4.634	4.863	5.040	5.185	5.308	5.414	5.507
60	3.762	4.282	4.594	4.818	4.991	5.133	5.253	5.356	5.447
80	3.732	4.241	4.545	4.763	4.931	5.069	5.185	5.284	5.372
100	3.714	4.216	4.516	4.730	4.896	5.031	5.144	5.242	5.328
120	3.702	4.200	4.497	4.709	4.872	5.005	5.118	5.214	5.299
∞	3.643	4.120	4.403	4.603	4.757	4.882	4.987	5.078	5.157

	11	12	13	14	15	16	17	18	19	20
	36.293	37.533	38.664	39.701	40.656	41.540	42.362	43.130	43.850	44.526
	17.164	17.573	17.948	18.294	18.615	18.915	19.196	19.461	19.711	19.948
	12.565	12.839	13.087	13.316	13.527	13.723	13.905	14.077	14.238	14.390
	10.479	10.696	10.894	11.076	11.244	11.400	11.546	11.682	11.811	11.932
	9.300	9.485	9.653	9.808	9.951	10.084	10.208	10.325	10.434	10.538
	8.548	8.711	8.860	8.997	9.124	9.242	9.353	9.456	9.553	9.645
	8.027	8.176	8.311	8.436	8.552	8.659	8.760	8.854	8.943	9.027
	7.646	7.784	7.910	8.025	8.132	8.232	8.325	8.412	8.495	8.573
	7.356	7.485	7.603	7.712	7.812	7.906	7.993	8.075	8.153	8.226
	7.127	7.250	7.362	7.464	7.560	7.648	7.731	7.809	7.883	7.952
	6.943	7.060	7.166	7.265	7.356	7.441	7.520	7.594	7.664	7.730
	6.791	6.903	7.006	7.100	7.188	7.269	7.345	7.417	7.484	7.548
	6.663	6.772	6.871	6.962	7.047	7.125	7.199	7.268	7.333	7.394
	6.555	6.660	6.756	6.845	6.927	7.003	7.074	7.141	7.204	7.264
	6.461	6.564	6.658	6.744	6.823	6.897	6.967	7.032	7.093	7.151
	6.380	6.480	6.572	6.656	6.733	6.806	6.873	6.937	6.997	7.053
	6.309	6.407	6.496	6.579	6.655	6.725	6.791	6.854	6.912	6.967
	6.246	6.342	6.430	6.510	6.585	6.654	6.719	6.780	6.837	6.891
	6.190	6.285	6.370	6.449	6.523	6.591	6.654	6.714	6.770	6.823
	5.983	6.070	6.150	6.224	6.292	6.355	6.414	6.469	6.522	6.571
	5.848	5.932	6.008	6.078	6.142	6.202	6.258	6.311	6.361	6.407
	5.685	5.764	5.835	5.900	5.961	6.017	6.069	6.118	6.165	6.208
	5.590	5.665	5.734	5.796	5.854	5.908	5.958	6.005	6.050	6.092
	5.528	5.601	5.667	5.728	5.784	5.837	5.886	5.931	5.974	6.015
	5.451	5.521	5.585	5.644	5.698	5.749	5.796	5.840	5.881	5.920
	5.405	5.474	5.537	5.594	5.647	5.697	5.743	5.786	5.826	5.864
	5.375	5.443	5.505	5.561	5.614	5.662	5.708	5.750	5.790	5.827
	5.227	5.290	5.348	5.400	5.448	5.493	5.535	5.574	5.611	5.645

□引用文献・引用サイト
飽戸弘（1987）『社会調査ハンドブック』日本経済新聞社。

天坂格郎・長沢伸也（2000）『官能評価の基礎と応用』日本規格協会。

American Marketing Association（2004）Difinition of Marketing, https://www.ama.org/AboutAMA/Pages/Definition-of-Marketing.aspx, 2008年11月閲覧。

Berent. P.（1966）"The technique of the depth interview", *Journal of Advertising Research*, Vol.6, No.2.

ボーンシュテット＆ノーキ，海野道郎・中村隆監訳（2013）『社会統計学』第12版，ハーベスト社＝ Bohrnstedt, G. W. & Knoke, D.（1988）*STATISTICS FOR SOCIAL DATA ANALYSIS*, 2nd edition, Peacock Publisher Inc.

同文館編（1992）『マーケティング用語辞典（増補版）』増補35版，同文館。

フィッシャー，R. A., 遠藤健児・鍋谷清治訳（1971）『実験計画法』森北出版 ＝ Fisher, R. A.（1935）*Design of experiments*, Edinburgh: Oliver & Boyd.

古川秀子（1994）『おいしさを測る　食品官能検査の実際』幸書房。

林英夫・上笹恒・種子田實・加藤五郎（1993）『体系マーケティングリサーチ事典』同友館。

肥田野直・瀬谷正敏・大川信明（1961）『心理教育統計学』培風館。

ISO（2009）*ISO26362, Access panels in market, opinion and social research -Vocabulary and service requirements*, Switzerland, ISO .

岩原信九朗（1983）『教育と心理のための推計学』日本文化科学社。

川喜田二郎（1995）『KJ法—混沌をして語らしめる』11版，中央公論社。

小嶋庸靖（1979）「グループ・インタビューの効用と限界」『マーケティング・リサーチャー』No.13，日本マーケティング・リサーチ協会。

近藤光雄・小田宣夫（2004）『マーケティング・リサーチの実際』日本経済新聞出版社。

コトラー，P., 村田昭治監修, 小坂恕他訳（1996）『マーケティング・マネジメント』第7版，プレジデント社＝ Kotler, Philip（1991）*MARKETING MANAGEMENT: analysis, planning and control*, 7thedition, Prentice-Hall, Inc.

マルホトラ，N. K., 日本マーケティング・リサーチ協会監修, 小林和夫監訳（2006）『マーケティング・リサーチの理論と実践—理論編—』同友館 ＝ Malhotra, N.K.（2004）*Marketing Research, An Applied Orientation*, 4thedition, Prentice Hall.

メリアム，S. B., 堀薫夫・久保真人・久保美弥訳（2004）『質的調査法入門—教育における調査法とケース・スタディ』ミネルヴァ書房 ＝ Merriam, S. B.（1998）*QUALITATIVE RESEARCH AND CASE STUDY APPLICATIONS IN EDUCATION*, John Wiley & Sons, Inc.

森敏昭・吉田寿夫編著（1990）『心理学のためのデータ解析テクニカルブック』北大路書房。

内閣府大臣官房政府広報室（2015）『社会意識に関する世論調査（平成27年1月実施）結果』http://survey.gov-online.go.jp/h26/h-26-shakai/4.html，2017年9月閲覧。

中村義作（1997）『よくわかる実験計画法』近代科学社。

Newman, J. W.（1957）*Motivational Research and Marketing Management*, Harvard University Press.

（一財）日本規格協会（2012）『国際規格 ISO 20252Market opinion and social research –Vocabulary and service requirements 市場・世論・社会調査—用語及びサービス要求事項』2012年改定。

（一財）日本規格協会（2017a）『JIS ハンドブック57品質管理2017』日本規格協会。

（一財）日本規格協会（2017b）『国際規格 ISO 19731 Digital analytics and Web analyses for purposes for market, opinion and social research –Vocabulary and service repuirements 市場・世論・社会調査を目的としたデジタル分析とWeb 解析—用語及びサービス要求事項』。

（一財）日本規格協会（2019）『国際規格 ISO 20252 Market, opinion and social research including insights and data analytics 市場・世論・社会調査及びインサイト・データ分析—用語及びサービス要求事項』英和対訳版，2019年改訂。

日本工業標準調査会（2017）『JIS 個人情報保護マネジメントシステム—要求事項 JIS Q15001：2017』（一財）日本規格協会出版事業部。

（公社）日本マーケティング協会ホームページ，2018年11月閲覧。

（社）日本マーケティング・リサーチ協会編，朝野熙彦・後藤秀夫・小林和夫著（1995）『マーケティング・リサーチ用語辞典』同友館。

（一社）日本マーケティング・リサーチ協会（1998）『調査マネージメント・ガイドライン』http://www.jmra-net.or.jp/rule/guideline/investigation.html，2014年閲覧。

（一社）日本マーケティング・リサーチ協会（2017）『マーケティング・リサーチ綱領』http://www.jmra-net.or.jp/rule/prenciple/，2017年閲覧。

（一社）日本マーケティング・リサーチ協会（2018）『JIS Q15001：2017準拠マーケティング・リサーチ産業個人情報保護ガイドライン』2018年改定。

（一社）日本マーケティング・リサーチ協会（2019）『第44回経営業務実態調査』http://www.jmra-net.or.jp/activities/trend/investigation/，2019年9月閲覧。

（一社）日本マーケティング・リサーチ協会マーケティング・リサーチ規格認証協議会（2019a）『ISO 20252マーケットリサーチサービス＊製品認証制度の認証スキーム＊（ISO 19731の5.1〜6.4を含む）』2010年1月制定，2019年改定。

（一社）日本マーケティング・リサーチ協会マーケティング・リサーチ規格認証協議

会（2019b）『ISO 20252市場・世論・社会調査及びインサイト・データ分析―用語及びサービス要求事項規格解釈のガイドライン』Ver.4.0（ISO 20252：2019年版対応），（一財）日本規格協会。

日科技連官能検査委員会編（1973）『新版官能検査ハンドブック』日科技連出版社。

奥田道大（1967）「データ蒐集の技法（Ⅱ）―事例的調査法―」福武直・松原治郎編『社会調査法』有斐閣双書。

佐藤郁哉（2002）『フィールドワークの技法―問いを育てる，仮説をきたえる』新曜社。

佐藤信（1985）『統計的官能検査法』日科技連出版社。

Scheffé, H. (1952) "An analysis of variance for paired comparisons", *Jounal of the American Statistical Association*, Vol. 47, No.259.

Schwartz, N. and Pratt, C. H. (1956) *Simultanebus -vs. successive presentation in parired comparison situation*, Food Res.

島崎哲彦・坂巻善生編（2007）『マス・コミュニケーション調査の手法と実際』学文社。

島崎哲彦・大竹延幸（2013, 2015, 2017）『社会調査の実際―統計調査の方法とデータの分析―』第10版・第11版・第12版，学文社。

清水守民（1979）「『特集グループ・インタビュー』を読んで」『マーケティング・リサーチャー』No.14，日本マーケティング・リサーチ協会。

スミス，J. M.，小林和夫訳（1975）『インタビューの実務―市場調査・社会調査の面接技術』東洋経済新報社＝Smith, J. M. (1972) *INTERVIEWING IN MARKET AND SOCIAL RESEARCHI*, Routledge & Kegan Paul Ltd.

総務省統計局「地域メッシュ統計の概要」
http://www.stat.go.jp/data/mesh/gaiyou.htm，2018年11月閲覧。

鈴木裕久・島崎哲彦（1995）「情報機器を利用した調査法の検討（その２）」『東京大学社会情報研究所調査研究紀要』No.5，東京大学社会学情報研究所。

鈴木裕久・島崎哲彦（2006）『新版・マス・コミュニケーションの調査研究法』創風社。

梅澤伸嘉（1981）『グループインタビュー調査―実施と分析の技術―』ダイヤモンド社。

梅澤伸嘉（2000）『実践グループインタビュー入門―消費者心理がよくわかる―』第３版，ダイヤモンド社。

ヴォーン，S.，シューム，J. S.，シナグブ，J. 井下理監訳，田部井潤・柴原宣幸訳（1999）『グループ・インタビューの技法』慶應義塾大学出版会＝Vaughn, S., Schumm, J. S. and Sinagub, M. (1996) *FOCUS GROUPINTERVIEWS IN EDUCATION AND PSYCHOLOGY*, Sage Publications, Inc.

安田三郎・原純輔（1982）『社会調査ハンドブック』第３版，有斐閣。

吉田正昭・村田昭治・井関利明（1969）『消費者行動の調査技法』丸善。

Young, P. V.（1939）*Scientific Social Surveys and Research*.

索　引

編・著者紹介

〈編・著者〉
島崎　哲彦（しまざき　あきひこ）＜第Ⅰ部，第Ⅱ部，第Ⅴ部担当＞
　　1946年　　　　　神奈川県生まれ
　　1989年　　　　　立教大学大学院社会学研究科博士課程前期課程修了
　　1997年　　　　　博士（社会学）（立教大学）
　　1971年〜1996年　旅行会社・調査会社勤務，調査会社代表取締役社長
　　1996年〜2017年　東洋大学社会学部助教授・教授，東洋大学大学院社会学研究科
　　　　　　　　　　客員教授
　　現在　　　　　　日本大学大学院新聞学研究科非常勤講師
　　　　　　　　　　専門社会調査士
　　　　　　　　　　（一社）日本マーケティング・リサーチ協会元理事，公的統計
　　　　　　　　　　基盤整備委員会元委員長・現顧問，ＨＲマネジメント委員会教
　　　　　　　　　　育分科会顧問，ISO/TC225 国内委員会座長

〈共著者〉
大竹　延幸（おおたけ　のぶゆき）＜第Ⅲ部，第Ⅳ部担当＞
　　1955年　　　　　神奈川県生まれ
　　1999年　　　　　立教大学大学院社会学研究科博士課程前期課程修了，社会学修
　　　　　　　　　　士
　　1978年〜1988年　繊維会社勤務
　　1988年〜　　　　（株）マーケッティング・サービス入社
　　現在　　　　　　（株）マーケッティング・サービス代表取締役社長
　　　　　　　　　　東洋大学社会学部非常勤講師
　　　　　　　　　　明星大学人文学部非常勤講師
　　　　　　　　　　専門社会調査士，専門統計調査士
　　　　　　　　　　（一社）日本マーケティング・リサーチ協会元理事，HR マネジ
　　　　　　　　　　メント委員会教育分科会顧問

小須田　巖（こすだ　いわお）＜第Ⅰ部，第Ⅱ部担当＞
　　1956年　　　　　長野県生まれ
　　1980年　　　　　慶應義塾大学法学部政治学科卒業
　　1980年〜2015年　（株）インテージ勤務
　　現在　　　　　　Office R & C 代表，専門統計調査士
　　　　　　　　　　（一社）日本マーケティング・リサーチ協会賛助個人会員，公的
　　　　　　　　　　統計基盤整備委員会元委員，HR マネジメント委員会教育分科
　　　　　　　　　　会委員

マーケティング・リサーチに従事する人のための調査法・分析法
　　　－定量調査・実験調査・定性調査の調査法と基礎的分析法－

検印省略

2020年3月20日　　第1版第1刷発行

監修者　（一社）日本マーケティング・リサーチ協会

編著者　　島崎　哲彦

共著者　　大竹　延幸・小須田　巖

発行所　　　株式会社 学 文 社

発行者　　田中千津子

〒153-0064　東京都目黒区下目黒3-6-1
電話　03 (3715) 1501 (代) fax 03 (3715) 2012
口座振替　　00130-9-98842

ISBN 978-4-7620-2985-1